मार्क्सवादी,
समाजशास्त्रीय और
ऐतिहासिक आलोचना

मार्क्सवादी, समाजशास्त्रीय और ऐतिहासिक आलोचना

पाण्डेय शशिभूषण 'शीतांशु'

राधाकृष्ण प्रकाशन

ISBN : 978-81-7119-068-3

मार्क्सवादी, समाजशास्त्रीय और ऐतिहासिक आलोचना

प्रथम संस्करण : 1992
पहली आवृत्ति : 2024
This book is printed on **Print on Demand** Technology : 2026

मूल्य : ₹695

प्रकाशक
राधाकृष्ण प्रकाशन प्राइवेट लिमिटेड
जी-17, जगतपुरी, दिल्ली-110 051
शाखाएँ : अशोक राजपथ, साइंस कॉलेज के सामने, पटना-800 006
पहली मंजिल, दरबारी बिल्डिंग, महात्मा गांधी मार्ग, प्रयागराज-211 001
1, अनमोल सोराबजी संतुक लेन, धोबी तलाव, मरीन लाइंस, मुम्बई-400 002
वेबसाइट : www.radhakrishnaprakashan.com
ई-मेल : info@radhakrishnaprakashan.com

MARXVADI, SAMAJSHASTRIYA AUR AITIHASIK ALOCHNA
Criticism by Dr. Pandey Shashibhushan Shitanshu

सर्जक-आलोचक
भाई **डॉ० रामदरश मिश्र** को सादर,
जिन्हें आलोचना की बहिर्लक्ष्यी प्रणालियों में
अटूट आस्था है !

□ संयोजन

□ प्रयोजन

□ इन दिनों साहित्य-चिन्तन अपने अन्तर-ज्ञानानुशासनात्मक रूप में इतना व्यापक और गहन हो उठा है कि साहित्य को समझने और समझाने के सन्दर्भ में साहित्य के जागरूक पाठकों, विद्यार्थियों, शोधार्थियों और अध्यापकों के लिए प्रगामी आलोचना-प्रणालियों (Advance Modes of Criticism) की अद्यतन जानकारी अत्यंत अपेक्षित हो चली है। इस दृष्टि से मैं हिन्दी में बहिर्लक्ष्यी (Extrinsic) और अन्तर्लक्ष्यी (Intrinsic)— दोनों ही प्रकार की आलोचना-प्रणालियों पर – उनकी अपनी-अपनी सैद्धान्तिक मान्यताओं के आलोक में— दो सुविचारित पुस्तकें लिखने के लिए एक लम्बी अवधि से संकल्पित रहा हूँ। बहिर्लक्ष्यी आलोचना-विषयक यह पुस्तक मेरे इसी संकल्प की पहली सोद्देश्य प्रस्तुति है, जिसमें मार्क्सवादी आलोचना, समाजशास्त्रीय आलोचना, साहित्येतिहास बनाम ऐतिहासिक आलोचना और ऐतिहासिक आलोचना जैसी चार आलोचना-प्रणालियों का विवेचन किया गया है।

□ सन्दर्भतः यहाँ यह ध्यान देने योग्य है कि कोई भी सम्यक् आलोचना-सिद्धान्त न तो कभी इसलिए उपेक्षणीय हो जाता है कि वह आयातित है और न कभी इसलिए निस्सार हो जाता है कि उसके मूलभूत दर्शन पर आधारित किसी देश या राष्ट्र की सरकार का सामयिक-राजनीतिक पतन हो गया है। दूसरे शब्दों में जैसे साहित्य देश-काल में बँध कर भी देशकालातीत रूप में प्रमाता के चित्त को संवेदित करने की क्षमता रखता है, वैसे ही आलोचना के सिद्धान्त भी देश-काल-विशेष में आविर्भूत होने के बावजूद उस देशकाल की सीमा से बाहर के साहित्य को भी विश्लेषित-विवेचित करने की सामर्थ्य रखते हैं। इसलिए ऐसी कोई भी आलोचना-प्रणाली, जो साहित्य के सम्यक् विश्लेषण, विवेचन और मूल्यांकन में समर्थ है, अपने सैद्धान्तिक और व्यावहारिक— दोनों ही रूपों में साहित्य के अध्येताओं के लिए अपनी दिक्काल-निरपेक्षिता में सदैव ज्ञातव्य और उपादेय है।

□ उक्त वास्तविकता के बावजूद समीक्षा-प्रणालियों के विकास के इस अन्तर-महादेशीय युग में कुछ ऐसे लोग भी हैं, जो समीक्षा को क्षेत्रीय और जातीय जामा पहनाने के प्रबल पक्षधर हैं। ऐसे लोग भले ही अपने आचार-विचार, आहार-विहार, वेश-भूषा आदि में अपनी परम्परा और संस्कृति से सर्वथा विमुख

होकर निरन्तर भौतिक सुखोपलब्धियों के आयातित साधनों को प्राप्त करने के लिए लालायित और प्रयत्नशील बने रहते हों, पर जैसे ही उन्हें साहित्य-चिंतन के क्षेत्र में विदेशों से आने वाली बहुआयामिता और गहनता के दर्शन होने शुरू होते हैं, उन्हें ऐसी आलोचना-प्रणाली तत्काल 'उठाईगिरी' और 'इम्पोर्टेड' प्रतीत होने लगती है। फिर वे समीक्षा के क्षेत्र में राजनीतिक बयानबाजी तक करने लग जाते हैं : "हिन्दी समीक्षा में अभी तक एक औपनिवेशिक परजीविता चली आती है कि रचना यहाँ होती है और उसे परखने के औजार बाहर से स्मग्ल किये जाते हैं"…"अब इस उठाईगिरी पर शर्म आनी चाहिए।" (सुधीश पचौरी, कविता का अन्त, नयी दिल्ली : प्रकाशन संस्थान, 1990, पृष्ठ 9 और 20) **पर शर्म किसे** आनी चाहिए ? उन्हें, जिन्होंने ज्ञानालोक के ग्रहण के लिए चतुर्दिक् लगातार अपना विवेक-वातायन खोल रखा है और जो अकुंठ भाव से सम्यक् साहित्य-सिद्धान्तों का मनन-निरूपण करते हुए अपने साहित्य का अपेक्षित विश्लेषण-विवेचन प्रस्तुत किया करते हैं; अथवा उन्हें, जो भौतिकी, रसायनिकी, जैविकी, अभियांत्रिकी, कृषिविज्ञान, चिकित्साविज्ञान, अर्थशास्त्र, राजनीतिशास्त्र, समाजशास्त्र जैसे क्षेत्रों में तो बाहर से आयातित ज्ञान और उपकरण को स्वीकार कर लेते हैं; यही नहीं, देश के गणतांत्रिक ढाँचे को परिवर्तित-व्यवस्थित करने के परिसंवादी संदर्भ तक में निरंतर विदेशी प्रादर्शों को ही अनुकरणीय और ग्राह्य मानते हैं, पर साहित्यालोचन के सिद्धान्त का सन्दर्भ आते ही जिन्हें विदेशी ज्ञान के नाम पर 'एलर्जी' होने लगती है ? यद्यपि वे यह मानते हैं कि "जीवन-सत्य पा लेने के लिए आलोचना मूलत जीवन पर निर्भर है" (वही, पृष्ठ-13) पर पता नहीं क्यों, वे बाह्य स्तर पर प्रत्यक्ष दृष्टिगत इस तथ्य तक को देखने से भी अपनी आँख मूंद लेते हैं कि आज अपने देश में रचना जिस जीवन को अभिव्यक्त कर रही है हमारे उस जीवन के बहुलांश पर पश्चिमी सभ्यता और संस्कृति का व्यापक प्रभाव छाया हुआ है। एक प्रकार से आज का हमारा यह जीवन आधुनिक अन्तर-महादेशीय संस्कृति की लपेट में आ चुका है। दूसरी ओर गहन स्तर पर वे यह तो निश्चय ही नहीं देख पाते हैं कि साहित्यालोचन के सभी सही सिद्धान्त दिक्काल-निरपेक्ष हैं, जो तत्संबंधी सर्जनात्मक साहित्य के लिए सदैव देशकालातीत रूप में ग्राह्य और स्वीकार्य भी हैं। पर इसका आशय यह नहीं है कि जो समर्थ और अधिकारी व्यक्ति हैं उनके द्वारा आलोचना के सिद्धान्तों और उनके औजारों को मौलिक रूप में अपने यहाँ निर्मित और विकसित नहीं किया जाए या कि वैसे व्यक्तियों द्वारा पूर्वरचित भारतीय साहित्य-सिद्धान्तों की पुनरीक्षा न की जाए। आग्रह और प्रयोजन इतना भर है कि न तो प्राचीन भारतीय साहित्य-सिद्धान्तों की पुनरीक्षा करते हुए उसे अपनी जाति और संस्कृति की बाड़ेबन्दी तक सीमित किया जाए और न ही विदेशी

साहित्य-सिद्धान्तों को जानने, समझने और ग्रहण करने से महज इसलिए नाक-भौं सिकोड़ ली जाए कि वे चिन्तन विदेश-प्रसूत हैं।

□ इस पुस्तक का पहला आलेख 'मार्क्सवादी आलोचना' पर है। स्मरणीय है कि अब तक हिन्दी आलोचना में मार्क्सवादी चिन्तन या तो व्यक्तित्व-कृतित्व के रूप में प्राप्त होता रहा है या प्रायः रूढ़ मार्क्सवाद की सैद्धान्तिकी का ही निरूपण-विवेचन किया जाता रहा है। मार्क्सवादी आलोचना के विभिन्न प्रतिमानों पर तो कहीं कोई चर्चा तक नहीं मिल पाती है। हिन्दी में पिछले दशक के उत्तरार्ध में डॉ० विश्वम्भर नाथ उपाध्याय की एक पुस्तक 'समकालीन मार्क्सवाद' (जयपुर : पंचशील प्रकाशन, 1987) नाम से देखने को मिलती है। यद्यपि इसके अभिधान से यह सहज आशा जगती थी कि इसमें मार्क्सवाद का समकालीन और अद्यतन विवेचन प्राप्त हो सकेगा, पर यह पुस्तक अपने पाठकों को इन दोनों ही दृष्टियों से निराश करती है। वस्तुस्थिति यह है कि डॉ० उपाध्याय का 'समकालीन मार्क्सवाद' भानुमती का ऐसा पिटारा बन गया है, जिसमें समकालीनता के मोहवश 'समकालीन मार्क्सवाद' के अन्तर्गत सॅस्यूर, बार्थ, क्रिस्तिवा, लेवी स्ट्रॉस, फूको, लेकाँ, मौरिस, पर्स जैसे मार्क्सवादेतर संरचनावादी, उत्तर-संरचनावादी और संकेतार्थविद् चिन्तक तक सम्मिलित कर लिए गये हैं। इससे यदि एक ओर मार्क्सवादी आलोचना को शुद्ध संरचनावादी आलोचना, उत्तर-संरचनावादी आलोचना और संकेतार्थ-वैज्ञानिक (Semiotic) आलोचना के साथ भ्रान्त-उद्भ्रान्त कर दिया गया है, तो दूसरी ओर मार्क्सवाद के विवेचन-क्रम में लेखकीय व्यवस्था-दृष्टि के अभाव में ऐतिहासिक, सैद्धान्तिक, व्यक्तित्वपरक जैसे विभिन्न पक्षों का अव्यवस्थित घालमेल भी प्रस्तुत कर दिया गया है। ऐसे में मार्क्सवादी आलोचना-विषयक प्रस्तुत आलेख मार्क्सवादी आलोचना के स्वरूप, सिद्धान्त और प्रतिमान को—नव्य अथवा समकालीन मार्क्सवादी चिंतन तक को समेकित करता हुआ—पहली बार व्यापकता और सुस्पष्टता में विवेचित करता है। इसमें स्वरूप विवेचन और सिद्धान्त-निरूपण के अतिरिक्त **प्रतिबिम्बन प्रतिमान, उत्पादन प्रतिमान, जननिक प्रतिमान, निषेधात्मक ज्ञान प्रतिमान और भाषा-केन्द्रित प्रतिमान** का सविस्तर विवेचन प्रस्तुत किया गया है। इस बीच टेरी ईगलटन ने मार्क्सवादी आलोचना में साहित्य के विश्लेषण-विवेचन के संदर्भ में मार्क्सवादी सिद्धान्त के प्रमुख संघटकों को संयोजित करते हुए अपना छह सोपानों वाला **अनन्य प्रतिमान** भी प्रस्थापित कर दिया है, जिसके अन्तर्गत 1. उत्पादन की सामान्य प्रविधि (G. M P.), 2. उत्पादन की साहित्यिक प्रविधि (L. M. P.), 3. सामान्य विचारधारा (G. I.) 4. रचनाकार की विचारधारा (AU. I), 5. सौन्दर्यात्मक विचारधारा (A. I.) और पाठ (T) तथा पाठ की विचारधारा (I. T.) की गत्यात्मकता प्राप्त होती है।

संक्षेप में मुख्य तौर पर **उत्पादन की सामान्य प्रविधि** और **उत्पादन की साहित्यिक प्रविधि** के द्वन्द्वात्मक सम्बन्ध तथा **विशिष्ट उपसंरचना के रूप में उत्पादन की साहित्यिक संरचना की प्रस्तुति** इस प्रतिमान की महत्त्वपूर्ण विशेषता है। हिन्दी की मार्क्सवादी आलोचना में ईगलटन के इस छह सोपानिक प्रतिमान का अब तक कहीं भी कोई सूत्र-संकेत नहीं मिल पाता है, जबकि आलोचना-सिद्धान्त विषयक टेरी ईगलटन की मान्यताएँ और स्थापनाएँ अलग से एक पुस्तक की अपेक्षा रखती हैं। उसके सिद्धान्त-चिंतन पर अलग से लिखने की अपनी स्पृहा और योजना के कारण मेरे लिए भी इस छह सोपानिक प्रतिमान को यहाँ विवेचित करना संभव नहीं हो सका है. तथापि पूर्व निर्दिष्ट पाँचों प्रतिमानों के आधार पर मार्क्सवादी आलोचना की प्रवृत्तियों और प्रातिमानिक विश्लेषण-क्षमता का सम्यक् विवेचन किसी एक आलेख में हिन्दी में पहली बार संभव हो सका है।

☐ पुस्तक का दूसरा आलेख 'समाजशास्त्रीय आलोचना' है। हिन्दी में साहित्य के सामाजिक सन्दर्भ पर समाजशास्त्रियों की ओर से अब तक आधा दर्जन से अधिक पुस्तकें लिखी जा चुकी हैं और साहित्यक्षेत्रीय विद्वान् की ओर से भी डॉ० मैनेजर पांडेय की 'साहित्य के समाजशास्त्र की भूमिका' (चंडीगढ़ : हरियाणा साहित्य अकादमी, 1989) जैसी महत्त्वपूर्ण पुस्तक प्रकाश में आ चुकी है। पर इन पुस्तकों में कहीं भी साहित्य के विश्लेषण-विवेचन के लिए किसी भी समीचीन प्रतिमान को प्रस्तावित तक नहीं किया जा सका है। स्वयं डॉ० मैनेजर पांडेय भी अपनी पुस्तक में गोल्डमान द्वारा व्याख्यायित अनेक पाठों के मार्मिक अंशों को उद्धृत करने के बावजूद न तो **समाजशास्त्रीय आलोचना** और न ही **साहित्य का समाजशास्त्र** की दृष्टि से किसी भी समीचीन प्रतिमान का निरूपण कर सके हैं। ऐसे में यह आलेख हिन्दी में समाजशास्त्रीय आलोचना के स्वरूपगत और सिद्धान्तगत विवेचन के साथ प्रतिमान-निरूपण की महत्त्वपूर्ण अपेक्षा की सार्थक पूर्ति करता है।

☐ तीसरा आलेख है 'साहित्येतिहास बनाम ऐतिहासिक आलोचना'। हिन्दी में जहाँ इसके सिद्धान्त पक्ष पर सार्थक और महत्त्वपूर्ण सामग्री का अभाव नहीं है, वहाँ इस आलेख की विशेषता उस मूल दृष्टि के कारण है, जो साहित्येतिहास-लेखन और आलोचन-कर्म को सर्वथा अलग-अलग रूप में विभक्त कर या निरपेक्षता में देखने की नहीं है, क्योंकि किसी भी सार्थक साहित्येतिहास-लेखन में आलोचन-कर्म की अपेक्षित साझेदारी पायी जाती है। बिना इसके साहित्येतिहास अनेकानेक प्रकार की विवरणिका भर बनकर रह जाता है। प्रस्तुत आलेख में इसके स्वरूप-विवेचन के क्रम में अतीतता के पक्ष को स्वीकारने, विचारधाराओं के ज्ञान, युगीन विश्वासों के ज्ञान और पद्धतिमूला साहित्यिक प्रवृत्तियों के ज्ञान

को रेखांकित करने तथा इन सबके अन्तस्तलीय, ऐतिहासिक संबंध-सूत्र की छानबीन करने को महत्त्व प्रदान किया गया है। यहाँ सिद्धान्त-विवेचन केवल प्रलेख-पोषण तक सीमित नहीं रह कर प्रतीकात्मक प्रबोधन तक को उन्मीलित करने वाला है। साथ ही इस आलेख में जहाँ जीवन-दृष्टि की बुनियादी पहचान पर बल दिया गया है, वहाँ कृति की निर्वचनात्मकता-आलोचनात्मकता से उद्-भासित होने वाली दृष्टि को साहित्येतिहास-लेखन की शक्ति के रूप में ग्रहण किया गया है। इस आलेख की एक और विशेषता 'साहित्येतिहास बनाम ऐति-हासिक आलोचना' के विभिन्न चिंतक-वर्गों के बीच उनकी यथातथता का संतुलन बनाये रखने की भी है, जिससे किसी प्रकार के आग्रह की पक्षधरता नहीं उभर पाती है।

☐ पुस्तक का अन्तिम आलेख ऐतिहासिक आलोचना पर केन्द्रित है। हिन्दी में अब तक ऐतिहासिक आलोचना को उसका अपना अपेक्षित स्वरूप प्रदान नहीं किया जा सका है। आलोचकों ने या तो उसके स्वरूप को खंडित रूप में खंडित नाम से उपस्थित किया है या उसके पूरे अस्तित्व को ही यह कह कर नकार दिया है कि इतिहास अलग है और आलोचना अलग, ''समीक्षा-सिद्धान्त की पाठ्य-पुस्तकों में जहाँ आलोचना के प्रकार गिनाये जाते हैं **ऐतिहासिक आलो-चना** का भी उल्लेख होता है, किन्तु व्यवहार में **इतिहास** अलग है और **आलो-चना** अलग— यहाँ तक कि दोनों की समस्याएँ भी अलग-अलग हैं।" (नामवर सिंह, इतिहास और आलोचना, नयी दिल्ली : राजकमल प्रकाशन, संशोधित एवं परिवर्धित तीसरा संस्करण, 1978, पृष्ठ-177) ऐसी स्थिति में यह आलेख पहली बार ऐतिहासिक आलोचना के सम्यक् स्वरूप को उसकी व्यापकता-गहनता में प्रस्थापित करता, व्यवहार पक्ष में अनेकानेक दृष्टान्तों से उसकी संपुष्टि करता, ऐतिहासिक आलोचना के लिए महत्त्वपूर्ण त्रि-सोपानिक प्रतिमान की स्थापना तक करता है। सिद्धान्त-निरूपण के क्रम में इस आलेख की विशेषता सामाजिक-ऐतिहासिक अनुभव की दृष्टि से पाठ-विमर्श; कृति के सृजन, पाठांतरण और उसके प्रति पाठकीय ग्रहणशीलता के ऐतिह्य विवरण; कृति पर टिप्पणी-हेतु अनेक दृष्टिकोण वाले आलोचनात्मक प्रक्रियांकन और इतिहासगत अर्थों के रूपान्तरण के बतौर कृतिगत अर्थों के निर्धारण पर सविस्तर विचार करने की है। ऐतिहासिक आलोचना के इस— रचनाकार, रचना और पाठक वाले— त्रिभुजीय प्रतिमान में रचनाकार के सन्दर्भ में रचनाकार के जीवन-वृत्त और व्यक्तित्व; रचना के सन्दर्भ में उसके सृजन, प्रकाशन तथा विभिन्न पाठांतर और पाठक-भावक के सन्दर्भ में उनके द्वारा किये जाने वाले रचना के अनेकानेक निर्वचनों की अन्योन्य गत्यात्मकता को स्पष्ट किया गया है। यहाँ यह निर्दिष्ट करना अप्रासंगिक नहीं होगा कि डॉ० मैनेजर पांडेय रचनाकार, रचना और

पाठक—इन तीनों की गत्यात्मकता को **साहित्य के समाजशास्त्र** तक सीमित कर देते हैं। उनके अनुसार "साहित्य-प्रक्रिया के मुख्य तीन पक्ष हैं : लेखक, रचना और पाठक। साहित्य-विश्लेषण की अधिकांश दृष्टियों के केन्द्र में इन तीनों में से कोई एक रहता है। **साहित्य के समाजशास्त्र** में इन तीनों का विवेचन होता है और इनके आपसी संबन्धों का भी।" (साहित्य के समाजशास्त्र की भूमिका, पूर्ववत्, पृष्ठ XIII) साहित्य की ऐतिहासिक आलोचना भी इन तीनों को इनके पारस्परिक संबंधों-सहित विवेचित करती है। अत: तथ्य यह है कि इन तीनों का और इन तीनों के पारस्परिक सबंधों का विवेचन केवल साहित्य के समाजशास्त्र का अभीष्ट न होकर प्राय: सभी बहिर्लक्ष्यी आलोचना-प्रणालियों का अभीष्ट सिद्ध होता है।

☐ आलोचना-प्रणालियों को निरूपित-विवेचित करने वाले आलोचक की भूमिका आलोचना-सिद्धान्तों और प्रतिमानों को निष्पक्ष रूप में उसकी अपनी यथातथता में स्वरूपित-व्याख्यायित करने की होती है। उससे यह अपेक्षा नहीं की जाती है कि वह यहाँ किसी भी रूप में पक्षधरता को अपनाये और पूर्वग्रस्त होकर कुछ आलोचना-प्रणालियों को खारिज करता हुआ किसी विशेष आलोचना-प्रणाली के प्रति अपना आग्रह दिखाए। आज एक ओर यदि बहिर्लक्ष्यी आलोचना के पक्षधर समीक्षक की तरफ़ से यह दावा किया जाने लगा है कि "अब साहित्य को समझने के लिए साहित्य के बाहर की दुनिया को जानना जरूरी हो गया है" (साहित्य के समाजशास्त्र की भूमिका, पूर्ववत्, पृष्ठ XIV), तो दूसरी तरफ़ अन्तर्लक्ष्यी आलोचना के पक्षधर समीक्षक की तरफ़ से यह माँग भी की जाने लगी है कि 'साहित्य को उसका पाठ दिया जाए', क्योंकि "समकालीन रचना का सर्वाधिक विस्मृत तत्त्व उसका पाठ ही है।" (कविता का अन्त, पूर्ववत्, पृष्ठ-14) साथ ही उसकी ओर से एक विशेष आलोचना-प्रणाली पर यह आरोप भी लगाया जाने लगा है कि "इधर के प्रगतिशीलों ने जब साहित्य में समाज ढूंढ़ने की कोशिश की तो वे शब्द को नितांत भूल गये" (पूर्ववत्, पृष्ठ-11) पर मार्क्सवादी आलोचना का रूसी भाषा-केन्द्रित प्रतिमान (द्रष्टव्य : इस पुस्तक में पृष्ठ 43 से 53) और हिन्दी में डॉ० नामवर सिंह का आलोचन-व्यापार (द्रष्टव्य कविता के नये प्रतिमान, नयी दिल्ली : राजकमल प्रकाशन, एवं वाद, विवाद और संवाद, पूर्ववत्, प्रथम संस्करण, पृष्ठ-47)—दोनों ही इस आरोप का खंडन करते दीखते हैं। आलोचना के इस गहराते संकट के संदर्भ में यद्यपि डॉ० बच्चन सिंह ने अपनी पुस्तक 'साहित्य का समाजशास्त्र और रूपवाद' (वाराणसी : विश्वविद्यालय प्रकाशन, 1984) की भूमिका में यह वाजिब प्रश्न उठाया है कि क्यों आलोचना को हर हालत में शिविरबद्ध होकर रहना पड़ेगा ? पर स्वयं उन्होंने मार्क्सवादी-समाजशास्त्रीय आलोचना का पक्ष ग्रहण करते हुए

अपनी इसी पुस्तक में सौन्दर्यशास्त्र, शैलीविज्ञान, संरचनावाद और मिथक जैसे आलोचना-सिद्धान्तों के पूर्वपक्ष को बिना उसकी व्यापक यथातथता में निरूपित किये उन पर हमले-पर-हमले किये हैं। इससे सिद्धान्त-निरूपण की उनकी तटस्थ क्षमता की जगह उनकी पक्षधरता ही बार-बार प्रकट हो पड़ी है। वास्तव में ऐसे पूर्वग्रस्त, आरोपकर्ता आलोचना-सिद्धान्तों के चिंतक-विवेचक के रूप में नहीं उभर कर आलोचना की खास-खास प्रणाली के पक्षधर के रूप में हमारे सामने आते हैं। पर आलोचना एक ऐसा 'विचार-स्पंदित देश' है जिसमें सभी दृष्टियों और प्रविधियों की सापेक्षता होती है। प्रस्तुत पुस्तक के आलेखों में ऐसी कोई पक्षधरता नहीं मिलेगी, क्योंकि आलोचना-प्रणालियों का यह विवेचन पूर्वग्रहों से सर्वथा मुक्त रह कर किया गया है। काम्य यह रहा है कि आलोचना-प्रणालियाँ अपनी-अपनी मान्यताओं को यथारूप स्वतः स्थापित करें, मेरा आलोचक उन पर कहीं भी आरोपित-अध्यारोपित नहीं हो। पर जहाँ-कहीं किसी विशेष आलोचना-प्रणाली पर किसी भी ओर से तर्कहीन और अनुचित आरोप किये गये हैं वहाँ आलोचना-विशेष की अपनी मान्यता और तार्किकता के आधार पर आरोप की परीक्षा करते हुए उसका यथायोग्य खंडन करना मुझे अपेक्षित प्रतीत हुआ है। साथ ही यथास्थान सिद्धान्तों और प्रतिमानों को दृष्टांत-संपुष्ट भी किया गया है और इस क्रम में गलत स्थापनाओं का प्रत्याख्यान भी।

☐ प्रस्तुत पुस्तक हिन्दी में बहिर्लक्ष्यी आलोचना-प्रणालियों पर गंभीर विवेचन प्रस्तुत करने वाली पहली पुस्तक है। इसकी सोद्देश्यता तिहरी है। पहली यह कि इसे पढ़कर आलोचना के विद्यार्थियों और शोधार्थियों में बहिर्लक्ष्यी आलोचना की विभिन्न दिशाओं की स्पष्ट समझ विकसित हो सके तथा उनमें इनके मूल स्रोत तक पहुँचने की आकुल जिज्ञासा भी उत्पन्न हो सके। दूसरे, इस गंभीर सैद्धान्तिक विवेचन से भली-भाँति परिचित होकर वे व्यावहारिक हिन्दी-समीक्षा में इनका सम्यक् अनुप्रयोग कर सकें। तीसरे, इन सिद्धान्तों की नीर-क्षीर विवेकी समीक्षा करते हुए वे इसकी अपेक्षित विस्तार-व्याख्या अथवा प्रत्यालोचना कर सकें। यदि इन दिशाओं में थोड़ी भी हलचल हो सकी, तो मैं अपने इस लेखन को सफल और सार्थक मानूँगा।

☐ 'प्रबोधन' में अंग्रेजी पुस्तकों की विवरणिका को उनके प्रामाणिक अंग्रेज़ी उच्चारण के अनुरूप नागरी में लिप्यंतरित किया गया है, जिससे उनके मूल

उच्चरित रूप तथा सही नागरी लिप्यंतरण से पाठक सहज परिचित हो सकें। 'संशोधन' में मुद्रण की भूलों के शुद्ध रूप दे दिये गये हैं।

☐ विदा पुनर्मिलनाय !

प्रोफेसर्स बंगलो नं०-ए-सात —पाण्डेय शशिभूषण 'शीतांशु'
गुरु नानक देव विश्वविद्यालय परिसर
अमृतसर (पंजाब)

□ मार्क्सवादी आलोचना

मार्क्सवादी आलोचना का मूलाधार 'मार्क्सवाद' है। यह दार्शनिक, आर्थिक और समाज-शास्त्रीय दृष्टिकोण की वह वैज्ञानिक व्यवस्था है, जिसका प्रवर्तन मार्क्स और एंगेल्स ने किया। पर नयी स्थितियों में सर्जनात्मक रूप देते हुए लेनिन ने इसे विकासात्मक उत्कर्ष प्रदान किया। उन्नीसवीं शताब्दी के मध्य में रूस में आविर्भूत मार्क्सवाद श्रेण्य जर्मन दर्शन की - विशेषतः हीगेल और फ़ायरबाख़ के दर्शन की – उपलब्धियों, ए० स्मिथ और डी-रिकार्डो की राजनीतिक अर्थ-व्यवस्था तथा सेंट-साइमेन फूरियर और ओवेन के आदर्शवादी समाजवाद की आलोचनात्मक पुनःक्रियाशीलता के ज़रिये स्वरूपित हुआ। लेनिन ने इन तीनों ही को मार्क्सवाद का स्रोत स्वीकार किया है। इसके दार्शनिक पक्ष में द्वन्द्वात्मक और ऐतिहासिक भौतिकवाद, राजनीतिक अर्थ-व्यवस्था और वैज्ञानिक साम्यवाद की व्याख्या प्राप्त होती है।

द्वन्द्वात्मक भौतिकवाद प्रकृति और समाज की पड़ताल की एक दार्शनिक पद्धति है। सही द्वन्द्वात्मक अभिगम वस्तुनिष्ठ सत्य के जटिल और विरोधी आविर्भाव की समझ उत्पन्न करता है। यह विज्ञान के विकास के प्रत्येक विन्दु पर निरपेक्ष और सापेक्ष तत्त्वों के बीच, स्थिर और परिवर्त्य के बीच तथा सामान्यीकरण के रूपों के एक कुलक से दूसरे गहरे रूपों के कुलक के बीच (संक्रमण के बतौर) संयोजन उपस्थित करता है। द्वन्द्वात्मक भौतिकवाद का क्रान्तिकारी तत्त्व जरा भी गतिरोध और निश्चलता को सहन नहीं कर पाता है। वह समाज की व्यावहारिक पुनः रचना के लिए इसे अभिकरण के रूप में प्रस्तुत करता है। साथ ही वह सामाजिक विकास की ऐतिहासिक अपेक्षाओं को, प्राचीन रूप और अर्वाचीन वस्तु के बीच की असंगति को तथा मानव-जाति की प्रगति को उत्तेजित करने वाले उच्चतर रूपों के संक्रमण की आवश्यकता को वस्तुनिष्ठ रूप में मूल्यांकित करने में सहायता करता है।

मार्क्सवाद ने पहली बार समाज को आन्तरिक अवयव-संरचना के रूप में

प्रस्तुत किया, जिसकी संरचना में उत्पादन-शक्ति, उत्पादन के सम्बन्ध, और सामाजिक जीवन के अनुगमित क्षेत्र — राज्य, राजनीति, विधि, नश्वरता, दर्शन, विज्ञान, कला, धर्म — सभी सम्मिलित थे। कहना न होगा कि मार्क्स और एंगेल्स ने एक वैज्ञानिक, राजनीतिक अर्थ-व्यवस्था की रचना की, जिसने पूँजीवादी शोषण की प्रकृति को स्पष्ट किया, ऐतिहासिक रूप में पूँजीवाद की नश्वर प्रकृति को प्रमाणित किया और समाजवाद के संक्रमण की आवश्यकता को सिद्ध किया। स्पष्ट तौर पर यह विचारधारा ही मार्क्सवादी आलोचना का मेरुदण्ड बनी।

टेरी ईगलटन के अनुसार "यह अद्भुत बात है कि आज की मार्क्सवादी समीक्षा के विकास की आधार-रूप कितनी ही बातें उनके लेखन में बीजरूप में मिल जाती हैं। सांस्कृतिक व्यवहारों का भौतिक आधार, सौन्दर्यशास्त्रीय 'अधिरचनाओं' तथा भौतिक इतिहास के बीच के सम्बन्ध, सौन्दर्यगत मूल्यों की ऐतिहासिक या परा-ऐतिहासिक स्थिति, पाठीय तथा लेखकीय 'विचारधारा' के बीच सम्बन्ध और 'कला' में प्रतिबद्धता का प्रश्न — वस्तुतः आगे आने वाली 'मार्क्सवादी समीक्षा' में शायद ही कोई ऐसा मुद्दा होगा जिसका ऐतिहासिक भौतिकवाद के संस्थापकों के लेखन में आभास न पाया जाता हो।"

मार्क्सवादी आलोचना की पहली अवधारणा उस गैर-साहचर्यमूलक अवधारणा की है, जिसमें एक कवि के चिन्तन और वस्तुओं के प्रति उसकी वास्तविक दृष्टि के बीच द्वन्द्वात्मक संघर्ष मौजूद रहता है। इसकी दूसरी विशेषता यथार्थवाद और मार्क्सवाद के बीच के अन्तर को भी जानना है, जहाँ उत्पादन की पूँजीवादी प्रविधि के अन्तर्गत व्यक्ति का 'अजनबीकरण' उभरता है। तीसरे, मार्क्सवादी आलोचना में काल और स्थल तत्त्व के विषय में आलोचकों के अवबोध को तीव्र किया गया है। वह इस समाजशास्त्रीय जागरूकता से जुड़ी है कि कलाकृति का मूल कालपरक और भौतिक स्थितियों में अवस्थित है। वह वस्तुनिष्ठ यथार्थ और कल्पना के आवयविक सम्बन्ध पर भी विचार करती है।

ऐंगल्स और लेनिन अलग-अलग चीजों पर रोशनी डाल रहे थे जबकि वे व्यतिरेकी आदर्शों की ओर संकेत कर रहे थे। पार्टी के संघटन और पार्टी के साहित्य के विषय में लेनिन ने अपने स्पष्ट विचार व्यक्त करते हुए लिखा कि "साहित्य को हर स्थिति में पार्टी का साहित्य होना चाहिए।" उसने दलविहीन साहित्य के लिए 'मुर्दाबाद' के नारे दिये तथा वैसे साहित्य के अधिष्ठाता पुरुषों के लिए भी उनका 'मुर्दाबाद' किया। उसके अनुसार साहित्य को सर्वहारा के सामान्य कारणों का एक अंग होकर आना चाहिए। वह समाज-प्रजातान्त्रिक मशीनीकरण में एक लघु दन्त-चक्र और एक लघु कर्मी-श्रमिक—सम्पूर्ण कर्मी-वर्ग के समग्र चेतन हरावल के द्वारा गति में स्थिर किया गया मशीनीकरण है, जो 'एक' और 'अविभाज्य' होता है। लेनिन के अनुसार साहित्य को समाज-

प्रजातान्त्रिक दल के संघटित प्रविधिमूलक और एकीकृत श्रमिकों के अंगभूत भाग के रूप में उपस्थित होना चाहिए। लेनिन के ये विचार Noviajizm के नवम्बर 1905 अंक में प्राप्त होते हैं। इस रूप में मार्क्सवादी आलोचना 'पार्टी' के अनुशासन का माध्यम बनकर उपस्थित होती है।

दूसरी ओर एंगेल्स ने Minna Kauisky को नवम्बर 1885 में अपने पत्र में लिखा कि "मैं विश्वास करता हूँ कि लेखकों के लिए ऐसा कोई अनिवार्यीकरण नहीं है कि वह भविष्योन्मुख ऐतिहासिक सामाजिक संघर्ष के प्रस्ताव को, जिसे वह निरूपित कर रहा है, पाठक के हाथों में अवश्य थमा दे। उसके लिए सर्जक या रचनाकार की मान्यता जितने छिपे शब्दों में व्यक्त हो, कलाकृति के लिए उतना ही अच्छा है।" इसीलिए एंगेल्स की दृष्टि में 'शेक्सपीयर' 'शीलर' से बड़ा है और 'बालज़ाक' 'जोला' से बड़ा है। इस तरह मार्क्सवाद में लेनिन की भूमिका से अलग तौर पर एंगेल्स की भूमिका देखने को मिलती है, जिससे दो विभिन्न दृष्टिकोणों का विकास होता है।

कहना न होगा कि मार्क्सवादी आलोचना वैसी सभी आलोचनाओं से अलग है जो आलोचना कलाकृति की स्वायत्तता पर जोर देती है अथवा जो अन्तर्लक्ष्यी प्रकृति की आलोचना है। इसके विपरीत यह आलोचना-प्रणाली बहिर्लक्ष्यी प्रकृति की आलोचना प्रणाली है, जिसमें समाज की भूमिका अत्यन्त महत्त्वपूर्ण है। इसकी मूल सम्पत्ति मार्क्स-लेनिन के चिन्तन की वैज्ञानिक समाजशास्त्रीय प्रकृति है।

यद्यपि मार्क्सवादी आलोचना को उन्नीसवीं शती की वास्तववादी आलोचना के विकास के रूप में देखा गया है, तथापि उन्नीसवीं शती के अन्तिम दशक तक इसका कोई व्यवस्थित सिद्धान्त प्राप्त नहीं हो पाता है। मार्क्सवादी आलोचना का सबसे पहला आलोचक जर्मनी के फ्रांज मेहरिंग (1846-1916) को माना जाता है। इसकी समकालिकता में ही रूसी आलोचक प्लेखानोव (1856-1918) का नाम आता है। पर ये दोनों ही आलोचक किसी सीमा तक कला की स्वायत्तता को मान्यता देने के पक्षधर हैं, साथ ही मार्क्सवादी आलोचना को 'रम्यकृति के सामाजिक नियामकों के वस्तुनिष्ठ विज्ञान' के रूप में निरूपित वाले हैं। आज जिसे 'आधार' और 'अधिसंरचना' कहा जाता है, उसके विषय में मार्क्स और एंगेल्स के दृष्टिकोण को प्लेखानोव ने संक्षेप में निम्नलिखित पाँच रूपों में व्यक्त किया :

1. उत्पादक शक्तियों की स्थिति।
2. आर्थिक नातेदारी जिन्हें ये शक्तियाँ अनुकूलित-नियन्त्रित करती हैं।

3. समाज-राजनीतिक व्यवस्था जो प्रदत्त आर्थिक आधार पर विकसित हुई है।

4. सामाजिक मनुष्य की मानसिकता, जो आंशिक रूप में प्राप्त आर्थिक स्थितियों के द्वारा सीधे निर्धारित होती है और आंशिक रूप में उस समग्र समाज-राजनीतिक व्यवस्था के द्वारा निर्धारित होती है, जो उस बुनियाद पर उठ खड़ी हुई है।

तथा 5. वे विविध विचारधाराएँ, जो मानसिकता की विशेषताओं को प्रतिबिम्बित करती हैं।

मार्क्सवादी आलोचना का व्यवस्थित सिद्धान्त पहली बार 1932 में प्रस्तुत होता है, जिसे 'समाजवादी वास्तववाद' की संज्ञा प्रदान की जाती है। यहीं 'वास्तव का सही रूप में पुनरुत्पादन' करने का आदेश लेखक को प्राप्त होता है।

मार्क्सवादी आलोचना साहित्य के आलोचक और साहित्यिक इतिहासकार के बीच की पार्थक्य-रेखा को मिटा देती है। साहित्य का समालोचक कृति का वस्तुनिष्ठ विश्लेषण करता है और साहित्य का इतिहासकार सामाजिक तन्तुओं का विश्लेषण करता हुआ साहित्य पर उसके अभिप्रेरण और प्रभाव को ऐतिहासिक विकसनशीलता में रेखांकित करता है। पर मार्क्सवादी आलोचना के लिए इन दोनों के बीच ऐसा अन्तर करना बेमानी है, क्योंकि साहित्य का समाजशास्त्रीय विश्लेषण साहित्यालोचन का बुनियादी तत्त्व है।

मार्क्सवादी आलोचना समाज की वर्ग-संरचना और समाज के वर्ग-मनोविज्ञान—वर्ग की अभिरुचियाँ और वर्ग के लोभ-—को देखती है, साथ ही यह वर्गों के बीच समाज-आर्थिक सम्बन्धों के अन्तराल, तनाव और संघर्ष का साहित्य पर सीधा अभिप्रेरण और प्रभाव स्वीकार करती है। यह अपने युग के समग्र सामाजिक विकास की सम्पूर्ण चित्रवत्ता को निरूपित करने वाली आलोचना-प्रणाली है।

मार्क्सवादी आलोचना 'वस्तु'-आधारित आलोचना है। यह आलोचना-प्रणाली 'वस्तु' और 'रूप' के द्विविभाजन को स्वीकार करती है तथा वस्तु को मूल सामाजिक तत्त्व मानती है, उसे मूल सामाजिक तत्त्व के रूप में ग्रहण करती है तथा मूर्त्त रूप देती है। यद्यपि पूर्वग्रह-युक्त मार्क्सवादी आलोचना की रूढ़िवादी (Orthodox) पीढ़ी 'रूप' के विषय में अधिक बात नहीं करती है, लेकिन नव्य मार्क्सवादी अथवा परा-मार्क्सवादी 'रूप' की उपेक्षा के पक्षधर भी नहीं हैं। तभी उनकी धारणा है कि साहित्य-रूपों के विश्लेषण के विशेषीकृत

सबक को उपेक्षित करना मार्क्सवादी आलोचना के लिए सम्भव नहीं है और मार्क्सवादी आलोचकों को इस दिशा से आँखें नहीं मूँदनी चाहिए।

मार्क्सवादी आलोचना साहित्य-वैदुष्य और साहित्यालोचन के अन्तर को भी मिटाती है। मार्क्सवादी आलोचना में प्लेखानोव जैसा प्रवर्तक साहित्यिक वैदुष्य को मार्क्सवादी आलोचना के दायित्व के रूप में स्वीकार करता है। पाठकों को अपने वैदुष्य से जगाना और प्रभावित करना मार्क्सवादी आलोचना का मूल तत्त्व माना जाता है। इसके लिए इस आलोचना-प्रणाली के विशेष उद्देश्य हैं और विशिष्ट मांगें हैं, जहाँ निर्णय विशिष्ट विचारधारा के दृष्टिकोण से किया जाता है।

मार्क्सवादी आलोचना-प्रणाली का सर्वाधिक बल मूल्यांकन के पक्ष पर है। इसीलिए समसामायिक मार्क्सवादी आलोचना में मूल्यांकन को अत्यन्त महत्त्वपूर्ण स्वीकार किया गया है। यह मूल्यांकन किसी भी प्रदत्त कृति में मूलभूत सामाजिक प्रवृत्ति को वस्तु के दृष्टिकोण से उजागर करने की प्रक्रिया में साकार होता है।

फिर भी मार्क्सवादी आलोचना-प्रणाली को अभी बहुत कौशलपूर्ण और संवेदनशील होने की आवश्यकता है। विचारकों की मान्यता है कि इसके लिए मार्क्सवादी आलोचकों के बीच मार्क्सवादी 'प्रशिक्षण' के साथ-साथ 'विशिष्ट प्रतिभा' का होना आवश्यक है, जबकि रूढ़ मार्क्सवादी आलोचना 'प्रशिक्षण पक्ष' पर तो बल देती है पर 'प्रतिभा पक्ष' नहीं देख सकती। ऐसे में सही मार्क्सवादी आलोचना स्वरूपित-व्यापारित नहीं हो पाती है।

मूल्यांकन की प्रक्रिया मूलतः आलोचकीय-पाठकीय प्रतिक्रियाओं और विचारणाओं के द्वन्द्व की प्रक्रिया है। एक लेखक इसलिए महत्त्वपूर्ण है कि वह अनाघ्रात भाव-मृत्तिका को कुरेदता है, वह अपनी सूझ से उस भावभूमि को फोड़ता है, जिसमें तर्क और सांख्यिकी उसके विश्लेषण के अगले चरण में अपनी भूमिका अदा करते हैं। यह निर्णय करना कि लेखक कितना सही है, कि उसने साम्यवादी मूलभूत महत्त्वाकांक्षा और सत्य को कितने सही रूप में संग्रथित किया है, किसी भी रूप में आसान नहीं है। यहाँ भी सही निर्णय आलोचक और पाठक के बीच के मतों के संघर्ष के द्वारा ही प्राप्त किया जा सकता है। एक मार्क्सवादी आलोचक का सीधा पाठ अपने लक्ष्य के रचनात्मक प्रभाव और उसके ठोस व्यवहार एवं उपयोगिता की दृष्टि से प्रेरित होना है, न कि किसी कृति के उद्भव और उसकी प्रवृत्ति की दृष्टि से उसको निरूपित करना।

परा-मार्क्सवादी आलोचना यह मानती है कि हर नयी वस्तु नयी कृति में नये रूप की माँग करती है। अतः 'वस्तु' के साथ 'रूप' पर भी विचार करना मार्क्सवादी आलोचना का क्षेत्र है।

मार्क्सवादी आलोचना आलोचक को एक साभिप्राय और सार्थक अनुपात तक 'लेखकों का शिक्षक' मानती है, जहाँ आलोचना केवल लेखकीय मन्तव्य या वस्तु का आग्रहण ही नहीं करती, बल्कि वह लेखक के द्वारा निरूपित विधेयात्मक सामाजिक भाव को समर्थन देती है और निषेधात्मक पक्ष का वर्जन करती है। मार्क्सवादी आलोचना 'लेखकीय-शिक्षक' के दायित्व के साथ 'पाठकीय शिक्षक' की भूमिका भी अदा करती है। यह पाठकों को प्रबुद्ध करने वाली आलोचना-प्रणाली के रूप में भी उपस्थित होती है। विशेष रूप में पाठकों को क्या पढ़ना चाहिए, इस पर इसका प्रबल आग्रह होता है। पर इन्हीं कारणों से मार्क्सवादी आलोचना-प्रणाली को अभिसूचनात्मकता का आरोप झेलना पड़ता है। इसमें विवरण, निर्देश, और अभिसूचनाओं की प्रमुखता हो जाती है और साहित्य का मूल आलोचक से छूटने लगता है।

1934 में मार्क्सवादी आलोचना के रूढ़िवादी (Orthodox) वर्ग ने पहली सोवियत लेखक कांग्रेस की, जिसके मूल में लेनिन का वह आह्वान सुरक्षित था कि रूढ़िवादी (Orthodox) आलोचक अचल ताबीज़ है। इस कांग्रेस में सोवियत साहित्य को सोद्देश्य और पक्षपरक माना गया, क्योंकि उसमें वर्ग-संघर्ष की युगान्तरकारिता थी। यहीं यह मान्यता प्रतिष्ठित हुई कि ऐसा कोई साहित्य नहीं हो सकता जो मूलतः वर्ग-साहित्य न हो, जो प्रवृत्तिमूलक नहीं हो और जो राजनीतिक नहीं हो। यहाँ ऐतिहासिक अवधारणा की जगह राजनीतिक अवधारणा पर जोर दिया गया। यहाँ एंगेल्स के शब्द तो लिये गये पर उनमें अर्थ लेनिन का ही भरा गया। इसके उन्नायकों में झदानोव (Zhadanove) का नाम महत्वपूर्ण है। उसके द्वारा प्रवर्तित इस वाद को झदानोववाद कहा जाता है।

दूसरी ओर एंगेल्स की दृष्टि से विकसित परा-मार्क्सवादी दल का नेतृत्व मिखाइल ग्राउज ने किया। यहाँ इस विश्वास को बल प्राप्त हुआ कि साहित्य ऐतिहासिक और आर्थिक शक्तियों के द्वारा केन्द्रीय रूप में अनुकूलित है। विचारधारात्मक वस्तु और जागतिक दृष्टिकोण दोनों ही साहित्यिक मूल्यांकन के कर्म में संगीन तौर पर जुड़े हुए हैं। यहाँ कला की एकता और उसकी अस्मिता के सशक्त केन्द्रों के लिए समादर का भाव भी दिखाया गया। साथ ही आलोचना को आलोचन-कर्म के रूप में देखा गया तथा सेंसर-व्यवस्था वाले नियन्त्रण-कर्म का निषेध किया गया। यही वह बिन्दु है जहाँ प्रवृत्तियों और मूल्यों का विशदीकृत क्षेत्र-विस्तार सामने आता है। मार्क्सवादी आलोचना का यह नव्य दल तेन के ऐतिहासिक-सामाजिक निर्धारणवाद तथा उसके साथ-साथ एडमंड विल्सन, गोल्डमान और लूकाच को अपने से जोड़ता है।

मार्क्सवादी आलोचना कला के प्रकार्य पर भी विचार करती है। चेरेनोवस्की

और दोग्तोल्यूबोव परस्पर गुरु-शिष्य रहे हैं। इनमें पहले का विचार है कि कला का प्रकार्य जीवन की पुनःप्रस्तुति है, जबकि दूसरे का मत है कि कला का प्रकार्य इनके तत्त्वों पर निर्णय पारित करना है।

मार्क्सवादी आलोचना के लिए मार्क्स द्वारा प्रवर्तित जिस विचारधारा को मूल आधार के बतौर स्वीकार किया जाता है, उसके विकासात्मक स्वरूप को कई पीढ़ियों और वर्गों के रूप में समझा जा सकता है। इनमें मूलाधार और पीठिका मार्क्स और एंगेल्स की है। बाद की पीढ़ी जिन चिन्तकों की आती है उनमें विलियम, मौरिस, अन्तोनियों, लैबरियोला, फ्रांज, मेहरिंग, कार्ल मौत्सकी, गियोगी, प्लेखानोव और रोज़ा लुम्जेमबर्ग के नाम महत्त्वपूर्ण हैं। इसके बाद के चिन्तकों में बोल्शेविक आते हैं, जिसमें ब्लादिमिर आइलोनिन, एल त्रौत्सकी, निमोलाई बुखारिन, अनातोले, लूनाचरस्की जैसे नाम महत्त्वपूर्ण हैं। इसके बाद के विचारक झदानोववादी हैं। यह वाद '30 से '56 तक अस्तित्ववान रहा। झदानोववाद को मार्क्सवादी आलोचना के अस्थायी विपथगमन के रूप में लिया जाता है, जिसका बोलबाला सोवियत रूस के विकास और विश्व-साम्यवादी दलों के एक निश्चित चरण तक रहा। इसकी जड़ें पूर्व स्तालिन युग तक फैली हुई हैं और इसकी प्रतिध्वनियाँ अब तक हमारे साथ हैं। झदानोववाद के तत्त्व क्रान्ति-उत्तर युगों के दौरान कला के प्रति अभिवृत्तियों में हमारी सामान्य प्रवृत्तियों को दिखाते हैं। इनमें कला में मिथक-संस्था की रचना के प्रति क्रान्तिकारी आन्दोलनों के द्वारा लगाया जाने वाला आग्रह सामने आता है। दूसरे, कला में संश्लिष्ट-जटिल और उच्चतर शैलियों की अस्वीकृति भी उभरती है। तीसरे, कला पर लगाये जाने वाले प्रतिबन्धन और संरक्षण की दमनमूलक प्रविधियों के प्रति उनके परतन्त्रीकरण का विरोध भी सामने आता है। इनमें सबसे पहली बार कला और अनुकरणीय मिथक-निर्माण के प्रकार्य आपस में संश्लिष्ट हो जाते हैं। कला शिक्षा-शास्त्र का एक प्रकार्य बन जाती है जो ऐसेंम व्याकरण पर आधारित होता है तथा जो क्रान्ति में उभरने वाले तत्त्वों से बाहर और क्रान्ति लाने वाले लोगों की परम्परा—दोनों से जुड़ा होता है। कला में जटिलता को खारिज करना क्रान्तिकारी आन्दोलनों के लिए सामान्य-सी बात है, जिसका परिणाम कला के द्वारा सामान्य भूमिका निभाने के क्रम में आता है। फ्रांसीसी क्रान्तिकारियों ने इसी तरह बरोक शैली की समग्र अधिसंरचना को, उसकी उच्चतर समंजस भाषा को, उसकी समृद्ध बहु-स्वनिकता को दर-किनार कर दिया था। लेनिन ने सोवियत क्रान्ति की सेवा में लोकप्रिय कलाओं को उत्साहित किया, यद्यपि उसने बहुत स्पष्ट तौर पर यह बताया कि यह उत्तर-क्रान्तिकालीन कला की अकेली भूमिका नहीं हो सकती। माउत्से तुंग ने भी अपने 'Yenan' में कला और साहित्य पर अपने विचार व्यक्त करते हुए

लोकप्रियता और यथार्थवादिता के महत्त्व पर बल दिया। उत्तर-क्रान्तिकाल की कला में प्रतिबन्धन और नियन्त्रण सामान्य 'हर' (Denomination) के रूप में उपस्थित होते हैं। मार्क्सवाद झदानोव के अभ्युदय की व्याख्या कर सकता है, किन्तु झदानोववाद की जड़ें मार्क्सवाद में नहीं हैं। झदानोववाद ने दबाव-भरे वर्ग-क्रम के अन्तर्गत जीवन के यौनेतरीकरण (Desexualisation) को प्रस्तुत किया। यहाँ यौनीकरण को उत्पादन के रोक के रूप में देखा गया। झदानोववाद का केन्द्रीय मुद्दा अविवेकतावाद के अतिक्रमण के विरुद्ध कला को बचाना था जिसने इसे सामान्य मानवीय संवेगों के सीमान्त के परे की विषय-वस्तु के रूप में परिभाषित किया। कहना न होगा कि उसके नृशंस सौन्दर्यपरक दृष्टिकोणों को दो कसौटियों ने शासित किया— 1. उन्माद और 2. यौनपरकता।

इस तरह कला में स्वचल तौर पर 'Pinks chosus girls Paranoiacs, Schvzo Phrenics' का आगमन हुआ। एक विशिष्ट झदानोववादी केमेनोव आधुनिक कला के विषय में लिखता है "यह मनुष्य के भीतर जो मानवीय है उसे नष्ट करती है। और इसके भीतर जो पशु, कमीनी, आदिम और पाशविक वृत्तियाँ हैं उन्हें जगाती हैं।" लूकाच को झदानोववादी भी माना गया है, क्योंकि उसे भी इसके यौन-विमुख सौन्दर्यशास्त्र से एक गहरा लगाव था। उसने सच्चे कवि के विषय में यह मत दिया कि सच्चा कवि वह है जिसका मनुष्य-विषयक ज्ञान और उसकी मूलभूत अच्छाई में विश्वास कभी भी पाशविक प्रवृत्तियों पर अन्तिम विजय के लिए संशय नहीं रखता है। झदानोव-वादियों में प्रसिद्ध झदानोववादी मैक्सिम गोर्की, यूरीदावीदोव, माउत्से तुंग, ज्यांपाल सार्त्र और दु-दु बोइस हैं।

मार्क्सवाद का अगला विकास मार्क्सवादी मानववाद का है। मार्क्सवादी मानववाद की वापसी के प्रमुख चिन्तक अन्तोनियो ग्रामशी, अर्नेस्ट फिशर, सिडनी फिंकलस्तीन, बेला बलाज और मिखाइल बख्तिन है।

मार्क्सवाद के इससे अगले चरण में कला के स्रोत एवं उसके प्रकार्य पर विचार करने वाले चिन्तक आते हैं। इनमें क्रिस्टोफर काडवेल, जार्ज थॉम्सन, बर्नोल्ड ब्रेख्त, थियोडोर डब्ल्यू० ऐडोर्नो, हैंस आइसलर, ग्योर्ग लूकाच और मैकस रैपेल के नाम प्रमुख हैं। कला और साहित्य के साथ सम्बन्ध रखने वाले मार्क्सवादी चिन्तन का सातवाँ चरण कला के प्रक्षेप-पथ का है। यहाँ मार्क्सवाद और यूतोपिया को लेकर विचार प्राप्त होते हैं। लेनिन ने मार्क्सवाद के प्रमुख घटक-तत्त्वों को तीन स्रोतों के तहत व्याख्यायित किया था। ये स्रोत क्रमशः जर्मन आदर्शवादी दर्शन, ब्रितानी राजनीतिक अर्थव्यवस्था और फ्रांसीसी आदर्श सामाजिक विचारों के स्रोत थे। इनमें वह मार्क्स और एंगेल्स के द्वारा

उसके पूर्वजों के ऋण के बहुतेरे स्वीकारों को दुहरा रहा और व्यवस्थित कर रहा था। मार्क्सवाद के विषय में कहा जाता है कि उसने पहले की सभी व्यवस्थाओं में प्राप्त अविवेकिता को विवेकीकृत किया है तथा आदर्श से विज्ञान की ओर विकास के चरण बढ़ाये हैं। इसीलिए आदर्शवादी विचार को अवैज्ञानिक, फन्तासीपरक और प्रतिक्रियावादी समझते हुए खारिज कर दिया जाये। मार्क्सवाद में इस आदर्शवादी तनाव की विधिपरकता और उचितता के प्रति विवाद रहा है, जिसे मार्क्स और एंगेल्स की आदर्श के प्रति अभिवृत्ति के जरिए ही स्पष्ट किया जा सकता है। मार्क्सवादियों ने अपने पूर्ववादी आदर्शपरक व्यक्तियों को उनकी प्रतिभा-सम्पन्न सूझों और आलोचनात्मक सूत्रीकरणों के लिए श्रद्धांजलि निवेदित की है, जिनमें Fourier, Saint Symon, Robert Owen और Weiling के नाम प्रमुख हैं। एंगेल्स के द्वारा लिखित 'समाजवाद' आदर्शवादी और वैज्ञानिक भविष्य के लिए आदर्शवादियों के अनैतिहासिक मानचित्र को लक्ष्य कर लिखा गया था। इस चरण में फ्रेडरिक एंगेल्स, एच० स्लोशावर, एलिक वेस्ट, आन्द्रे ब्रेटेन, हर्बर्ट मार्क्स, वाल्टर बेंजामिन आन्द्रे मालराक्स, और अर्नस्ट ब्लाख के नाम महत्त्वपूर्ण हैं।

बख्तिन ने 'Rebelais' का जो अध्ययन किया उससे पूरी तरह यह उदाहरणीकृत और स्पष्ट हो जाता है कि साहित्यिक पाठ का मार्क्सवादी अध्ययन, जिसमें ऐतिहासिक और भौतिकवादी संयोग हो, कैसा होना चाहिए। बख्तिन 'Rebelias' कृति के विशिष्ट रूपात्मक अभिलक्षणों की व्याख्या करता है। पर यह व्याख्या विचित्र रूप में विशिष्ट सौन्दर्यपरक गुणवत्ताओं के निश्चर कुलक की अभिव्यंजना के रूप में नहीं होकर लेखन पर पड़ने वाले विशेष ऐतिहासिक और पदार्थवादी दवाव के रूप में सामने आती है, जिसका उत्पादन वह कृति है। उत्पादन का यह भौतिकतावाद उपभोक्तृत्व में भौतिकतावाद के द्वारा प्रतिसन्तुलित हो जाता है। बख्तिन ने 'Rebelais' के विश्लेषण में इसे स्पष्ट किया है। किसी विशेष पाठ के राजनीतिक प्रभाव का प्रश्न इसकी रूपात्मक विशेषताओं के सन्दर्भ में हल नहीं किया जा सकता, जो अनैतिहासिक हो जाता है, किन्तु इसके ऐसे ठोस और परिवर्तनशील प्रकार्यों को जाँचने की अपेक्षा अवश्य होती है, जिसकी पूर्ति पाठ यथार्थ-सामाजिक प्रक्रिया में करता है। यहीं यह स्पष्ट किया गया कि इस प्रकार मार्क्सवादी आलोचना के लिए भी हमें रूपवाद के उपकरण की आवश्यकता पड़ती है, क्योंकि यदि बख्तिन की रचना किसी सैद्धान्तिक क्षेत्र को परिभाषित और ग्रहण करती है, जो रूपवाद से परे स्थित है, तो वह क्षेत्र भी रूपवाद के ज़रिये काम करने के द्वारा ही उपस्थित होता है। पर रूपवाद के दावों और उसकी समस्याओं को गम्भीरतापूर्वक लेते हुए बख्तिन रूपवादी विरासत के द्वारा पूरी तरह प्रभावित नहीं था। उसने

इस विरासत को पुनः संघटित किया। इसके लिए उसने सक्रियता से अपने सैद्धान्तिक क्षेत्र में काम करते हुए रूपवादी अवधारणाओं को रूपान्तरित करते हुए उसे एकीकृत किया। उदाहरण के लिए बख्तिन की 'पुनर्नवीकरण की अवधारणा' अजनबीकरण की रूपवादी अवधारणा की समतुल्यार्थक अवधारणा-मात्र नहीं हैं, बल्कि यह एक भिन्न अवधारणा है, जो सैद्धान्तिक कृति की प्रक्रिया को प्रतिबिम्बित करती है; साथ ही 'अजनबीकरण की धारणा' का रूपान्तरण भी करती है। वह निश्चर विशेषता के रूप में उसे निर्दिष्ट नहीं करती है, जो तथा-कथित सारे साहित्य-पाठों को प्ररूपीकृत कर सके, किन्तु एक विशेष औपचारिक प्रभाव को, यूरोपीय Belles Lettris के द्वारा उत्तेजित प्रभाव को निर्दिष्ट करती है, जो ऐतिहासिक विकास में एक विशेष चरण में उभरता है। इसी तरह रूपवादियों के इस प्रत्यक्षीकरण को ग्रहण करते हुए कि किसी प्रदत्त साहित्यिक व्यवस्था के अन्तर्गत किसी पाठ के प्रकार्य का प्रश्न अपने आविर्भाव की स्थितियों के सन्दर्भ में हल नहीं किया जा सकता है; इसके लिए बख्तिन अधिक स्पष्ट और अधिक भौतिकतावादी ऐतिहासिक आधार को सामने लाता है। ऐसे परिवर्तन में प्रभावों और प्रकार्यों में उभरने वाले परिवर्तन, जिनसे यह सम्भव है कि वे पाठ को गुणीकृत करें, तुरत-तुरत उभरकर सामने नहीं आते, बल्कि ठोस विचारधारा के और राजनीतिक निर्धारणों के उत्पादन के परिणाम के बतौर सामने आते हैं और आलोचना के जरिये दिखाये जाते हैं। हॉक्स मार्क्सवादी आलोचना के लिए 'रूपवाद' के साथ एक संवाद स्वीकार कर चलता है, पर यहीं वह स्वीकार करता है कि मार्क्सवादी आलोचना की मुख्यधारा में इसका प्रभाव नगण्य हो जाता है। हॉक्स बख्तिन की आलोचनात्मक स्थिति से भी बहुत सन्तुष्ट नहीं है। उसे उसकी आलोचना-धर्मिता व्यावहारिक आलोचना के अभ्यासों की तरह लगती है, जहाँ सैद्धान्तिक चेतना बिल्कुल जुड़ी हुई नहीं होती है।

मार्क्सवादी आलोचना में 'विचारधारा' को आत्यंतिक महत्त्व प्राप्त है। यह आलोचना साहित्यिक कृति में निहित विचारधारात्मक आशयों को उजागर करने को प्राथमिकता देती है।

प्रसिद्ध मार्क्सवादी विचारक अल्थूज़र (Althusser) ने 'विचारधारा' के विषय में मुख्यतः अपने दो निबन्धों 'मार्क्सवाद और मानववाद' (1965) तथा Ideology and Ideological Stage Abboratuses (1969) में विचार किया है। इन में 'दूसरी पुस्तक को विचारधारा की संकल्पना के विषय में विशिष्ट अर्थवत्ता को प्रस्तुत करने का श्रेय प्राप्त है। अल्थूजर ने समाज की ऐसी बौद्धिक अधिसंरचना की अवधारणा के पर्यायरूप में विचारधारा को नहीं लिया है, जो संज्ञानात्मक रूपों अथवा साभिप्रायित

व्यवहारों के पूरेपन को अपने में समोए हुए हो। उसके मस्तिष्क में 'विचारधारा' की अवधारणा 'संज्ञान' के विशिष्ट रूप को, साभिप्रायित व्यवहार के विशिष्ट रूप के उत्पादन के बतौर, संकेतित करती है। उसके इस मत को कुछ उलझा हुआ मत भी माना जाता है। इसे स्पष्ट करने के लिए विचारधारा के छह मुख्य बिन्दुओं पर प्रकाश डालना आवश्यक है।

1. विचारधारा का पदार्थपरक अस्तित्व होता है :

एंगेल्स के द्वारा जर्मन 'Ideology' में आगे बढ़ाये हुए तर्कों पर विवाद करते हुए अल्थूज़र तर्क देता है कि 'विचारधारा' का अपना पदार्थपरक अस्तित्व होता है। जर्मन Ideology में 'विचारधारा' को यथार्थपरक सामाजिक नातेदारी के विचारों में होने वाले आन्तरिक प्रतिबिम्बन के रूप में माना गया था। अल्थूज़र के मुताबिक किसी भी मानवीय विषय का विचार केवल उसके कर्म में, उसके क्रिया-कलाप में अस्तित्व रखता है और ये कर्म व्यवहार और अभ्यास में उपस्थित होते हैं जो कर्मकाण्डों के द्वारा शासित होते हैं तथा जिनमें विचारधारा के औज़ार के पदार्थवादी अस्तित्व के बीच ये अंकित (Inscribed) होते हैं। उदाहरण के लिए कोई चर्च, कोई स्कूल या कोई राजनीतिक रैली। इस प्रकार कबीले के उत्सव को 'Qnintessential' रूप में विचारात्मक माना जाता है। 'विचारधारा' के विषय में यह बात स्पष्ट की गई थी कि यह मनुष्य की चेतना नहीं है जो उसके होने को निर्धारित करती है, बल्कि इसके विपरीत सामाजिक तौर पर यह उसका होना ही है, जो उसकी चेतना को निर्धारित करता है। आशय यह है कि मनुष्य की चेतना उन सामाजिक सम्बन्धों में उत्पादन के रूप में व्याख्यायित होती है, जिनमें वे रहते हैं और उन विशेष स्थानों और स्तरों पर जिनमें व्यक्ति अथवा व्यक्तियों के वर्ग उस नातेदारी में प्रतिष्ठित होते हैं। पर अल्थूज़र ने इसका खण्डन करते हुए यह स्पष्ट किया कि सामाजिक व्यक्ति की चेतना उन स्थानों के द्वारा, जिन्हें वे अपनी सामाजिक संरचना में प्राप्त करते हैं, संघटित और प्रस्तुत नहीं होती, बल्कि इसके विपरीत वह उन पदार्थवादी विचारधारात्मक रूपों की क्रियाशीलता के द्वारा, जो स्वायत्त विचारधारात्मक अभ्यासों से परिणामित होते हैं तथा जो स्वायत्त विचारधारात्मक उपकरण के बतौर अन्दर से सक्रियता दिखाते हैं, प्रस्तुत होती है। इसलिए वर्ग-स्तर के द्वारा निर्धारित प्रतिबिम्ब-मात्र के रूप में देखी जाने वाली चेतना के विपरीत विचारधारा को उत्पादन के उस स्वायत्त स्तर के बतौर देखा जाता है, जो अपने उत्पाद्य के साथ होता है, नामतः मानवीय विषयों की चेतना से वह कर्म जुड़ा होता है, जिसे विचारधारा प्रभावित

करती है। वह ठोस सामाजिक भावना में व्यक्तियों का ऐसा रूपान्तरण है जो चेतना के निर्धार्य रूपों के विषय में होता है।

2. विचारधारा उत्पादन के सम्बन्धों के पुनरुत्पादन की प्राप्ति के लिए प्रकार्य करती है :

पूँजीवादी उत्पादन की आन्तरिक क्रिया और उसका विनिमय— दोनों इस रूप में परिचालित होते हैं कि वे पूँजीवादी उत्पादन की स्थितियों को फिर से उत्पन्न कर सकें। विनिमय के प्रत्येक चक्र की पूर्णता, जो पूँजी और श्रमिकों के बीच होती है वह मजदूरों से पूँजी की ओर स्वत्वहरित (Expropriated) अधिमूल्यों के अन्तरण के रूप में उपस्थित होती है तथा पूँजी पर श्रमिकों की निर्भरता को उस रूप में बढ़ाती है जिस रूप में यह सामाजिक शक्ति कम-करों पर पूँजी के द्वारा आयासित (Exerted) शक्ति की अभिवृद्धि करती है। इस रूप में श्रम की उस सामाजिक नातेदारी को, जो पूँजीपतियों के उत्पादन का आधार स्वरूपित करती है, उस नातेदारी के अन्दर काम के मशीनीकरण के द्वारा फिर से उत्पादित किया जाता है।

यह आर्थिक प्रक्रिया उत्पादन-प्रक्रिया के भीतर स्थानों को केवल पुनः प्रस्तुत करती है, जिनमें श्रम, श्रमिक और पूँजीपति होते हैं और जो उत्पादन के वास्तविक अभिकर्ता के द्वारा स्वामित्व प्राप्त करने की प्रतीक्षा में रहते हैं। यहाँ पुनरुत्पादन का सबक और उनके वितरण का सबक जो अभिकर्ता के सन्दर्भ में होता है, वास्तव में विभिन्न व्यक्तियों के लिए विभिन्न स्थानों के आवंटन का सबक होता है। यह सबक उत्पादन की प्रक्रिया में प्रस्तुत होता है और उत्पादन उन व्यक्तियों की क्षमता और चेतना के रूपों और उनकी उचित आत्मचेतना के अनुरूप होता है जिस स्थान को वे ग्रहण करते हैं। यदि पूँजीवाद एक पद्धति के रूप में अपने को बचाता है तो ठोस सामाजिक व्यक्तियों को उस वर्ग-चेतना और वर्ग-स्थितियों को मिलाने (Reconcile करने) की अपेक्षा होती है, जिसे व्यक्ति-विशेष प्राप्त कर लेते हैं। उन्हें इस रूप में अपने शोषण और दमन का विरोध करना चाहिए कि वे न तो यह अनुभव कर सकें और न अपनी स्थिति उस रूप में स्पष्ट कर सकें जिस रूप में वे शोषित या दमित हुए हैं।

3. विचारधारा का कोई इतिहास नहीं होता :

इस सन्दर्भ में यह तर्क दिया जाता है कि किसी विशेष विचारधारा की समझ सामान्य विचारधारा की सैद्धान्तिकी के आधार पर भी बनाई जा सकती है। अल्थूजर का मत है कि किसी विशिष्ट विचारधारा का तो इतिहास होता है,

जो आंशिक तौर पर उससे बाहर की ऐतिहासिक शक्तियों के द्वारा निर्धारित होता है, पर स्वतः 'विचारधारा' का कोई इतिहास नहीं होता। दूसरे शब्दों में सभी विशिष्ट प्रकार की ऐतिहासिक तौर पर निर्धारित विचारधाराओं में एक अपरिवर्तित संरचना उपस्थित होती है, जो 'विचारधारा' को प्ररूपीकृत करती है। इसलिए विचारधारा के सिद्धान्त का प्रारम्भिक सबक उस संरचना को वर्णित-व्याख्यायित करता है जो संरचना न केवल विशिष्ट विचारधाराओं को नियमित करती है, अपितु स्वतः 'विचारधारा' की कालहीन सम्पूर्णता को भी नियमितता प्रदान करती है। यह संरचना सदा के लिए एक शाश्वत और पूर्व-प्रदत्त संरचना होती है, जो कभी चर एवं ऐतिहासिक रूप में निर्धारित विचार-धारा के प्रयोग के ठोस रूपों को, जिसमें यह अभिव्यंजित होती है, अधिक चतुरता प्रदान करती है। कारण रूप में यह सदैव निश्चर संरचना के परि-चालन के जरिये यह स्पष्ट करती है कि विशिष्ट विचारधारात्मक अभ्यास व्यक्तियों को नागरिक के रूप में संघटित करने के अपने आबंटित प्रकार्य को सम्पन्न करते हैं।

4. विचारधारा की संरचना जनता-केन्द्रित है :

सभी विचारधाराएँ ठोस व्यक्ति को ठोस नागरिक के बतौर नागरिक कोटि की प्रकार्यात्मकता के जरिये स्वागत प्रदान करती हैं अथवा प्राश्निक के बतौर उपस्थित होती हैं। इस प्रकार विचारधारा की संरचना जनता-केन्द्रित होती है। कहना न होगा कि यह केन्द्र में पूर्ण जनता की धारणा को रखती हुई अपनी साभिप्रायता के प्रतिभू के बतौर ठीक उसी तरह सक्षम रूप में उपस्थित होती है जिस तरह क्रिस्तानी धर्मशास्त्र में ईश्वर की अवधारणा है या बुर्जुआ दार्शनिक मानववाद में मनुष्य की अवधारणा है। इस प्रकार विचारधारा उन मिथकों को भी समेटती है जिनके द्वारा व्यक्तियों को सामाजिक पद प्राप्त होते हैं।

5. विचारधारा व्यक्तियों के, उनके अस्तित्व की यथार्थ स्थिति के प्रति काल्प-निक सम्बन्ध का निरूपण-प्रदर्शन है :

जनता-केन्द्रित इस संरचना के परिचालन के द्वारा विचारधारा व्यक्तियों के बीच उनके सामाजिक अस्तित्व की यथार्थ स्थितियों के प्रति शुद्ध काल्पनिक सम्बन्ध प्रस्तुत करती है। इस प्रकार विचारधारा का प्रभाव भ्रान्त पहचान उपस्थित करता है। यह न तो स्थितियों के यथार्थ स्वरूप और न स्थितियों के प्रति सम्बन्ध के यथार्थ को निरूपित करती है, बल्कि यह पूरी तरह काल्पनिक और व्यक्तियों के मिथ्या-निरूपण को उपस्थित करती है।

6. विचारधारा को प्रत्येक सामाजिक सम्पूर्णता का आवयविक अंग माना जाता है :

इस दृष्टि से अन्त में विचारधारा किसी भी समाज में अनिवार्य एवं अपरिहार्य रूप में उपस्थित होती है, जहाँ पूर्ण विकसित साम्यवाद होता है, जहाँ मनुष्य अपने अस्तित्व की स्थितियों की माँगों के प्रति रूपान्तरित एवं उपकरणों से लैस रूप में अनुक्रिया करने को उपस्थित होता है । आशय यह कि साम्यवादी समाज में जनता जैसी कोटि के ज़रिये ही विचारधारा परिचालित होती है और इसका प्रकार्य व्यक्तियों को उन स्थानों पर, जिन्हें वे उत्पादन की प्रक्रिया में ग्रहण करते हैं, अभियोजित करने के लिए लगातार जारी रहता है । इस रूप में विचारधारा को सामाजिक-सम्बन्ध के कच्चे माल के साथ काम करने वाला अभ्यास माना जाता है । यहाँ सामाजिक नातेदारी को जनता-केन्द्रित संरचना के द्वारा मुहैया किये जाने वाले विचारधारात्मक उत्पादन के उपकरणों के साथ रेखांकित किया जाता है ।

इस प्रकार विचारधारा को एक ओर जहाँ उत्पादन की भौतिक-नियन्त्रित प्रक्रिया तथा यथार्थ के उत्पादन एवं अभ्यास के बतौर देखा जाता है, वहीं दूसरी ओर इसका उत्पादन सदैव एक निश्चर संरचना के बतौर विद्यमान होता है, जिसके प्रति सभी विचारधाराएँ अपरिहार्य तौर पर समनुरूप सिद्ध होती हैं ।

मार्क्सवादी आलोचना में हम साहित्य को औपचारिक परिचालन के कुलक को समेकित करने वाले रूप में देखते हैं, जिसके द्वारा 'विचारधारा' को उजागर किया जाता है । यहाँ हमें साहित्य को एक 'सौन्दर्यात्मक कोटि' के रूप में न देखकर 'ऐतिहासिक कोटि' के बतौर देखने की आवश्यकता पड़ती है, तथा यहाँ 'विचारधारा' की अवधारणा को 'ज्ञान-मीमांसा' के रूप में न देखकर 'राजनीतिक रूप' में देखने की अपेक्षा होती है । इस रूप में साहित्य के विषय में कुछ कहना लेखन के उस विशिष्ट अभ्यास के विषय में कहना है कि जो आर्थिक-राजनीतिक और विचारधारात्मक सम्बन्धों की सामग्री के गुच्छ के द्वारा आकृत या नक़्श होता है । टॉनी बेनेट (Tony Bennett) के अनुसार केवल इस रूप में प्रस्तुत होकर आगे बढ़ने पर साहित्य के सिद्धान्त को विकसित करना सम्भव हो सकता है । दूसरे, इसकी पहचान की जानी चाहिए कि ऐसा कोई भी साहित्य-सिद्धान्त राजनीतिक हो, क्योंकि लेखन के निश्चित रूपों के विषय में तर्क करना प्रमुख विचारधारात्मक रूपों के रूपान्तरण को प्रभावित करता है । ऐसा करना उन पाठों की विशिष्ट राजनीतिक स्थिति को प्रस्तावित करता है, जहाँ यह स्पष्ट हो जाता है कि साहित्यिक पाठों के राजनीतिक प्रभाव को ठोस ऐतिहासिक रूप में अच्छी तरह परिकलित होना चाहिए । जहाँ तक साहित्यिक उत्पादन का

सम्बन्ध है इगलटन अवधारणाओं की एक ऐसी व्यवस्था प्रस्तावित करता है जो साहित्य के लिए समीचीन पदों के रूप में उसका अनुवाद करती है। अल्थूजर का कहना है कि किसी भी सामाजिक व्यवहार को निर्धारित उत्पादन में निर्धारित कच्ची सामग्री के रूपान्तरण की प्रक्रिया के बतौर देखने की आवश्यकता होती है, जहाँ उत्पादन के निर्धारित साधनों के व्यवहार के जरिये तथा उत्पादन के निर्धारित सामाजिक सम्बन्धों के सन्दर्भ के दायरे में यह सामाजिक व्यवहार उभरता है।

मार्क्सवादी आलोचना की प्रकार्य-प्रक्रिया को उसके विभिन्न प्रतिमानों के आधार पर स्पष्ट किया जाना चाहिए। इस दृष्टि से निम्नलिखित प्रतिमान महत्त्वपूर्ण हैं :

1. प्रतिबिम्बन प्रतिमान (Reflection Model) :

मार्क्सवादी आलोचना के सैद्धान्तिक प्रतिमानों में सबसे अधिक प्रभावित करने वाला प्रतिमान 'प्रतिबिम्बन प्रतिमान' है, जो साहित्य को बाह्य यथार्थ के प्रतिबिम्बन के रूप में देखता है। यही वह प्रतिमान है जिसका व्यवहार लेनिन ने तोलस्तोय पर लिखने के क्रम में किया था तथा उसे 'रूसीक्रान्ति का दर्पण' माना था। (लेनिन 1967 : 20) यद्यपि इस प्रतिमान को साधारण या आदिम प्रतिमान के रूप में ग्रहण किया जाता है, पर वास्तविकता ऐसी नहीं है। संरचनावादी आन्दोलन के शुरू होने के पहले तक साहित्यिक सिद्धान्तों की बहुसंख्यकता कृति को किसी-न-किसी तरह बाह्य यथार्थ को निर्दिष्ट करने वाले रूप में ही देखती थी। साहित्य-विषयक सभी आरम्भिक मार्क्सीय चिन्तन, यहाँ तक कि कुछ इसके आधुनिक निर्वचन (Versions) भी उस सौन्दर्यपरक परम्परा को अपनाते दीखते हैं, जो अरस्तू से उन्नीसवीं शताब्दी तक इसे खींचते-फैलाते हैं, और कला को अनुकार (Mimesis) के रूप, में जीवन की अनुकृति के रूप में प्रस्तुत करते हैं। यह दृष्टिकोण मार्क्सीय चिन्तन में लम्बे समय तक प्रभावपूर्ण बना रहा, क्योंकि स्वयं मार्क्स ने हीगेल के विरुद्ध यह दावा किया था कि दुनिया के बाह्य यथार्थ का स्थान मस्तिष्क के विचारों से पहले हैं, क्योंकि भौतिक दुनिया ही मनुष्य के मस्तिष्क में प्रतिबिम्बित होती है और उसके विचारों में रूपान्तरित होती है। (मार्क्स : 1976 : 102)

प्रतिबिम्बन का यह लेनिनीय सिद्धान्त कुछ ऐसे निश्चित दार्शनिक सिद्धान्तों को प्रमाणित करता है, जो मानवीय चेतना की प्रकृति को तथा यथार्थ के मानवीय संज्ञान की विशेषताओं और क्रियाविधि को उद्घाटित करते हैं। प्रतिबिम्बन के इस सिद्धान्त में स्थापनाएँ कला के विशिष्ट अभिलक्षणों की समझ के लिए यथार्थ मानवीय संज्ञान के विशिष्ट रूप में अपना सैद्धान्तिक आधार प्रस्तुत

करती हैं। इस सिद्धान्त के दो पहलू हैं — 1. वस्तुनिष्ठ यथार्थ का पहलू और 2. विशिष्ट रूपों में इसके प्रत्यक्षीकरण का पहलू। ई० आई० स्वास्त्यानोव ने इस प्रतिबिम्बन की बहुत स्पष्ट शब्दों में व्याख्या की है, "कहना न होगा कि कला-बिम्ब तथ्यों का छविपरक पुनरुत्पादन अथवा दर्पणपरक प्रतिबिम्बन नहीं है। यह तो पर्यवेक्षणों, प्रभावों और सांवेगिक स्मृतियों के सहारे वस्तुनिष्ठ यथार्थ द्वारा सर्जक को प्राप्त होने वाली वह सामग्री है, जिससे कला-विषय उत्सृजित हो पाता है। कलाकार जीवन से गृहीत सामग्री को अपने कर्म, सांसारिक दृष्टिकोण, और वस्तुनिष्ठ यथार्थ को शासित करने वाले नियमों की समझ के अनुरूप रूपान्तरित करता है।" लेनिन ने प्रतिबिम्बन के सिद्धान्त के सन्दर्भ में इसे संवेदन (Sensation) का स्तर माना है, जहाँ सामान्यीकरण वस्तु की सुस्पष्ट प्रकृति और कलाकार की जीवनगत सक्रियताओं और अपेक्षाओं से परिचालित चयन और परिसीमन पर आधारित होता है।

लेनिन के अनुसार "सभी वस्तुएँ उस विशेषता से युक्त होती हैं, जो अनिवार्य रूप में संवेदन-सदृश हैं, (यह विशेषता) प्रतिबिम्बन की विशेषता (है)।" प्रतिबिम्बन का यह सिद्धान्त 'प्रत्याशी' (Anticipatory) रूप में भी विवेचित हुआ है, जहाँ यथार्थ और फंतासी के बीच की द्वन्द्वात्मक अन्तःक्रिया के जटिल प्रश्न उपस्थित होते हैं। पर यथार्थ फंतासी के पारस्परिक सम्बन्ध का उत्तर भी हमें लेनिन के विचारों में प्राप्त हो जाता है। लेनिन ने जे० डित्जेन (J. Dietzgen) की एक पुस्तक के हाशिये पर सम्मति देते हुए लिखा था "फंतासी-परक चित्रों से यथार्थ चित्रों को अलगाना उतना कठिन नहीं है। प्रत्येक कलाकार महत्तर स्पष्टता से ऐसा करने में समर्थ है। फंतासी के विचार यथार्थ से ग्रहण किये जाते हैं और यथार्थ के बारे में सत्यतम विचार अनिवार्य तौर पर फंतासी के श्वास-स्पन्दन के द्वारा ही जीवन तक लाये जाते हैं।" इस प्रकार यह प्रत्याशी-प्रतिबिम्बिन ही है जो स्वप्न और जीवन के बीच दुर्ग्राह्य सम्बन्ध को स्थापित कर पाता है।

आधुनिक मार्क्सीय चिन्तन में प्रतिबिम्बन प्रतिमान का सबसे अधिक अच्छी तरह सम्पादित विवरण हंगेरियन चिन्तक ग्योर्ग लूकाच का है, जो बीसवीं शती के दूसरे दशक से 1971 तक अन्तर-राष्ट्रीय साम्यवादी आन्दोलन के महत्त्वपूर्ण व्यक्तित्व के रूप में छाया रहा। लूकाच अपने समसामयिक उपन्यासों के प्रकृतिवाद को खारिज करते हुए उस पुराने यथार्थवादी दृष्टिकोण को अपनाता है कि उपन्यास यथार्थ को प्रतिबिम्बित करता है। पर कोई भी उपन्यास ऐसा केवल बाहरी तौर पर प्रस्तुत नहीं करता है, बल्कि पाठक को 'एक सत्यतर और अधिक पूर्ण' यथार्थ प्रदान करते हुए करता है, जो अपने-आप में यथार्थ का अधिक स्पष्ट और गतिशील प्रतिबिम्बन होता है। लूकाच के अनुसार

'प्रतिबिम्बित करना' वास्तव में 'शब्दों में अन्तरित यथार्थ को मानसिक संरचना में नक्श करना' है। लोग सामान्यतः जहाँ यथार्थ के प्रतिबिम्बन की क्षमता रखते हैं, वहाँ केवल वस्तु की चेतना नहीं, बल्कि मानवीय स्वभाव और उसकी सामाजिक नातेदारी की भी चेतना रखते हैं। एक उपन्यास एक पाठक को यथार्थ की अधिक ठोस सूझ के प्रति उन्मुख करता है, क्योंकि कोई भी साहित्य-कृति कटे हुए तौर पर केवल वैयक्तिक तत्त्वों को प्रतिबिम्बित नहीं करती है, बल्कि "जीवन की पूरी प्रक्रिया को निरूपित करती है। यहाँ पाठक इस बात के प्रति जागरूक होता है कि कृति अपने-आप में यथार्थ नहीं है, अपितु वह 'प्रति-बिम्बित यथार्थ का एक विशिष्ट रूप' है।"

लूकाच ने उस रूप में साहित्य को यथार्थ के प्रतिबिम्बिन के रूप में नहीं देखा जिस रूप में दर्पण अपने सामने रखी वस्तु को प्रतिबिम्बित करता है। साहित्य उसके लिए यथार्थ का ज्ञान है, पर यह ज्ञान संसार की बाहरी वस्तुओं और मानस के विचार के बीच एक-प्रति-एक का समीकरण या साम्य नहीं है। यथार्थ वास्तव में तब तक बाहर है, जब तक कि उसे मानस में ग्रहण नहीं कर लिया जाता है। लूकाच के अनुसार इसका आकार है। वह इसकी द्वन्द्वात्मक समग्रता पर विचार करता है, जहाँ इसके सारे अंग गतिशीलता और विरोधिता में सामने आते हैं। यथार्थ को साहित्य में प्रतिबिम्बित होने के लिए यथार्थ की सर्जनात्मकता से होकर गुजरना पड़ता है, रचनाकार के रूपाभिव्यंजक कर्म से गुजरना पड़ता है। इस तरह सही तौर पर रूपाकृत कृति के मामले में परिणाम यह होता है कि साहित्य-कृति का रूप यथार्थ संसार के रूप को प्रतिबिम्बित करता है। दूसरे शब्दों में लूकाच यथार्थ के सही प्रतिबिम्बन के लिए यथार्थ के बाह्य रूप से 'कहीं अधिक' को मान्यता देता है तथा प्रकृतिवाद और आधुनिक-वाद की जड़ें खोदता है। प्रायः यादृच्छिक या बेतरतीब (रैंडम) तौर पर बिम्बों के उपस्थित किये गये अनुक्रम को वस्तुनिष्ठ और पक्षपातहीन प्रतिबिम्बन अथवा यथार्थ का शुद्ध आत्मनिष्ठ प्रभाव माना जाता है। इस बेतरतीबी (रैंडमनेस) को यथार्थ या प्रत्यक्षीकरण— दोनों की विशेषता के बतौर लिया जा सकता है। पर लूकाच किसी भी रूप में केवल छविमूलक निरूपण को खारिज़ करता है तथा यह बताता है कि सच्चे अर्थ में यथार्थवादी कृतियाँ प्रस्तुत किये गये बिम्बों की कलागत आवश्यकता का अनुभव कराती हैं तथा सांसारिक यथार्थ की बाह्य सम्पूर्णता के प्रति समनुरूपता दिखाती हैं।

लूकाच के लिए 'रूप' की अवधारणा रूपवादियों वाली नहीं है, उसका अर्थ उससे भिन्न है। यह रूपवादियों का 'रूप नहीं है, जिसे किसी पाठ में कौशलों के कुलयोग के रूप में देखा गया था।' लूकाच का दृष्टिकोण 'रूप' के विषय में पुराना है। यह उन्नीसवीं शती के चिन्तन में मूलस्थ मिलता है। लूकाच ने ही

हीगेल से 'रूप' की अवधारणा ली है, जिसने महाकाव्य पर विचार करते हुए उसके चरित्रों और उसके घटना-व्यापारों को 'इतिहास' को 'रूप' प्रदान करने वाले साधन के रूप में देखा है। लूकाच के लिए 'रूप' वैसा तकनीकी या भाषिक नहीं है, जैसा रूपवादियों के लिए और बाद में संरचनावादियों के लिए रहा है। उसके लिए तो यह वह सौन्दर्याकार है, जो किसी 'वस्तु' को दिया जाता है, एक ऐसा आकार जो तकनीकी अभिलक्षणों—उत्तारकीय काल और कृति में चरित्रों और स्थितियों के अन्तस्सम्बन्ध— के द्वारा आकृत या नक्श होता है। लूकाच के लिए 'रूप' किसी साहित्य-कृति की ऐसी 'वस्तु' ही है, जो एक सार्थक स्वरूप प्राप्त कर लेती है। उसके लिए यही वह तत्त्व है जो यथार्थ को सर्वाधिक वस्तुनिष्ठ रूप में प्रतिबिम्बित करता है। वह आरम्भिक उन्नीसवीं शताब्दी के उपन्यासों में 'रूप' को पूँजीवादी समाज के परस्पर विरोधी ज्ञान को मूर्त करने के लिए सबसे अधिक 'ठीक' होने का श्रेय देता है। सही होने की यह अवधारणा लूकाच के अनुसार द्वन्द्वात्मक आकार में साहित्य में सामाजिक और ऐतिहासिक यथार्थ के प्रतिबिम्बन की सफलता-असफलता पर निर्भर है। लूकाच साहित्य में यथार्थ के प्रतिबिम्बन की प्रक्रिया में यथार्थ के एक पहलू की कीमत पर उभरने वाले दूसरे यथार्थ के स्फीत दबाव की आलोचना करता है। इसीलिए वह फ़्लाबर्ट और जोला की आलोचना करता है।

प्ररूपिकता या प्ररूप (Type) की अवधारणा लूकाच के प्रतिबिम्बन प्रतिमान का विशिष्ट और केन्द्रीय घटक है। कला अपने परिपक्व सौन्दर्यात्मक सिद्धान्त में उस प्रकार का ज्ञान है, जो विशिष्ट पर केन्द्रित होता है। साहित्य में यह विशिष्टता (Particularity/Besonderheit) लूकाच के लिए उस रूप में समाविष्ट होती है, जिस रूप में मार्क्स और एंगेल्स ने इसका निर्देश किया था, यानी "विशिष्ट स्थितियों के अधीन विशिष्ट चरित्रों के पुनरुत्पादन में 'सत्य' के बतौर।" (1956 : 478-79) यह प्ररूप मात्र सांख्यिकीय औसत नहीं है। यह साहित्यिक कृतियों में निरूपित वह स्थिति या चरित्र है, जो इतिहास के सामान्य आन्दोलन और बहुसंख्य विचित्र वैयक्तिक शीलों को प्रभेदी विशिष्टता में स्वरूपित करता एक साथ प्रस्तुत करता है। प्ररूप किसी भी कृति को त्रि-आयामिता प्रदान करता है। लूकाच के अनुसार यही यथार्थवाद का सत्त्व है।

लूकाच का 'प्रतिबिम्बन प्रतिमान' किसी भी रूप में एक आदिम या अपरिष्कृत प्रतिमान नहीं है। इस प्रतिमान का दृष्टिकोण यह नहीं है कि साहित्य-कृति महज एक दर्पण है, बल्कि इसका सिद्धान्त स्पष्ट तौर पर अपने को सही और गलत प्रतिबिम्बन के बीच बाल्ज़ाक और स्काट जैसे छिद्रान्वेषी यथार्थवादी और जोला तथा ज्वायस जैसे प्रकृतिवादी एवं आधुनिकवादी के

बीच अन्तर करने के लिए केन्द्रित है। उसका यह विचार कि साहित्यकृति युगपत रूप में अपनी विधा के विशिष्ट, वस्तुनिष्ठ नियमों के द्वारा नियंत्रित 'आत्म-अन्तर्विष्ट साकल्य' और संसार का प्रतिबिम्बन-मात्र नहीं है, उसकी ओर से की जाने वाली किसी अवधारणात्मक कलाबाजी या संभ्रान्ति का द्योतक नहीं है। इसे उस प्रयास के रूप में देखा जा सकता है, जो साहित्य-विषयक दो अनुभूतियों को एक व्याख्या के अन्तर्गत साथ-साथ ले आता है, जिसे बहुतेरे व्यक्ति अखण्डनीय तौर पर वश में रखते हैं कि यह यथार्थ जीवन के विषय में है और यह भी कि यह अपने-आप में किसी प्रकार का स्वायत्त यथार्थ है, जिसकी अपनी विशिष्ट रूपगत विशेषताएँ हैं। लूकाच का 'प्रतिबिम्बन सिद्धान्त' साहित्य-कृति के रूप और यथार्थ की संरचना के बीच कृति के रूप में उन वस्तु-निष्ठ नियमों में रूपान्तरित होता प्रतीत होता है, जो इस संसार को ठीक-ठीक प्रति-बिम्बित करने की योग्यता प्रदान करता है। प्रतिबिम्बन को लूकाच रूप, यथा-तथ्यता, यथार्थवाद और अभिलक्षकता के जरिये स्पष्ट करता है।

यहाँ इस तथ्य को ध्यान में रखने की आवश्यकता है कि लूकाच का यह सिद्धान्त सामान्य साहित्य का सिद्धान्त नहीं है, बल्कि यथार्थवादी साहित्य का सिद्धान्त है। साथ ही यह उपन्यास विधा के प्रति केन्द्रित सिद्धान्त है। लूकाच हीगेल के उस दृष्टिकोण का अनुयायी है कि उपन्यास आधुनिक साहित्य की रूप-विधा है।

दूसरे, यह सिद्धान्त वर्णनात्मक या विवरणात्मक-मात्र नहीं है, बल्कि यह मूल्यांकन-परक सिद्धान्त है। लूकाच का प्रतिबिम्बन सिद्धान्त मूलभूत मूल्य-मीमांसा के लिए—चाहे वह यथार्थवादी हो या अयार्थवादी—मार्ग मुहैया करता है। इस निर्णय पर पहुँचने के लिए यह सही और ग़लत रूप के बीच, प्ररूपों की उपस्थिति और अनुपस्थिति के बीच, सत्य और दूसरे की कीमत पर डाले जाने वाले स्फीत दबाव के बीच अन्तर स्पष्ट करता है। फिर भी मूल्य-मीमांसा इस सिद्धान्त के अन्तर्गत केवल ऐच्छिक परिशिष्ट के बतौर सामने नहीं आती, बल्कि इसके केन्द्र में उपस्थित होती है।

तीसरे, यह ऐसा सिद्धान्त भी नहीं है, जिसका भाषा के साथ अधिकाधिक सम्पर्क हो। इसके लिए भाषा एक प्रकार्य और माध्यम है। यह भाषा को साहित्य-कृति के सार-रूप में ग्रहण नहीं करता है, बल्कि इसे अस्पष्ट रूपों के लिए पारदर्शी माध्यम के बतौर देखता है।

चौथे, यह ऐसा सिद्धान्त नहीं है जो रचनाकार की स्पष्ट और समनुरूप भूमिका को निर्दिष्ट करता हो, क्योंकि यह रचनाकार में अपने को खींचकर साहित्य-कृति में होने वाले संसार के प्रतिबिम्बन से जोड़ता है, पर रचनाकार

की सर्जनात्मक प्रक्रिया की जड़ भी नहीं खोदता है; साथ ही कई स्थलों पर यह भी बताता है कि यथा-तथ्य प्रतिबिम्बन रचनाकार की कलात्मक महानता का चिह्न है।

लूकाच का यह साहित्यिक सिद्धान्त प्रथमतः इस अनुमान पर आधारित है कि साहित्य-सिद्धान्त अपने-आप में कोई स्वायत्त विकास नहीं है, जिसे बाद के रूसी रूपवादियों में तिन्यानोव ने अपेक्षया 'बद्ध शृंखला' कहा है, बल्कि यह सामान्य तौर पर इतिहास से संयुक्त है। इसीलिए आलोचकों को प्रदत्त कृति में इतिहास के दोनों रूपों को इसके 'रूप' को अर्थ देने की दृष्टि से ग्रहण करना चाहिए। लूकाच की दृष्टि में आलोचक का दूसरा कर्त्तव्य यह देखना है कि कृति में यथार्थ किस रूप में प्रतिबिम्बित हुआ है। पर यह प्रतिबिम्बन भी सामान्य दर्पण-बिम्ब के रूप में नहीं होकर एक स्वायत्त संरचना के रूप में अनिवार्यतः आत्म-अन्तर्विष्ट रूप में, रूप के विशिष्ट संसाधनों—शील-निरूपण, क्रिया-व्यापार, परिदृश्य, उत्तारकीयता, वर्णन, संघटनात्मक संरचना और उत्तारकीय काल—के साथ होना चाहिए।

2. उत्पादन-प्रतिमान (Production Model) :

'उत्पादन प्रतिमान' का प्रस्तावक फ्रान्सिसी मार्क्सवादी पी० मैकरे है, जिसने साहित्य-कृति और यथार्थ की नातेदारी पर विचार करते हुए लूकाच के प्रतिबिम्बन सिद्धान्त से साभिप्राय तौर पर अपने चिन्तन को अलगाया। लूकाच के सिद्धान्त में जो यथार्थवादी कृति और ऐतिहासिक यथार्थ के बीच शुद्ध साहित्य-रूप के अनुबन्धन की सन्धि-रेखा का अभाव था, मैकरे ने उससे अपने चिन्तन को अलगाया तथा जिन्हें लूकाच के प्रतिमान ने छोड़ दिया था, ऐसी कुछ संधि-रेखाओं के लिए मार्ग प्रशस्त किया। इनमें रचनाकार और पाठ के बीच की नातेदारी की सन्धिरेखा तथा विचारधारा और यथार्थवाद के बीच की सन्धिरेखा के मार्ग आते हैं।

मैकरे 'उत्पादन' को विशिष्ट अर्थ प्रदान करता है। वह साहित्य को उत्पादन-श्रम के रूप में देखता है, जहाँ कच्चा माल साध्य उत्पादन में सक्रिय होता है। वह 'रचनाकार' को 'सर्जक' के रूप में और 'पाठ' को 'सर्जना' के रूप में ग्रहण नहीं करता है, बल्कि उस रूप में ग्रहण करता है, जो पूर्व उपस्थित साहित्य-विद्या को, परम्पराओं को, भाषा और विचारधारा को साध्य उत्पादन—साहित्य-पाठ में आकृत करता है। उसके अनुसार कोई भी वस्तु जो पाठ में प्रवेश करती है, पाठ के लिखे जाने के क्रम में किसी और रूप में बदले जाने के प्रति अभिमुख होती है, उसके प्रति अपना झुकाव दिखाती है, ठीक वैसे ही जैसे

'स्टील' जब वायुयान के निर्माण के लिए प्रयुक्त होता है, तब वह कटाव, झलाई (Weld), पालिश आदि के बाद दूसरे घटक-तत्त्वों के साथ उस निर्माण में जुड़कर बदल जाता है ।

रचनाकार को उत्पादक मानने का मैकरे का दृष्टिकोण रूपवादियों द्वारा रचनाकार को शिल्पी मानने जैसा, कौशलों का प्रयोक्ता मानने जैसा है । यह बार्थ के द्वारा S/Z में पाठ के उत्पादन और लेखन को 'कूट' के व्यवहार के बतौर मानने पर बल देने वाले दृष्टिकोण से समता दिखाता है । मैकरे ने संरचनावाद से एक सामान्य सांस्कृतिक जलवायु ग्रहण की है । वह ऐसे सिद्धान्त-वादियों में भी एक था जो रचनाकार के दृष्टिकोण को विकसित करता है और ऊपर से संकेतों और कूटों के संसार पर काम करता है जिससे 'रचनाकार' (पुरुष या नारी) लेखन-क्रम में 'भाषा' के द्वारा, स्वयं लिखा जाता है । फिर भी मैकरे अपने उत्पादन-प्रतिमान को एक विभेदक घुमाव प्रदान करता है, जिससे इसे मार्क्सीय साहित्य-सिद्धान्त के क्षेत्र के भीतर ईमानदारी से उपस्थापित किया जा सके । वह वाचन के सिद्धान्त को कौतुक में लाता हुआ 'पाठ' को अनिवार्य तौर पर 'अपूर्ण' और 'विरोधी' रूप में देखता है, जो निर्णायक तौर पर 'विचार-धारा' से सम्बद्ध है । अतः मैकरे के उत्पादन-प्रतिमान में 'विचारधारा' का विशिष्ट महत्त्व है ।

मैकरे वर्ने (Verne) और बाल्जाक पर लिखे गये अपने निबन्ध में अपने इस अभिगम की व्याख्या करता है । यहाँ वह यह दिखाने का प्रयत्न करता है कि यद्यपि लेखक एक योजना के साथ आरम्भ करता है और उसके द्वारा वह एक एकीकृत और समंजस पाठ की रचना का इरादा रखता है, पर ऐसी समं-जसता व्यवहार में उपलब्ध नहीं हो पाती है । मैकरे के अनुसार लेखक के रूप में वर्ने की योजना यह दिखाने की थी कि किस तरह उद्योग और विज्ञान प्रकृति को जीतते और उसे रूपान्तरित करते हैं तथा बाल्ज़ाक की योजना यह दिखाने की थी कि समाज का पर्यवेक्षण किया जाए और उसकी विचारपूर्ण आलोचना की जाए । पर ये दोनों ही योजनाएँ अपने-अपने लेखकों के इरादों के अनुरूप क्रियान्वित नहीं हो पायीं । मैकरे वर्ने के कथानक को 'दोषपूर्ण' और बाल्ज़ाक के कथानक को 'विषम' मानता है । मैकरे के तर्क और बयान 'उत्पादन-प्रतिमान' पर आधारित हैं । वह 'साहित्यिक-पाठ' में 'विचारधारा' के रूपान्तरण का का आग्रही है । बाल्ज़ाक का पाठ बाल्ज़ाक की विचारधारा का अथवा इर्द-गिर्द के समाज का प्रतिबिम्बन नहीं है । यह एक प्रकार का काल्पनिक संसार है अथवा इन दोनों चीजों का उत्पादन है । वस्तुतः 'विचारधारा' और 'यथार्थ' दोनों 'पाठ' में प्रवेश करते हैं । पर जैसे ही ये एक बार पाठ में आ जाते हैं ये दूसरे तत्त्वों के साथ जुड़कर काम करने के लिए, उपन्यासों में रूपान्तरित होने के लिए और

'विचारधारा' के रूप में धँसने के लिए तैयार हो जाते हैं। वे अपनी पूर्वस्थिति में नहीं रह पाते हैं। 'विचारधारा' का यह रूपांतरण साहित्यिक उत्पादन का भाग बन जाता है। मैकरे साहित्यिक उत्पादन को 'विचारधारा' के मंचन के रूप में ग्रहण करता है, जो यह जताता है कि उपन्यास-लेखन के द्वारा विचारधारा उसी तरह प्रस्तुत और रूपांतरित हो जाती है जिस तरह कोई नाट्य-पाठ मंचन में रूपांतरित हो जाता है। वर्ने की विचारधारात्मक योजना दोषपूर्ण कथानक में प्रवेश करते ही रूपांतरित हो जाती है। बाल्जाक के विचारधारात्मक उद्‌गार, उसके विषम कथानक दूसरे तत्त्वों के साथ संघर्ष करते हैं और स्वतः 'कुछ और' में रूपान्तरित हो जाते हैं। मैकरे अपने 'साहित्यिक उत्पादन के सिद्धान्त' (Theory of Literary Production) को 'भ्रमित सामाजिक विश्वासों की सुसंहत व्यवस्था' के रूप में समझता है। यह व्यवस्था अपने-आपमें पूर्ण है, लेकिन इस शर्त पर कि कुछ ऐसी चीजे हैं, जिन्हें न यह देख सकती है और न कह सकती है। साहित्य विचारधारा को अपने पूर्ण लेखन में प्रस्तुत करता है। यह उसे वह आकार और रूपरेखा प्रदान करता है जिसे वह केवल विचारधारा के रूप में प्राप्त नहीं कर सकता है, क्योंकि वहाँ भ्रम वास्तविक और महत्त्वपूर्ण हो जाते हैं।

ऐसा करते हुए पाठ 'विचारधारा' को खोखला बनाता है तथा इसके औपन्यासिक बयान को पाठ में प्रवेश करने से पहले इसके मूल रूप से अलगाता है। मैकरे के शब्दों में 'पाठ के अन्दर पाठ और उसकी विचारधारात्मक वस्तु के बीच संघर्ष होता है' (1978 : 124) और 'साहित्य इसका व्यवहार करता हुआ विचारधारा को चुनौती देता है।' (1978 : 133)

विचारधारा और उपन्यास के विषय में मैकरे की अवधारणा को अच्छी तरह समझने के लिए उसके साहित्य-सिद्धान्त में निरूपित 'पाठक' और आलोचक' की भूमिका की ओर मुड़ने की अपेक्षा है। मैकरे के पास पाठ की वाचन-प्रक्रिया का सिद्धान्त है। वह वर्ने पर लिखे गये अपने आलेख में बताता है कि पाठक को इस सैद्धान्तिक ज्ञान को पाठ तक लाने की आवश्यकता होती है, जो पाठ और रचनाकार दोनों ही के यहाँ नहीं होता है। मैकरे का यह विचार कि वाचन की प्रक्रिया वाचन-कर्म को सिद्धान्तीकृत करने की प्रक्रिया है, बहुतेरे लोगों का ध्यान इस रूप में खींचता है मानो यह आलोचनात्मक वाचन के पाठ के कथ्य के अत्यंत संवेदनशील प्रत्यक्ष माने जाने की विरोधी अवधारणा है। मैकरे के इस दृष्टिकोण की व्याख्या का और यह दिखाने का सुगम मार्ग कि कैसे यह यह मार्क्सीय सिद्धान्त के साथ बंधा हुआ है वस्तुतः उस मूल को देखना है, जिस पर यह आधारित है। यह आधार फ्रांसीसी चिंतक लूइस अल्थूज़र के द्वारा विकसित उस लाक्षणिक वाचन के विचार पर आधारित है जिसके साथ मैकरे ने

'रीडिंग कैपिटल' (Reading Capital) नाम की योजना में सहयोग किया।

अल्थूज़र का विचार है कि जब हम लिखते हैं तब इसका अभिलेख नहीं रख पाते हैं कि हम क्या देख पाते हैं और अपनी संदृष्टि के बाहर पड़ी किन वस्तुओं को दर्ज़ करने में असफल हो जाते हैं। हम यथार्थ के उन सभी तत्त्वों को देखते हैं जिनके विषय में हम लिखते हैं, किन्तु हमारे द्वारा लिखे गये पाठ उनके बीच हमेशा ही संबंध-सूत्र नहीं बिठा पाते हैं। इस प्रकार एक पाठ यथार्थ के आंशिक तौर पर या असंबद्ध तौर पर अन्तराल के साथ उपस्थित होने को बाध्य होता है। इन अन्तरालों (Gaps) के जरिये एक सूचना-प्राप्त पाठक यह देख सकता है कि पाठ उससे क्या छिपा रहा है। अल्थूज़र वैज्ञानिक ज्ञान की प्रगति को उस रूप में समझता है जिस रूप में एक सूचना-प्राप्त पाठक पढ़े जाने वाले पाठ पर एक नये अवधारणात्मक साँचे के अधिरोपण के द्वारा प्रदत्त रचनाकार की कमियों की, दरिद्रता की व्याख्या करता है। अल्थूज़र इसे एक विरोधाभास के रूप में प्रस्तुत करता है; 'जिसे क्लासिक-राजनीतिक अर्थ-व्यवस्था नहीं देख पाती है, वह वह नहीं है, जिसे यह नहीं देख पाती है, बल्कि यह वह है, जिसे वह देखती है।'

अल्थूज़र वैज्ञानिक समझ में भेदन के रास्तों के विषय में बताता है। मार्क्स इसका उपपुक्त और सही उदाहरण है, क्योंकि उसके 'कैपिटल' (Capital) का प्रचुर विस्तार वास्तव में 'स्मिथ' और 'रिकार्डो' नामक अर्थशास्त्रीय चिंतकों, सिद्धान्तविदों के साथ उसके आलोचनात्मक वार्तालाप हैं। इसमें मार्क्स उनके पाठों को पढ़ता, उद्धृत करता और आलोचित करता एक नया सिद्धान्त उपस्थापित करता है। इस प्रकार के वाचन के लिए दिया गया लाक्षणिक नाम लेकॉन (Lecon) के मनोवैज्ञानिक सिद्धान्तों के प्रभाव को दर्शाता है। मार्क्स ठीक एक मनोविज्ञानविद् की तरह किसी अध्याहृत और अपूर्ण पाठ में 'उसके लक्षणों' को पढ़ता है, जो रोगी के स्वप्न के लेखा-जोखा की तरह होता है और उसके अपने सैद्धान्तिक दृष्टिकोण के आधार पर इसकी व्याख्या करता है कि क्यों कोई पाठ दोष और अन्तराल से समाविष्ट होकर उपस्थित होता है। मैकरे अपनी पुस्तक में 'लाक्षणिक वाचन' के सिद्धान्त का अनुप्रयोग करता है तथा प्रदत्त रचनाकार के पाठों में अन्तराल और मौन पर होने वाले एक सुसंगत सैद्धान्तिक साँचे के अधिरोपण को दर्शाता है। वर्ने पर लिखे अपने आलेख में मैकरे स्पष्ट करता है कि 'कृति में जो महत्त्वपूर्ण है वह उसका अन-कहा है, जिसे कृति कहती नहीं है।''

मैकरे इस विचार को खारिज़ कर देता है कि आलोचना 'निर्वचन' या अर्थायन है। उसके अनुसार 'पाठ' को निर्वचित करना उसके अन्दर से वस्तुओं को बाहर निकालना है। इससे यह स्पष्ट होता है कि यह लापरवाह पाठक के

लिए स्पष्ट नहीं है। वस्तुतः किसी पाठ का निर्वचन यह संकेत देता है कि जो भी पाठ में है वह अर्थपूर्ण और समंजस है तथा वह केवल उजागर किये जाने की अपेक्षा रखता है। पर मैकरे का लेखन को उत्पादन मानने का दृष्टिकोण जब उसके इस दष्टिकोण के साथ संयुक्त हो जाता है कि लेखन अनिवार्य तौर पर यथार्थ का आंशिक और असंबद्ध निरूपण है, तब किसी आलोचक के लिए पाठ को निर्वचन के रूप में लेना बेमानी हो जाता है। मैकरे के अनुसार यह जानना कि पाठ कैसे अर्थों को प्रजनित करता है, पर्याप्त नहीं है। साहित्य के चिंतकों, सिद्धान्तविदों को यथार्थ की सैद्धान्तिक समझ की रोशनी में ही पाठ को व्याख्यायित करना चाहिए, जो रचनाकार, पाठ, पाठक और सिद्धान्तविद् को स्पष्ट करता है। अल्थूज़र के अनुसार यहाँ सिद्धान्तविद् से अर्थ मार्क्सवादियों से है। मैकरे के अभिगम में सिद्धान्त वह है जिस पर आलोचक का अधिकार होता है। लेखक और पाठ में कल्पना और विचारधारा तो होती है, पर यथार्थ की सैद्धान्तिक छवि नहीं होती है। विचारधारा, जैसा पर्यवेक्षित होता है, मैकरे के लिए भ्रामक थी, क्योंकि वह कल्पना के द्वारा रूपांतरित होकर पाठ में उपस्थित होती है। मैकरे के अनुसार पाठक को सिद्धान्तविद् के रूप में विचारधारा और कल्पनात्मक पाठ दोनों से एक दूरी रखने की आवश्यकता होती है, जिससे इन रूपांतरणों को परखा और समझा जा सके। मैकरे के द्वारा विचारधारा और सिद्धान्त के बीच, क्रमशः भ्रान्ति और विज्ञान के रूप में तीव्र विरोध दर्शाया गया है। कल्पना इन दोनों के बीच अर्धपथगृह के रूप में उपस्थित होती है। मैकरे के अनुसार यह कल्पना के द्वारा विचारधारा का स्पष्ट उत्पादन है जो इसे अपने से दूरी पर रखता है और इसमें अन्तराल को उजागर करता है। पर यह कल्पना सिद्धान्त में विचारधारा को आलोचित करती हुई, साझेदारी नहीं करती है, क्योंकि यह केवल विचारधारा को पाठ में अन्तराल और मौन की सृष्टि करने के लिए निस्सार बनाती है तथा इस मौन की उपस्थिति की व्याख्या करने के लिए सिद्धान्तविदों की दखल को आवश्यक मानती है।

समीक्षकों ने मैकरे के इस प्रतिमान को यद्यपि समस्या-मुक्त नहीं माना है, तथापि इसकी अभिनवता निश्चय ही महत्त्वपूर्ण है। मैकरे ने अपने इस प्रतिमान को लूकाच की ही तरह उपन्यास नामक विधा से जोड़ा है। पर यह बात समझ में नहीं आती है कि इसे उपन्यास की तरह 'कविता' और 'नाटक' पर क्यों नहीं अनुप्रयुक्त किया जा सकता है। सच्चाई यह है कि यह सौन्दर्यपरक ऐतिहासिक कारणों से उपन्यास के प्रति उस रूप में अन्दरूनी तौर पर प्रतिबद्ध नहीं है जिस रूप में लूकाच का सिद्धान्त प्रतिबद्ध है। पर इसे अन्य विधाओं या पाठों पर अनुप्रयुक्त करने की प्रक्रिया में 'कल्पना' की अवधारणा को और भी

परिष्कृत करने की आवश्यकता होगी । दूसरे, यह प्रतिमान एक मूल्यांकनपरक प्रतिमान न होकर वर्णनात्मक प्रतिमान है । मैकरे अपने मार्क्सीय सिद्धान्त को मूल्यांकन-कर्म से मुक्त कर देता है, क्योंकि वह साहित्य-कृतियों को यथार्थ के ज्ञान का संवाहक नहीं मानता है, जिसे आलोचक 'सही' या 'गलत' रूप में निर्णीत कर सकता हो । वह उसे यथार्थ में वस्तुओं की क्रियाविधि या उत्पादन के वतौर ग्रहण करता है । उसके अभिगम में ज्ञान वह है जिसे आलोचक उस पर लाकर सिद्ध करता है । तीसरे, यद्यपि यह ऐसा सिद्धान्त नहीं है जिसे भाषा पर आधारित माना जा सके, पर यह साहित्यिक पाठ की भाषा को महत्त्वपूर्ण स्थान अवश्य प्रदान करता है । वास्तव में यह वह काल्पनिक भाषा और उसके बहुतेरे विशिष्ट साहित्यिक संसाधन ही हैं, जो विचारधारा के रूपांतर या उत्पादन को पूरा करते हैं । चौथे, यह प्रतिमान रचनाकार की सर्जनात्मक उपस्थिति को, स्वयं रचनाकार को अपने पाठ की क्रियापरकता से अनवगत बताते हुए निस्तेज कर देता है ।

यहां यह ज्ञातव्य है कि मैकरे ने अपनी पुस्तक 'A Theory of Literary Production' लिखने के बाद काफी समय तक साहित्य पर अपने इस प्रतिमान का अनुप्रयोग नहीं किया। बाद में उसने ज़ोर देकर यह स्पष्ट किया कि साहित्य भी कच्चे माल से बनाया जाता है । तभी उसने साहित्य को शिक्षा-व्यवस्था के अंग रूप में देखना आरम्भ किया, एक ऐसे उपकरण के रूप में, जिसे राज्य समाज में दूसरे प्रभुत्व को संभालने के लिए व्यवहृत करता है ।

3. जननिक प्रतिमान (Genetic Model)

मार्क्सीय साहित्य-चिंतन की लम्बी परम्परा इस सवाल से सरोकार रखती है कि किस तरह साहित्य अपनी अन्य भगिनी कलाओं के साथ सामाजिक जीवन से विकसित हुआ है, साथ ही वे कौन-से कारण हैं, जो साहित्यिक कृतियों के उस रूपविधान को ग्रहण करते हैं, जिसे कृतियाँ अपनाती हैं । इस अभिगम में व्यवहृत प्रतिमान को जननिक (Genetic) कहा जाता है, क्योंकि यह उसके उद्भव, कारण और निर्धारण पर विचार करता है। इसकी एक दिलचस्प आधुनिक व्याख्या रूमानिया में जनमे समाजशास्त्री सिद्धान्तविद् लूसिएँ गोल्डमान ने की है, जिसने फ्रांस में काम किया तथा जिसका निधन 1970 में हुआ ।

गोल्डमान ने दर्शन और साहित्य—दोनों पर लिखा है। उसने इस तथ्य की स्थापना के द्वारा ध्यान आकर्षित किया कि किसी साहित्यिक या दार्शनिक कृति का वस्तुनिष्ठ अर्थ प्रायः स्वयं लेखक के लिए भी पूरी तरह स्पष्ट नहीं होता है। यद्यपि ह्यूम और डेकार्ट—दोनों ही ईश्वर पर विश्वास

करते थे, तथापि उनका अपना-अपना दार्शनिक लेखन पूरी तरह संदेहमूलक और पूरी तरह तर्कमूलक था। ऐसी ही सदृशात्मक सूझ विमसेट और बड्र्सले की थी, जिसने 'इंटेशनल फैलेसी' (Intentionl fallacy) की विचारणा प्रस्तुत की तथा साहित्यालोचन को 'पाठ' पर आधारित किया। पर गोल्डमान का रचनाकार के जीवन और व्यक्तित्व के साथ साहित्यिक कृति को सहसंबंधित करने वाले जीवनवृत्तीय अभिगम का विकल्प पाठ को केन्द्र में प्रस्तुत करने वाला विकल्प नहीं है, बल्कि कृति की संरचना को रचनाकार के सामाजिक वर्ग की मानसिक संरचना से सह-संबंधित करने वाला विकल्प है। गोल्डमान यहाँ यथार्थ और विचार के द्वारा संघटित द्वंद्वात्मक पूर्णता के लूकाची आग्रह से प्रभावित हैं। गोल्डमान के लिए साहित्य-कृतियाँ सामाजिक चेतना और व्यवहार से जन्म पाती हैं और यही वह मार्ग है जहाँ पर वे समाज से संयुक्त हो पाती हैं।

प्रश्न है कि गोल्डमान की दृष्टि में 'मानसिक संरचना' और 'साहित्य-कृति संरचना' का क्या अर्थ है। गोल्डमान भाषिक संरचना के विषय में नहीं सोचता, बल्कि विचारणाओं और अवधारणाओं की बनावट के विषय में सोचता है। उसका विश्वास है कि कुछ सुविधा-प्राप्त विशिष्ट सामाजिक वर्ग विचारधारा के उच्चतर रूप से सम्पन्न होते हैं। गोल्डमान इसे 'जगत्-दृष्टि' (World view/Vision Monde) कहता है। यह 'जगत्-दृष्टि' समाज के उन वर्गों की अभिव्यक्ति है जिनके विचार, अनुभव और व्यवहार मनुष्य और प्रकृति के बीच के संबंधों और अन्तर-मानवीय संबंधों की समग्र संघटना की ओर अभिमुख होते हैं। ये सामाजिक दल या तो 'क्रान्तिकारी' वर्ग के होते हैं या 'प्रतिक्रियावादी' वर्ग के। एक 'जगत्-दृष्टि' स्वतः किसी मानसिक संरचना को अभिव्यक्त करती है। यह संरचना जिसे गोल्डमान 'संसक्ति' (Coherence) शब्द से पुकारता है, उन महान् लेखकों और दार्शनिकों की कृतियों के द्वारा स्वरूपित होती है, जो सामाजिक दल का प्रतिनिधित्व करते हैं। रोमन सेल्डन के शब्दों में "These 'World-viws' are perpetually being coustructed and dissolved by social groups as they adjust their mental images of the world in response to the changing reality before them. Such Mental images usually remaind ill-defined and half-realised in the consciousness of social agents, but great writers are able to crystalise 'world views' in a lucid and coherent form."

गोल्डमान के इस प्रतिमान में साहित्य को अभिव्यंजन के रूप में देखने वाले पुराने दृष्टिकोण से बहुत-कुछ समानता प्राप्त होती है। फिर भी यह अधिकाधिक अभिव्यंजनात्मक सिद्धान्तों से अलग है, क्योंकि यह रचनाकार के

'आत्म' की अभिव्यंजना के बतौर साहित्यिक कृति को न देखकर उसे उस सामाजिक वर्ग की अभिव्यंजना के रूप में देखता है जिस वर्ग का स्वयं रचनाकार एक सदस्य होता है। गोल्डमान ने इस तथ्य पर बल दिया कि किसी कृति की मानसिक संरचना का उद्‌भव सामाजिक व्यवहार में निहित होता है, पर उसने सामाजिक व्यवहार को अलग-अलग व्यक्तियों की इच्छा से प्रसूत नहीं माना, बल्कि दो या दो से अधिक व्यक्तियों के एकरूप व्यवहार से निस्सृत स्वीकार किया, जैसे वे वज़नी भार को उठाने के लिए परस्पर सहयोग करते हैं। इस तरह उसने सामाजिक क्रियाशीलता की मूलभूत इकाई 'परा-वैयक्तिक-विषय' को माना, जिसे वह 'ट्रांस-इंडिविड्‌एल सब्जेक्ट' कहता है। यह परा-वैयक्तिक मानसिक संरचना विशेष समूह या वर्ग की होती है। परिणामतः उसके लिए साहित्य-कृतियाँ एक अर्थ में सामाजिक वर्गों का सामूहिक उत्पादन बन गयीं। पर गोल्डमान पूरी तरह वैयक्तिक रचनाकार की भूमिका का बहिष्कार नहीं करता है। इसकी अपेक्षा उसने महान् लेखक को वर्ग की मानसिक संरचना को विस्तृत करते देखा है, जिससे उसकी रचना उस संरचना की शाणित जागरूकता को पुनः पीछे वर्ग को भेज सके, क्योंकि एक लेखन मशीनी रूप में सामूहिक चेतना का निरा पुनरुत्पादन नहीं करता है, बल्कि संरचनात्मक समंजसता के अनुपात को बहुत महत्त्वपूर्ण रूप में आगे बढ़ाता है, जिसे सामूहिक चेतना ने स्वतः जहाँ तक मोटी और तैयार शोभाचारिता के रूप में प्राप्त किया है। इस प्रकार कृति अपने रचयिता के वैयक्तिक चेतन के ज़रिये एक सामूहिक उपलब्धि को संघटित करती है, ऐसी उपलब्धि को, जो बाद में समूह को उजागर करती है, बिना यह जाने कि यह किस ओर अभिमुख हो रही है।

इन विचारों का अधिकांश गोल्डमान की महत्त्वपूर्ण कृति 'The Hidden Good' में विकसित हुआ है, जिसका प्रकाशन 1955 में हुआ था। यह एक विशिष्ट महत्त्वाकांक्षी योजना है जो एक सामाजिक वर्ग और एक धार्मिक आन्दोलन, पेस्केल के दर्शन और रेसिन के नाटकों के बीच पारस्परिक संबंध की छानबीन करती है। इनमें से प्रत्येक में गोल्डमान 'जगत-दृष्टि' का विशिष्ट रूप—त्रासदीय दृष्टि प्राप्त करता है, जिसमें मनुष्य विरोधी बाध्यताओं के बीच द्वंद्व में पड़ा हुआ दीखता है मानों संसार उसे सामंजस्य स्थापित करने से मना करता है। सामाजिक वर्ग राजा के तानाशाही शासन और बूर्ज़ुवा वैयक्तिकतावाद के निष्कासन की आधारिता के द्वंद्व में पड़ा रहता है। धार्मिक आन्दोलन गुह्य ब्रह्म की निरंकुश सत्ता और मानवीय संसार की तार्किकता के बीच अन्तर्द्वन्द्व में ग्रस्त रहता है। ठीक यही विरोध पेस्केल के विचारों के छद्‌म में और रेसिन के नाटकों में विद्यमान हैं। इनमें से दोनों जाँसेनवादी (JANSENIST) थे

और 'Noblesee de robe' के सदस्य थे। गोल्डमान इन विरोधी बाध्यताओं को एक त्रिभुज के दो कोणों पर प्रस्तुत करता है—ईश्वर और सृष्टि—जो तीसरे पर चुम्बकीय आकर्षण की चेष्टा करते हैं—मनुष्य या कि त्रासद व्यक्ति।

गोल्डमान की मानसिक संरचना भाषिक संरचना नहीं है, बल्कि यह अवधारणाओं का अन्तस्संबंध है। लूकाच के सिद्धान्त की ही तरह गोल्डमान के सिद्धान्त में भी भाषा को न तो विशिष्ट और न ही केन्द्रीय भूमिका प्रदान की गयी है। रेसिन के नाटकों के अध्ययन-क्रम में वह मानसिक संरचनाओं को चरित्रों के द्वारा निरूपित दिखाता है, जिनमें से कुछ (ईश्वर के समान, जो अनिवार्यतः गुह्य है) पाठ में तो उपस्थित है, पर मंच पर नहीं। इसलिए यहाँ गोल्डमान की संरचना लूकाच के द्वारा प्रत्यक्षीकृत उस विशेष 'रूप' (Form) की तरह है, जिसे लूकाच ने एक उपन्यास में सामाजिक वर्गों के प्रतिनिधियों की समाकृति में देखा था। वास्तव में गोल्डमान ने यह दावा किया था कि साहित्य भाषा है, किन्तु इससे उसका आशय यह था कि साहित्य 'कुछ विशिष्ट शब्दों के अभिव्यंजन और सम्प्रेषण के लिए आरक्षित है' और स्पष्ट तौर पर ये कथ्य 'जगत-दृष्टि' के कथ्य थे। यह विचार उस संरचनावादी दृष्टिकोण से पूर्णतः भिन्न था, जो स्वतः 'अर्थ' को भाषा का उत्पादन मानता है। जेकॅस डेरिडा जिसे 'शब्द केन्द्रीयवाद' (Logocentralism) कहता है, गोल्डमान का दृष्टिकोण उस अधिक पारंपरीण दृष्टिकोण का रूपांतर है। उसके लिए भाषा और इसीलिए साहित्य पहले से अस्तित्वमय यथार्थ के अभिव्यंजन का माध्यम है, उस यथार्थ के अभिव्यंजन का, जो जीवन-दृष्टि और मानसिक संरचना में साहित्य-कृति के कहीं पहले से अस्तित्वमय होता है। यह 'संरचना' का वह पुराना अभिप्राय है, जिसे गोल्डमान अपने प्रतिमान में व्यवहृत करता है तथा इसे 'जननिक संरचनावाद' (Genetic structuralism) कहता है, न कि 'पार्सियन संरचनावाद' (Parisian structuralism), जिसकी वह सामान्यतः आलोचना करता रहा है।

गोल्डमान साहित्य-कृतियों की संरचना को सामाजिक वर्ग की मानसिक संरचना का समधर्मी (Homologous) मानता है। पर उसके द्वारा ऐसा मानने पर उसके प्रतिमान में साहित्य-कृतियों की विशेष प्रकृति कहाँ अवस्थित होती है? इस प्रश्न का उत्तर यह कहकर दिया जाता है कि यह स्पष्ट तौर पर उस 'समंजसता' में अवस्थित होती है, जो समंजसता लेखकीय कृति द्वारा पूर्वविद्यमान मानसिक संरचना को प्रदान की जाती है। जैसा गोल्डमान कहता है, 'जीवन-दृष्टि' सामाजिक तथ्य है। महान् दार्शनिक और कलात्मक कृतियाँ इन जीवन-दृष्टियों का 'समंजस' और 'पर्याप्त' अभिव्यंजन प्रस्तुत करती है। यहाँ

मूल्य का स्पष्ट मापदंड अन्तर्वेष्ठित होता है । गोल्डमान के अनुसार न केवल वे ही साहित्य-कृतियाँ हैं जो सौन्दर्यपरक रूप में संतुष्ट करती हुई जीवन-दृष्टि-कोण का अभिव्यंजन करती हैं, बल्कि वे कृतियाँ भी, जो जीवन-दृष्टि का पूर्ण संतुलित अभिव्यंजन प्रस्तुत नहीं कर पाती हैं तथा किसी तरह अभाव में होती हैं, साहित्य-कृतियाँ हैं ।

गोल्डमान के प्रतिमान की तुलना यदि लूकाच और मैकरे के प्रतिमानों से की जाए, तो गोल्डमान पर पूर्व लूकाच का दृढ़ प्रभाव दृष्टिगत होता है । गोल्डमान लूकाच की समधर्मिता की अवधारणा के प्रति बहुत दूर तक ऋणी है, जिसे वह कला और सामाजिक चेतना के बीच की नातेदारी की लूकाचीय खोज के बतौर लेता है—'पर इसे वह कथ्य में न लेकर उन कोटियों में ग्रहण करता है जो परस्पर एक-दूसरी को संरचित करती हैं । यह सच है कि कमोबेश लूकाच और गोल्डमान दोनों साहित्य-कृति और सामाजिक यथार्थ के बीच सीधा, सुस्पष्ट सादृश्य मानते हैं । फिर भी गोल्डमान का प्रतिमान प्रतिबिम्बन की अवधारणा पर केन्द्रित होने के बजाय अभिव्यंजन-प्रक्रिया पर केन्द्रित है और यही वह नुक़ता है, जो इस जननिक प्रतिमान (Genetic Model) को स्वरूप प्रदान करता है । यथार्थतः उसके द्वारा बाद में इस बात पर दिया गया बल कि जिस मार्ग पर वैयक्तिक लेखक आगे बढ़ता है और वर्ग-चेतना को समंजसता प्रदान करता है, बिम्ब-सिद्धान्त के निषेध के बतौर स्वरूपित-आकृत होता है । यद्यपि लूकाच और गोल्डमान—दोनों ही यथार्थ और विचार को एक द्वंद्वात्मक साकल्य के रूप में देखते हैं, तथापि जहाँ लूकाच उस मार्ग को देखता है जहाँ साहित्य-कृतियाँ साकल्य को प्रति बिम्बित करती हैं या इसमें असफल हो जाती हैं, वहाँ गोल्डमान कृति और कृतिकार के सामाजिक वर्ग के बीच के संबंध का अधिक स्पष्टता से अध्ययन करता है, जो साकल्य का एक भाग-मात्र संघटित करता है । पर गोल्डमान का यह अभिगम लूकाच की अपेक्षा अधिक समाज-शास्त्रीय अभिगम है । दूसरे शब्दों में वह सम्पूर्ण समाज से आरंभ करने की की अपेक्षा पहले समाज के वर्ग को देखता है । कहना न होगा कि सामाजिक वर्ग की उसकी अवधारणा लूकाच के बजाय अधिक नियंत्रित और विशिष्ट है ।

इसी तरह गोल्डमान का प्रतिमान मैकरे के प्रतिमान से सुस्पष्ट तौर पर अपने को अलगाता है । गोल्डमान के प्रतिमान में 'उत्पादन' की अपेक्षा 'अभि-व्यंजना' और अभिव्यंजना में उसकी 'समंजसता' पर बल प्राप्त होता है । यह उसके प्रतिमान के मूल में स्थित है । गोल्डमान के एक आलोचक ईगलटन ने, मैकरे को ध्यान में रखते हुए, गोल्डमान के प्रतिमान को 'बहुत सुव्यवस्थित और प्रतिसम प्रकृति' का प्रतिमान कहा है । गोल्डमान के लिए जगत्-दृष्टि सामाजिक वर्ग का अभिव्यंजन है और महान् साहित्य-कृतियाँ जगत्-दृष्टि का

सुसंगत एवं समंजस अभिव्यंजन है।' गोल्डमान के लिए जगत्-दृष्टि विचारधारा का सुविधाजनक रूप है, यह आंशिक नहीं होकर व्यापक है। इसीलिए वह विचारधारा के साथ उसकी सुसंगत समंजसता पर विचार करता है, जिससे विचारधारा को साहित्य में आकृत-स्वरूपित किया जा सकता है। दूसरी ओर मैकरे व्यावहारिक संसार में विचारधारा को स्वतः पर्याप्त मानता है, किन्तु जैसे ही इसका प्रवेश साहित्यिक पक्ष में होता है वह आमूल इसका तलोच्छेदन करने लग जाता है। वास्तव में वहाँ यह अन्तराल छोड़ता है, जिसे आलोचक को व्याख्यायित करता होता है।

अंत में इस जननिक प्रतिमान की प्रामाणिकता का मूल्यांकन करने के क्रम में यह देखना अपेक्षित है कि गोल्डमान का प्रतिमान क्या बताता है। वास्तव में जिस रूप में यह प्रतिमान गोल्डमान के हाथों व्यवहृत होता रहा है, उससे इसकी संभाव्य अनुप्रयोज्यता को अलगाने की अपेक्षा है। गोल्डमान अपने प्रयास में एक नवप्रवर्तक के रूप में उपस्थित होता है, जो यह देखता है कि वर्ग-संबंध में किस तरह अधिसंरचना (साहित्य, दर्शन, राजनीति, धर्म) के बहुतेरे अंग परस्पर जुड़े हुए हैं। चूँकि मार्क्सवाद में अधिसंरचना का पर्याप्त सिद्धान्त प्राप्त नहीं होता है, इसलिए इस दिशा में की जाने वाली ऐसी कोशिश को परे नहीं कर दिया जाना चाहिए। अपने नवप्रवर्तन में यह प्रतिमान उस सामान्य मार्क्सवादी विचार को कि अर्थव्यवस्था सीधे साहित्य-कृति का कारण बनती है 'पराभूत' करता है और इनके बीच अन्तर-माध्यमिक स्तरों के अधिक सही मानचित्र को पेश करने की कोशिश करता है। पर गोल्डमान के अभिगम में वह भी उपस्थित है जो परम्परागत साहित्य-अध्ययन का विषय रहा है और ऐसा अधिक है जो अस्पष्ट है अथवा जिसके विषय में सवाल खड़े किये जा सकते हैं, मसलन 'समंजसता' और 'एकता' की अवधारणाएँ, पूर्णतः अभिव्यंजित जगत्-दृष्टियाँ और सौन्दर्यात्मक गुणवत्ता तथा चरित्र के प्राथमिक तौर पर अमूर्त अवधारणाओं के लिए उपस्थित होने की अवधारणा। कुल मिलाकर यह स्वीकार किया जा सकता है कि गोल्डमान के प्रतिमान के आधार पर किसी भी साहित्य-कृति के विश्लेषण-मूल्यांकन का प्रयास किया जाना चाहिए।

4. निषेधात्मक ज्ञान प्रतिमान (Negative Knowledge Model)

'निषेधात्मक ज्ञान प्रतिमान' थ्योडोर डब्ल्यू० एडोर्नो (T. W. Adorno) का प्रतिमान है। लूकाच के प्रतिमान ने उसकी आलोचना को 'इस या उस' प्रकार के कौशल को (Either-Or strategy) को अपनाने के लिए बाध्य किया था। वह या तो क्लासिक यथार्थवादी कृति में साकल्य की समझ को प्रदर्शित कर सका अथवा अयथार्थवादी कृति के प्रत्यक्ष साकल्य को ख़ारिज कर सका,

भले ही वह कृति प्रकृतिवादी, प्रतीकवादी, गीतात्मक और व्यक्तिपरक रही हो। अपनी पुस्तक 'The Meaning of contemporary Realism' (1956) में, जो रूस में गैर-स्तालिनीकरण की प्रक्रिया के आरम्भ में लिखी गयी, लूकाच ने उस समाजवादी यथार्थवाद की सीमाओं की खुलकर आलोचना करनी शुरू कर दी थी, जिसकी प्रोन्नति सोवियत सांस्कृतिक अपेराचिक्स (Apparatlchiks) के द्वारा तीसरे दशक के आरम्भ से ही जारी हो गयी थी। फिर भी इस पुन-र्मूल्यांकन का असली परिणाम इतना हुआ कि वह जो भी आलोचनात्मक यथार्थ-वाद अथवा प्रामाणिक सामाजिक यथार्थवाद की वरिष्ठता के विषय में पहले से कहता आ रहा था उसे उसने सच सिद्ध कर दिया।

उसकी उल्लिखित पुस्तक की मान्यताओं पर फ्रेंककुर्त्त निकाय (School) के मार्क्सवादी थ्योडोर डब्ल्यू० एडोर्नो ने प्रहार किये। एडोर्नो ने लूकाच की मतान्धता की आलोचना की। उसने यह दिखाने का प्रयास किया कि किस तरह वस्तुनिष्ठ यथार्थ के प्रतिबिम्बन के रूप में लूकाच साहित्य-कृति की सामान्य भौतिकता-वादी दृष्टि के अन्तर्गत ही फंस गया है। तात्कालिक रूप में ऐडोर्नो के अभिगम को दिलचस्प बनाने वाला बिन्दु यह है कि वह आधुनिकवादी लेखन के लिए आधुनिकवाद के विरुद्ध बहुत-बहुत भारित साहित्य-सिद्धान्त के प्रतिकूल निश्चित मूल्य तय करने की चेष्टा करता है। लूकाच के इस दृटिकोण के बाव-जूद कि साहित्य-कृति अपने विशिष्ट औपचारिक संसाधनों के द्वारा यथार्थ को प्रतिबिम्बित करती है, उसने इस प्रतिबिम्बन को ठीक उसी रूप में माना जिस रूप में यथार्थ मानवीय चेतना में प्रतिबिम्बित होता है। ऐडोर्नो लूकाच की इसलिए भी स्पष्ट आलोचना करता है, क्योंकि वह कला की उन कोटियों के परिमंडल (Realm) के प्रति रूपांतरण का आग्रही है, जो वास्तविक संसार से चेतना का संबंध निर्दिष्ट करता है, मानों उनमें आपस में कोई अन्तर न हो। एडोर्नो का अपना मत है कि कला और यथार्थ परस्पर एक दूरी पर स्थिर होते हैं और यही कारण है कि यह अन्तर किसी भी कलाकृति को वह लाभ-बिन्दु (Vantage Point) प्रदान करता है, जिससे यह वास्तविकता की आलो-चना कर सकता है।

एडोर्नो के लिए यह क्रान्तिक दूरी इस तथ्य से सामने आती है कि साहित्य (उसका अपना शब्द 'कला' है, जिसमें वह साहित्य का भी समावेश कर लेता है) के अपने तात्त्विक नियम हैं। वह स्पष्ट तौर पर यह नहीं बता पाता है कि ये औपचारिक नियम क्या हैं, पर इसका आशय वह जिस चीज़ से लेता है उसके दो महत्त्वपूर्ण संकेत देता है। पहले वह क्रियाविधियों और तकनीकों की बात करता है जो आधुनिक कला में विषय-वस्तु को द्रवीभूत कर उसे पुनः संघटित करती हैं। दूसरे, वह कहता है कि कला यथार्थ का छविपरक पुनरूत्पादन होने

की अपेक्षा यथार्थ का सत्त्व और बिम्ब है। एडोर्नो के लिए किसी कलाकृति में बिम्ब कलाकार की ओर से उसके द्वारा यथार्थ के किये गये प्रत्यक्ष से रचना-प्रक्रिया में होने वाले आत्मसातीकरण के ज़रिये उपस्थित होता है। एडोर्नो के शब्दों में 'बिम्ब के रूप में विषय (Object) विषयी (Subject) में आत्मसात् हो जाता है।'

इस प्रकार कला के औपचारिक नियमों पर क्रियाविधियों और तकनीकों के रूप में तथा विषय (Object) और विषयी (Subject) के समेकन के रूप में बल देते हुए एडोर्नो इसकी व्याख्या करता है कि कैसे लूकाच लेखकों को उनके आत्मनिष्ठतावाद के लिए फटकारता है। तथ्यतः वे अपने को यथार्थ से एक दूरी पर रखते हैं। प्राउस्ट और ज्वायस - दोनों आंतरिक एकालाप का व्यवहार करते हैं, जिसे लूकाच अपनी दृष्टि में एक तकनीक मानता है, ऐसी तकनीक, जो उपन्यास के चिंतन करते चरित्र को उसके उस सामाजिक यथार्थ से अलगाती हुई जिसमें वह रहता है, साहित्य-कृति को यथार्थ से काट कर स्फीत महत्त्व प्रदान करती है। पर एडोर्नो इस बात पर बल देता है कि आन्तरिक एकालाप यथार्थ से कृति को काटने की अपेक्षा वास्तविक यथार्थ के मार्ग को उद्घाटित कर सकता है। उसके अनुसार संसार से होने वाला अलगाव और आंतरिक एकालाप से उभरने वाली आत्मनिष्ठता पर दिया जाने वाला बल — दोनों अपनी 'सार्वभौम सूक्ष्म स्थिति' में यथार्थ के सच्चे बिम्ब हैं, जहाँ 'अजनबीकरण' मनुष्य को, उसकी प्रति-छाया-मात्र को रूप में मोड़ते हुए उस पर शासन करता है। एडोर्नो के लिए एक महान् आधुनिक कृति वह है जो यथार्थ और आभास के बीच के विरोध को उद्घाटित करने में सफल होती है। जब प्राउस्ट और ज्वायस आंतरिक एकालाप का व्यवहार करते हैं, दोनों चरित्र को अजनबीकृत रूप में पेश करते हैं, समाज से इधर-उधर कटे रूप में, फिर भी वे इसके साथ पात्र को सामाजिक संदर्भ में प्रस्तुत करते हैं। यह उस सही परिप्रेक्ष्य को पुनः स्थापित करता है, जिसमें पात्र-विशेष साकल्य का एक भाग होता है। इस प्रकार प्राउस्ट और ज्वायस उस विरोधी यथार्थ को उद्घाटित करते हैं जिसमें वे रहते हैं (कि अजनबीकृत स्थिति तो यथार्थ है ही, पर अजनबीकृत व्यक्ति फिर भी सामाजिक पूर्णता के साथ वस्तुनिष्ठ रूप में नज़दीकी तौर पर संबद्ध है)। वे केवल वस्तु के अजनबीकृत और आत्मनिष्ठ पक्ष को ही प्रतिबिम्बित नहीं करते जैसा लूकाच दावा करता है, बल्कि बिना उस सही परिप्रेक्ष्य के द्वारा इससे परे जाने के योग्य भी बनते हैं, जो ठीक यथार्थवादी रूप से उभरता है। पर यथार्थ के विषय में एडोर्नो की अवधारणा स्वतः लूकाच से बहुत भिन्न नहीं है। लूकाच की तरह एडोर्नो यथार्थ को उस भावाश्रित संसार के रूप में नहीं देखता है, बल्कि द्वंद्वात्मक सम्पूर्णता में एक ऐसी संरचना के द्वारा देखता है, जो चीज़ों

को परस्पर जोड़ने वाली और उन्हें उनकी प्रभविष्णुता में देखने वाली विचार-प्रक्रिया के ज़रिये प्रत्यक्ष होती है ।

लूकाच की तरह ही एडोर्नो भी समसामयिक पश्चिमी समाज में यथार्थ की अजनबीकृत प्रकृति पर बल देता है । यह वह समाज है जहाँ लोग बुद्धिसंगत और अधिकार-तंत्रीय राज्य की ओर बाज़ारू मशीनी नियमों की कृपा पर रहते हैं । यहाँ जिस बिन्दु पर एडोर्नो लूकाच से अपने को अलगाता है वह वास्तव में उसकी वह भूमिका है जिसे वह यथार्थ के बीच कला को प्रदान करता है । लूकाच के अनुसार कला का एकमात्र मार्ग पूर्णता के सही रूप को प्रतिबिम्बित करना है । एडोर्नो इसे खारिज़ करता है, पर केवल इसलिए नहीं कि वह कृति के रूपात्मक नियमों का आग्रही है, बल्कि इसलिए भी कि वह कृति और यथार्थ के बीच की दूरी पर बल देता है । उसके अनुसार कला वास्तविक संसार में अस्तित्वमय है और इसमें उसका अपना कार्य है । पर बावजूद इसके यह सदैव विषय का प्रतिपक्ष ही है, क्योंकि साहित्यिक कृतियाँ यथार्थ का साफ आकार वाला प्रतिबिम्ब और ज्ञान प्रदान नहीं करती हैं, बल्कि यथार्थ के भीतर उसके अन्तर्विरोधों को प्रदर्शित करने के लिए काम करती हैं। इसीलिए एडोर्नो कहता है कि 'कला वास्तविक संसार का निषेधात्मक ज्ञान है ।'

एडोर्नो के निषेधात्मक ज्ञान का अर्थ अज्ञान या अनस्तित्व का ज्ञान नहीं है । इसका अर्थ उस ज्ञान से है जो ग़लत या मूर्त रूप में देखी गयी स्थिति को दुर्बल बना दे और खंडित कर दे । एडोर्नो द्वारा विरचित इस प्रकार का निषेधीकरण प्राउस्ट और ज्वायस के आंतरिक एकालाप में मिलता है । वस्तुतः यही वह उत्कर्ष-बिन्दु है जिससे कला वास्तविकता की आलोचना करती है । सामाजिक शोध के फ्रेंकफुर्त संस्थान में एडोर्नो और उसके सहयोगियों ने संस्कृति का एक ऐसा सिद्धान्त विकसित किया जो यह तर्क करता है कि जैसे ही पूँजीवादी समाज वर्धमान रूप में बौद्धिक होना शुरू हुआ संस्कृति अपने-आपमें एक उद्योग बन गयी । इसके अनुसार कला या साहित्य की कोई भी कृति जिसकी अपनी विद्यात्मक वस्तु होती है और जो सरल और सुबोध भाषा में प्रतिकूल राजनीतिक संदेश को आगे बढ़ाने की चेष्टा करती है वह तत्काल उस सांस्कृतिक उद्योग के द्वारा निषेधीकृत होने लगती है, जो सामाजिक क्रम के विरुद्ध आलोचना को स्पष्ट तौर पर अनुकूलित करता है। इस तरह एडोर्नो ने औपचारिक तौर पर कठिन माने गये पाठों को प्रशंसित किया और सार्त्र के उपन्यासों तथा ब्रेख़्त के कुछ नाटकों जैसे प्रतिबद्ध साहित्य की बिन्दुहीन रूप में आलोचना की ।

एडोर्नो के इस प्रतिमान के विषय में सहज ही यह प्रश्न किया जा सकता है कि साहित्य-सिद्धान्त के बतौर ऐसे दृष्टिकोण के व्यावहारिक उलझाव क्या

हैं ? पहले तो साहित्य के ऐसे औपचारिक नियमों पर, जो इसे यथार्थ संसार के रूप से एक दूरी पर रखता है, बल देने के द्वारा यह प्रश्न खड़ा होता है। एडोर्नो, लूकाच और गोल्डमान के प्रतिमान से, जो दोनों ही बाह्य यथार्थ और कृति के रूप को महत्त्व-समरूप मानते हैं, अपने को तेज़ी से अलगाता है। फिर भी वह मैकरे की तरह लूकाच के इस विचार को कि साहित्य यथार्थ के ज्ञान का संवहन करता है, नजरअन्दाज नहीं करता है। एक अर्थ में वह इस ज्ञान को विधेयात्मक की अपेक्षा निषेधात्मक रूप में प्रस्तुत कर इसे औंधा मोड़ देता है। इसलिए वह अपने रूपात्मक नियम वाली साहित्य-कृतियों के द्वारा अदा की जाने वाली प्रतिपक्षीय आलोचनात्मक भूमिका पर केन्द्रीय प्रभाव डालता है।

दूसरे, साहित्य-कृतियों पर विचार करते हुए एडोर्नो इस दृष्टिकोण को अपनाता है कि कोई भी कृति जब पढ़ी जानी चाहिए तब बहुत ध्यानपूर्वक पढ़ी जानी चाहिए जिससे कि वह जिस 'दुहरे यथार्थ' का संवहन करती है उसे उजागर किया जा सके। उदाहरणार्थ एडोर्नो कहता है कि यह देखना भर काफी नहीं है कि प्राउस्ट और ज्वायस किस तरह एक अजनबीकृत स्थिति को पुनरुत्पादित करते या फिर से प्रस्तुत करते हैं, बल्कि देखा यह जाना चाहिए कि किस तरह उनकी कृतियाँ एक ऐसी सामाजिक पूर्णता में, जो उसके प्रति अपनी पूर्वगामिता सिद्ध करती है, वैयक्तिक विषय को पेश करते हुए इस स्थिति के पार चली जाती है; इसे अतिक्रमित कर जाती हैं। इसलिए वह काफ़्का की कृति में इस मिलते-जुलते दुहरे यथार्थ को देख सकता है। एडोर्नो के अनुसार काफ़्का मूर्त रूप में देखी गयी या अजनबीकृत सम्पूर्णता की प्रतिलिपि प्रस्तुत करता है, जैसा उसके अनेक आलोचकों ने नोट किया है। पर वह भी अपने पाठ में औपचारिक कौशलों का परम्परित उत्तारकीय काल के बीच-बीच में आने वाली रूकावटों का व्यवहार करता है, जो इस अजनबीकृत यथार्थ के दुर्बल विन्दुओं को, इसके बीच की दरार को दिखाता है। एडोर्नो के अनुसार यथार्थ को पुनरुत्पादित करती हुई और उजागर करती हुई, काफ्का की कृति इसका निषेधात्मक ज्ञान देने के लिए काम करती है।

तीसरे, एडोर्नो का यह प्रतिमान लूकाच के प्रतिमान में विद्यमान साहित्य-सिद्धान्त के मूल्यांकन और निश्चित प्रकार के पाठ की साठ-गाँठ (Collusion) के प्रकार को तोड़ता है। वह मार्क्सीय साहित्य-सिद्धान्त के आधुनिकवादी लेखन के द्वार खोलता है। वह यह दिखाता है कि पाठ और यथार्थ के बीच भिन्न प्रकार के सम्बन्ध सम्भव हैं। इनमें एक प्रकार प्रतिबिम्बन की अपेक्षा आलोचनात्मक दूरी (Critical Distance) और निषेधात्मक ज्ञान का सम्बन्ध है। पर व्यव-में एडोर्नो एक मूल्यांकनवादी आलोचक भी है। उसके अपने महान् लेखक हैं और उसके अपने लक्ष्य-क्षेत्र (Targets) हैं। फिर भी साहित्य में प्रतिबद्धता

की आलोचना (Critique) और लूकाच के द्वारा संरक्षित यथार्थवाद के प्रकार के प्रति उसकी अरुचि के बाबजूद उसका साहित्य-सिद्धान्त केवल अकेले आधुनिकवाद का सिद्धान्त नहीं है। यह सही है कि उसका यह मुद्दा कि कला के सदैव अपने औपचारिक नियम होते हैं का आशय यह है कि गैर-आधुनिकवादी कृतियों के लिए इन औपचारिक नियमों का नकार उसके सिद्धान्त के लिए तर्कहीन होगा। एडोर्नो के लिए सभी कथाएं यथार्थ से एक दूरी पर स्थित होती हैं। एडोर्नो के अभिगम को आगे बढ़ाते हुए यह देखा जा सकता है कि किसी आधुनिकवादी कृति से अनुकरण के अनुमान पर आधारित बाल्ज़ाक की तरह का कोई पाठ जैसे अन्तर स्पष्ट करता है, जो वैभिन्न्यपूर्ण विस्तार तक अननुकरण वाले पाठ हैं और जहाँ दूसरी ओर वे यथार्थ से दूरी के साथ-साथ कुछ औपचारिक सिद्धान्तों की साँझ भी बनाते हैं।

भाषा-केन्द्रित प्रतिमान :

मार्क्सवादी आलोचना में भाषा को केन्द्र में रखने वाले भाषा-केन्द्रित प्रतिमान की मूल स्थापना यह है कि समाज स्वतः भाषा से विच्छिन्न नहीं है। भाषा की समाज में अहम भूमिका है। इस प्रतिमान के प्रतिष्ठापकों में बख्तिन, पावेल मेदवेदेव और वोलोसिनोव के नाम प्रमुख हैं।

यद्यपि मार्क्सवादी आलोचकों में मैकरे के प्रतिमान में भी पाठ के केन्द्र में विचारधारा का उत्पादन ही प्रमुख है, फिर भी मैकरे पहला ऐसा व्यक्ति है, जिसने अपने सिद्धान्त-निरूपण में भाषा की विशिष्ट भूमिका के महत्त्व को रेखांकित किया है। मार्क्सवादी आलोचना की मूलभूत विशेषता द्वन्द्वात्मकतावादी दृष्टिकोण की है, यह दृष्टिकोण समाज को एक संरचना प्रदान करता है और मूल संरचना तथा अधिसंरचना के प्रतिमान भी मुहैया करता है। यह प्रतिमान भौतिक संसार में साहित्यिक वस्तुओं से साहित्य को निर्वचित करता, सम्बद्ध करता और विलगाता भी है। मार्क्सवादी सिद्धान्तों के इन्हीं दृष्टिकोणों के कारण साहित्य की मीमांसा ऐसे बाह्य कारक-तत्त्वों पर आकर टिक जाती है, जो अपने-आप में भाषिक यथार्थ नहीं, पर जिसे भाषा से अधिक आधारभूत और यथार्थ माना जाता है। ऐसी स्थिति में भाषा-परक प्रतिमान को प्रतिष्ठापित करने के लिए सामाजिक प्रक्रिया में भाषा के महत्त्व की नयी अवधारणा को उजागर करने की अपेक्षा थी। कहना न होगा कि पहली बार 'बख्तिन निकाय' ने 'भाषाकेन्द्रित प्रतिमान' की अपनी ऐसी अवधारणा प्रस्तुत की। इस निकाय ने पहली बार यह स्पष्ट किया कि समाज किसी भी रूप में भाषा से अलग नहीं हो सकता है और इस तरह इसने भाषा-चिन्तन को केन्द्र में रखने में सफलता प्राप्त कर ली। इस निकाय ने भाषा को ऐसे उत्पादन-माध्यम के बतौर निरू-

पित किया, जिसमें लोग समाज में एक-दूसरे से सम्पर्क करते हैं। इसने बल देकर कहा कि विचारधारा भी 'भाषिक संकेत-रूप' है और 'भाषा' से ही बनी है। मिखाइल बख्तिन के अतिरिक्त इस निकाय के महत्त्वपूर्ण प्रवक्ता पावेल मेदवेदेव और वोलोसिनोव रहे हैं।

वोलोसिनोव ने यह घोषणा की कि जो कुछ भी विचारधारात्मक है वह सारा कुछ संकेत-(साइन) परक है। उसने इस पूर्व मान्यता से प्रस्थान किया कि विचारधारा शुद्ध रूप में चेतना में विद्यमान होती है। उसने विचारधारा को भौतिक रूप प्रदान किया। ऐसा करते हुए उसने मार्क्स के मूलाधार का खण्डन किया। मार्क्स ने राजनीति, धर्म, कला जैसी विचारधारात्मक अधिसंरचनाओं के खण्डों के बारे में बातें की थीं, जहाँ मनुष्य चेतन हो उठता है और समाज-आर्थिक मूलाधार के बीच समाज के भौतिक केन्द्र में संघर्ष छेड़ देता है। यही वह दृष्टिकोण है, जिसने लूकाच, गोल्डमान और एडोर्नो को भी इस दिशा में अग्रसारित किया था। वोलोसिनोव विचारधारा को यथार्थ का भौतिक खण्ड' मानता है और इस तरह मार्क्सवाद की दार्शनिक परम्परा में वह स्पष्ट तौर पर अन्तरण करता है। विचारधारात्मक संकेत यथार्थ के दूसरे भागों की भौतिक प्रकृति में साँझ रखते हैं। मेदवेदेव भौतिक, सामाजिक और संकेत-निर्मित विचारधारा तथा गैर-सामाजिक और उत्पादन-उपकरणों को साभिप्रायित नहीं करने वाली भौतिक वस्तु—दोनों के बीच अन्तर स्पष्ट करता है। विचारधारा-विषयक यह दृष्टिकोण मूल संरचना और अधिसंरचना-विषयक दृष्टिकोण को आमूल प्रभावित करता है। परिणामतः समाज की संरचना मूल संरचना के भौतिक स्तर से अधिसंरचना पर चेतना के रूपों और विचारों पर सीधे होने वाले प्रक्षेपण के लिए आवश्यक नहीं होती है।

भाषा के प्रति 'बख्तिन निकाय' का दृष्टिकोण नया था। वोलोसिनोव उस समय 'मार्क्सवाद और भाषा-दर्शन' (मार्क्सिज्म ऐण्ड फिलासफी ऑव लैंग्वेज) नामक अपनी पुस्तक लिख रहा था जिस समय कार्ल वोसलर वैयक्तिक-सर्जनात्मक सक्रियता के बतौर मस्तिष्क में बृहत्तर रूप में प्राप्य भाषा-दृष्टि विकसित कर रहा था। वोलोसिनोव ने सर्जनात्मकता-विषयक इस बल को तो ग्रहण किया, पर उसने भाषा को सामाजिक क्रियाशीलता के रूप में देखा। परिणामतः सर्जनात्मकता श्रोता का ध्यान आकर्षित करने और संवाद में रुचि बनाने रखने का विषय बनी। सॅस्यूर का भाषा-दृष्टिकोण भी इसी समय सामने आया, जिसमें भाषाविदों के ध्यान का प्राथमिक उद्देश्य अमूर्त भाषिक व्यवस्था—'लांग' को माना गया था, पर वोलोसिनोव ने न तो इसे स्वीकार किया और न ही सॅस्यूर के पारिभाषिक-युग्म के दूसरे शब्द 'पेरोल' को ही माना, क्योंकि इससे भी भाषा वोसलर के दृष्टिकोण के अनुरूप ही सामाजिक यथार्थ के रूप में प्रस्तुत

नहीं हो पाती थी और वैयक्तिक भाषा-प्रयोक्ता से जुड़ी रह जाती थी। हाँ, वोलोसिनोव ने यह स्पष्ट किया कि सॅस्यूर का भाषा-दृष्टिकोण भाषा-विज्ञान द्वारा अपने लिए निर्धारित विशेष प्रयोजन के क्षेत्र में पूरी तरह युक्ति-युक्त था। इसके अलावा 'बख्तिन-निकाय' के विचार भी इस अर्थ में भाषाविज्ञान से सम्बद्ध नहीं थे, अपितु यथार्थ सामाजिक स्थितियों के भीतर भाषिक अध्ययन करने के पक्षधर थे। इसे वे लोग मूल रूसी शब्द में स्लोवो (Slovo) का अध्ययन कहते थे। रूसी में इस शब्द का अर्थ एक और जहाँ 'शब्द' होता है, वहीं दूसरी ओर 'प्रोक्ति' (डिस्कोर्स) भी। अतः उनका यह अध्ययन 'शब्द' और 'प्रोक्ति'— दोनों पर आधारित अध्ययन था। बख्तिन के अनुसार 'शब्द' सदैव 'संवाद' है। उसके निकाय में वाक्य के घटकों अथवा वैयक्तिक वाणी की अपेक्षा— 'संवाद' तथा 'प्रोक्ति' के विस्तार के रूप में भाषा की मूलभूत इकाई के बतौर भाषा का अध्ययन किया गया। जैसा वोलोसिनोव ने स्पष्ट किया : शब्द एक द्विपक्षी निष्पादन-कर्म है। यह एक ओर प्रयोक्ता के द्वारा निर्धारित होता है दूसरी ओर उनके द्वारा निर्धारित होता है जिनके लिए यह अर्थ देता है। वस्तुतः भाषा की यह अवधारणा सामाजिक अन्योन्यक्रिया के भौतिक मूर्त रूप के बतौर विचारधारा से जुड़कर 'बख्तिन' निकाय के साहित्यिक सिद्धान्त का मूलाधार प्रस्तुत करती है। इस सैद्धान्तिकी की तीन दिशाएँ हैं—

1. साहित्यिक कृति का सिद्धान्त (थिअरी ऑव लिटॅरेरी वर्क)
2. साहित्यिक प्रोक्ति-विश्लेषण की प्रकिया (प्रोसिड्यूर फॉर एनालिसिस ऑव लिटॅरेरी डिस्कोर्स)
3. व्यवहार-रूप साहित्य-सिद्धान्त (थिअरी ऑव लिटॅरेचर ऐज़ ए प्रैक्टिस)

इन तीनों में अन्तिम को मार्क्सवादी साहित्य-सिद्धान्त में प्रबलतम सैद्धान्तिक महत्त्व प्राप्त है।

1. साहित्यिक कृति का सिद्धान्त (थिअरी ऑव लिटॅरेरी वर्क) :

साहित्यिक कृति का सिद्धान्त मेदवेदेव की पुस्तक 'फार्मल मेथॅड इन लिटॅरेरी स्कालरशिप' में विकसित हुआ। इसका प्रकाशन 1928 में हुआ था। इस पुस्तक में रूसी रूपवाद की भरपूर आलोचना की गयी। मेदवेदेव ने आरम्भ में साहित्य-अध्ययन के विषय में रूपवादियों द्वारा उठाये गये ऐसे ऐतराज़ों को लिया, जो साहित्य के प्रति विशिष्ट स्तरीयता का निर्धारण नहीं कर पाते थे। पर उसने यह स्वीकार नहीं किया कि साहित्य की विशिष्टता साहित्यिक अध्ययन को दूसरे ज्ञानानुशासनों से बिल्कुल काटकर उसकी नितान्त साहित्यिकता में निहित होती है। मेदवेदेव के लिए साहित्य की विशिष्ट प्रकृति विचारधारा के विशिष्ट रूप में, साथ ही दूसरी विचारधाराओं के प्रतिबिम्बन में निहित होती

है। इसलिए साहित्य का अध्ययन सामान्यतः विचारधाराओं की अध्ययन-शाखा के बतौर उपस्थित हो पाता है। मेदवेदेव ने उस मुद्दे को भी उठाया, जो प्रतिबिम्बन के विषय में पहले से विचारित समाजशास्त्रीय सिद्धान्तों का मुद्दा था : साथ ही उसने समाज-आर्थिक यथार्थ के प्रत्यक्ष प्रक्षेपण के बतौर साहित्य के आम मार्क्सवादी दृष्टिकोण का मुद्दा भी लिया। उसने इस तथ्य को अस्वीकार नहीं किया कि साहित्य एक प्रतिबिम्बन है, पर उसने इसे यथार्थ के विचलित प्रतिबिम्बन-- दो सोपानों के प्रतिबिम्बन -- के रूप में निर्दिष्ट किया। साहित्यिक कृति अपने-आपमें विचारधारा को प्रतिबिम्बित करती है। यदि हम जीवन या यथार्थ के साथ साहित्यिक कृति में सीधे प्राप्त का सहसम्बन्धन करें तो प्रतिबिम्बन-प्रक्रिया में हम एक चरण आगे छलाँग लगा लेते हैं और इस तरह साहित्यिक कृति और यथार्थ के साथ इसके अप्रत्यक्ष सम्बन्ध को झुठलाने लगते हैं। मेदवेदेव इसकी इजाजत नहीं देता है। उसके शब्दों में--

"एक सही समाजशास्त्री के लिए उपन्यास का नायक अथवा कथानक की एक घटना कलात्मक संरचना के तत्त्व के बतौर अपनी कलात्मक भाषा में उसे जीवन में सीधे प्रतिबिम्बित करने की अपेक्षा कहीं अधिक बता जाती है।"

मेदवेदेव का यह अभिगम अपने समय के लिए काफी नया और परिवर्तनकारी था। उसके इस अभिगम से एक साथ साहित्यिक कृति के विशेष कलात्मक स्वरूप को सीमांकित करने और पुनः कृति को विचाराधारा से इस तरह जोड़ने, जो प्रतिबिम्बन की विचलित प्रक्रिया के द्वारा इसके प्रत्येक तत्त्व को सूचित करो पाए, के प्रयास को अब भी ग्रहण किया जा सकता है। मेदवेदेव का पुनरीक्षित प्रतिबिम्बन प्रतिमान साहित्यिक कृति और यथार्थ के बीच अनेक असमताअ (ऐसिमेट्रीज) को उद्घाटित करता है।

2. **साहित्यिक प्रोक्ति के विश्लेषण की प्रक्रिया (प्रोसिडयूर फॉर एनालिसिस ऑव लिटरेरी डिस्कोर्स)** : यहाँ यह तथ्य सबसे अधिक ध्यान देने योग्य है कि यद्यपि 'बख्तिन निकाय' का प्रतिमान भाषा के प्रति केन्द्रित है, पर यह परम्परागत भाषिक प्रतिमान नहीं है। इस निकाय के लिए भाषा का यथार्थ 'संवाद' (डायलाग) और 'प्रोक्ति' (डिस्कोर्स) है। बख्तिन अपनी पुस्तक 'प्रोब्लेम्ज़ ऑव दस्तोएव्स्कीज पोयटिक्स' (1929) में इस भाषाई प्रोक्ति-विश्लेषण को 'शैलीविज्ञान' (स्टायलिस्टिक्स) का नाम देता है। उसके अनुसार न तो प्रोक्ति-विश्लेषण को भाषा-विज्ञान मात्र पर निर्भर होना चाहिए, न ही 'अधिभाषा विज्ञान' (मेटालिग्विस्टिक्स) की अपेक्षा उस पर अधिक निर्भर होना चाहिए। वह 'अधिभाषाविज्ञान' 'शब्द' का अध्ययन न तो 'पाठ' के सन्दर्भ में और न भाषा की व्यवस्था के सन्दर्भ में करता है, बल्कि स्पष्ट तौर पर संवादमूलक पारस्परिक व्यवहार के क्षेत्र में, 'शब्द' के असली जीवन के क्षेत्र में करता है।

बख़्तिन 'भाषा' को 'वस्तु' या 'पदार्थ' मानने वाले दृष्टिकोण की आलोचना करता है। वह उसे मानव के पारस्परिक व्यवहार के माध्यम के रूप में ग्रहण करता है। यही वह विशेष भाषा-दृष्टिकोण है, जिसके आधार पर मेदवेदेव ने रूपवादियों की आलोचना की थी।

बख़्तिन किसी भी औपन्यासिक कृति में रचनात्मक और शैलिकीय संग्रथन के निम्नलिखित मूलभूत भाषिक तत्त्वों का उल्लेख करता है—

1. रचनाकार की तात्कालिक साहित्यिक वर्णनात्मकता, जो असंख्य विविधताओं में प्रस्तुत होती है।

2. दैनिक जीवन की मौखिक वर्णनात्मकता का शैलीकरण, जो विविध रूपों में उपस्थित होता है।

3. दैनिक जीवन की अर्ध साहित्यिक लिखित वर्णनात्मकता का शैलीकरण, जो पत्र, डायरी जैसे बहुतेरे रूपों में स्वरूपित होता है।

4. रचनाकार की कला-इतर साहित्यिक भाषा का शैलीकरण, जो नैतिक, दार्शनिक, वैज्ञानिक, तार्किक, भाषाशास्त्रीय, सूचनात्मक जैसे विविध रूपों में सामने आता है।

5. कहानी की व्यक्ति परक शैलिकीय भाषा, जो विविध चरित्रों के जरिये उभरती है। कहना न होगा कि 'परम्परित शैलीविज्ञान' या 'ग़ैर-मार्क्सवादी शैलीविज्ञान' एक सर्वोच्च अन्तर्ग्रंथन के रूप में भाषा और शैली के ऐसे सुमेल पर विचार नहीं कर पाता है। उसके पास उपन्यास में व्यवहृत होने वाली भाषा में चल रहे सामाजिक संवादों की मौलिकता को उद्घाटित करने का कोई अभिगम नहीं है। ऐसे में 'मार्क्सवादी भाषा-केन्द्रित प्रतिमान' ही उपन्यास के ऊपर निर्दिष्ट संरचनात्मक भाषिक अन्तर्ग्रंथन को विश्लेषित करने का संकल्प लेकर सामने आता है।

उपन्यास जहाँ सामाजिक तौर पर कभी बोली की अनियमित रंगत और कभी भाषा की अनियमित रंगत से कलात्मक रूप में संघटित होता है वहीं वैयक्तिक वाणी की व्यापक विविधता द्वारा भी संघटित होता है। उपन्यास एक ऐसा साहित्य-रूप है, जिसमें आधार-भाषा का अतिरिक्त स्तरीकरण, समाज भाषा, वर्ग-व्यवहार की भाषा, पीढ़ी-विशेष और वयस्-विशेष की भाषा, अधिकारियों और प्रवृत्तियों की भाषा, अंचलों की भाषा, क्षणजीवी फैशनों की भाषा, समाज-राजनीतिक दिवसों की भाषा और यहाँ तक कि अलग-अलग घण्टों की भाषा, नारेबाजी की भाषा, विशिष्ट शब्दावली की भाषा, विशिष्ट दबाव वाली भाषा अपने विविध रूपों में ऐतिहासिक अस्तित्व के बिन्दु पर पूर्वापेक्षी अनिवार्यता बनकर उभरती है। उपन्यास अपनी अन्तर्वस्तु को वस्तुओं और विचारों के चित्रित अभिव्यक्ति-संसार की बोलचाल की भाषा की सामाजिक विविधता

और वैयक्तिक वाणी की सहगामी विविधता के द्वारा मिश्र रूप में सहझकृत करता है। उपन्यास में रचनाकार की भाषा, कथावाचक की भाषा, मुख्य पात्रों की भाषा और उपन्यास जैसे साहित्य-रूप की भाषा ही वास्तव में ऐसी संघटक इकाइयाँ हैं, जिनकी सहायता से वहाँ भाषा-वैविध्य उपस्थित होता है। 'उपन्यास का शैलीविज्ञान' एक उपन्यास में 'उक्ति' और 'भाषा' के बीच के विशिष्ट सम्पर्क और सम्बन्ध, 'भाषा' और 'वाणी' में अन्तर्वस्तु के विकास, भाषा के सामाजिक प्रभेदों के न्यूनतम 'रेखा' और 'बिन्दु' की तरह स्तरण, विखण्डन और संवादों के व्यापक एवं बृहत्तर प्रयोगों का अपेक्षित अध्ययन करने में समर्थ होता है। मार्क्सवाद के इस भाषाकेन्द्रित प्रतिमान की मान्यता है कि ग़ैर-मार्क्सवादी भाषा-केन्द्रित प्रतिमान उपन्यास के इन भाषा-वैशिष्ट्यों का सामना कर सकने में अशक्त और असमर्थ हैं।

बख्तिन जिसे 'अधिभाषा विज्ञान' (मेटा-लिंग्विस्टिक्स) कहता है उसके लिए जूलिया क्रिस्तिवा 'पारभाषा विज्ञान' (ट्रान्स-लिंग्विस्टिक्स) नाम सुझाती है, जिससे 'अधिभाषाविज्ञान, का पूर्व-स्वीकृत अर्थ कहीं प्रस्तावित बोध में भ्रम न पैदा करने लगे। वस्तुतः 'मार्क्सवादी भाषा-केन्द्रित प्रतिमान' इस पारभाषा-विज्ञान' को आधार बनाकर ही क्रियाशील होता है। पारभाषाविज्ञान ही मार्क्स-वादी शैलीविज्ञान को क्रिया-विधि देता है, जिससे साहित्याख्यान की भाषा विभिन्न प्रकार की उक्तियों में विखण्डित हो पाती है। इनमें से प्रत्येक उक्ति अधिक या कम 'संवाद' का ही रूप होती है, पर जहाँ साहित्याख्यानों का बृहत्तर विस्तार एकमात्र उत्तारकीय शैली (नैरेटिव स्टाइल) में उपस्थित होता है वहाँ इसकी सार्थकता नहीं दीख पड़ती है। फिर भी 'बख्तिन' का 'पारभाषा-विज्ञान' मुक्त अप्रत्यक्ष प्रोक्तियों-जैसी तकनीक के प्रति बखूबी ध्यान खींचता है, जहाँ पात्र की भाषा की शब्द-संपदा और छांदसता बिना उद्धरणी के प्रस्तुत की जाती है, मानो उत्तारक की ही भाषा हो। साथ ही यह दिखाता है कि उत्तारकीय प्रोक्ति दो या दो से अधिक स्वरों में गत्यात्मक तौर पर पारस्परिक सम्पर्कन की क्षमता रखती है। बिल्कुल इसी प्रकार की प्रोक्ति की विभिन्न रूपरेखा वोलोसिनोव की "मार्क्सिज्म ऐंड द फिलासफी ऑव लैंग्वेज" पुस्तक में भी प्राप्त होती है, जहाँ यह दिखाया गया है कि कैसे कुछ विशेष प्रकार की प्रोक्तियाँ निश्चित ऐतिहासिक युगों में अपना प्रभुत्व जाहिर करती हैं। स्थायी ऊर्ध्वाधर समाज वाले युगों में रचनाकार कथन की हठधर्मी सत्ता को स्वीकार करता है, जिसे वह उद्धृत करता या प्रतिवेदित करता है, क्योंकि जो उद्धृत है वह उन सबके लिए आधिकारिक और पवित्र वैशिष्ट्य से भरा है। पर रूपान्तरित हो रहे समाज में, इसके प्रतिकूल, प्रतिवेदन-भाषा रचनाकार की टिप्पणियों और प्रत्युत्तरों की घुसपैठ से भर जाती है, जिससे कि रचनाकार प्रभावी तौर पर

पर उद्धरणों को चुनौती दे सके ।

3. व्यवहार-रूप साहित्य-सिद्धान्त की अवधारणा : (थिअरी अॅव लिटॅरेचर ऐज़ ए प्रॅक्टिस) : जैसे वोलोसिनोव की समाज-भाषावैज्ञानिक रूप-रेखा सामाजिक रूपान्तरण के युगों में उद्धरणों के बीच अपनी आवाज़ प्रस्तुत करने वाले रचनाकारों के प्रति ध्यान देती है, उसी तरह बख्तिन की दस्तोएव्स्की पर लिखी गयी पुस्तक तथा उसके बाद की "रबेलइस ऐंड द वर्ल्ड" (1940) नामक पुस्तक उस सम्बद्ध विचार से जुड़ी दिखती है कि किसी भी साहित्य-कृति की भाषा स्थायिता, अधिकृति और परम्परा की विमुखता को समेटती है, जो इसे सामाजिक साभिप्रायता देती है ।

इस साभिप्रायता की व्याख्या साहित्य-कृति को उसके रचनाकाल के साथ जोड़कर देखने और साहित्यिक प्रोक्तियों के मानक से होने वाले अतिक्रमण को समझने के ज़रिये की जा सकती है ।

बख्तिन ने दस्तोएवस्की पर विचार करते हुए यह स्पष्ट किया कि दस्तोएव्स्की ने एक नयी 'शैली' (श्ज़ाॅर) उपस्थित की है । उसने इस नयी शैली को 'बहुस्वनिक उपन्यास' (पोलीफोनिक नावेल) नाम दिया जो रचना-विशेष में आवाज़ों की, स्वरों की बहुलता से स्वरूपित होता है । पर यहाँ केवल रचनाकार की आवाज़ का नियन्त्रण नहीं होता है, बख्तिन के अनुसार दस्तोएव्स्की गोथे के 'प्रोमेथियस' की तरह शब्दहीन दासों की रचना नहीं करता है, बल्कि ऐसे मुक्त लोगों को उपस्थित करता है, जो अपने रचयिता के साथ-साथ खड़े होने में अपने पक्ष पर स्थिर रहने में समर्थ हैं । पर आवाज़ों या स्वरों की यही बहुलता शैली की बहुलता के रूप में अभिव्यक्त नहीं होती । दस्तोएव्स्की के चरित्र रेखांकित तौर पर विभिन्न शैलियों में नहीं बोलते हैं, जैसा तोलस्तोय करते हैं । वे अपनी स्वतन्त्रता एक दूसरे से प्राप्त करते हैं, अपने रचनाकार से प्राप्त करते हैं । यहाँ उन पात्रों की भाषा रचनाकार की भाषा के सन्दर्भ में मार्ग दिखाती हैं । तोलस्तोय के चरित्र अपनी विभिन्न शैलीपरकता के बावजूद दस्तोएव्स्की के चरित्र की अपेक्षा अपने सर्जक-कलाकार के द्वारा अधिक नियन्त्रित है । इस कारण तोलस्तोय के उपन्यास एकतर्कीय (मोनो-लॉजिक) हो जाते हैं, जिसमें रचनाकार की अधिकृतवाणी का प्रभुत्व बोलता है, पर दस्तोएव्स्की के उपन्यास 'बहुस्वनिक' (पोलीफोनिक) रूप में उभरते हैं । वस्तुतः यह अन्तर 'एकालापिता' और 'बहुस्वनिकता' का अन्तर नहीं होकर रचनाकार और पात्र— दोनों के बीच की आवाजों का अन्तर है, जिसे भाषावैज्ञानिक आधार पर व्याख्यायित नहीं कर पारभाषावैज्ञानिक (ट्रांस-लिंग्विस्टिक) आधार पर व्याख्यायित किया जाता है ।

बख्तिन ने साहित्य को यथार्थ के ज्ञान के बतौर देखने की अपेक्षा इसे

यथार्थ के अन्तर्गत भाषा-व्यवहार के रूप में देखा है। यही वह तथ्य है, जो उसे लूकाच और एडोर्नो से अलग महत्त्व प्रदान करता है, जहाँ साहित्यिक कृति सिद्धान्त-चिन्तकों को भी ज्ञान मुहैया करती है, हालांकि यथार्थ संसार के मामले में एडोर्नो के यहाँ इसका निषेध है, यह भाषा-व्यवहार भाषा के माध्यम के ज़रिये विचारों की अभिव्यक्ति—गोल्डमान के उत्पत्तिवादी प्रतिमान (जेनेटिव मॉडेल) से भी काफी भिन्न है। जब बख्तिन दस्तोएव्स्की की 'बहुस्वनिक तकनीक' (पोलीफोनिक टेकनीक) को रेखांकित करता है तब यह उसके उपन्यासों की अन्तर्वस्तु, कथ्य और रूप की बातें नहीं करता है न ही वह यथार्थ के विषय में बताता है, बल्कि वह उस सामाजिक साभिप्रायता को उजागर करता है, जिसे प्रोक्ति की यह तकनीक संचालित करती है। बख्तिन के लिए 'बहुस्वनिकता' एक नया साहित्य-रूप (श्जाँर Genre) है, पर वह इसे साहित्य के सिद्धान्त-चिन्तकों के द्वारा विभिन्न साहित्यिक रूपविधाओं के बीच अन्तर करने वाली कोटियों—त्रासदी, कामदी, गीत, उपन्यास—के रूप में ग्रहण नहीं करता है। बख्तिन की दृष्टि में किसी भी साहित्य-रूप (श्जाँर) की वास्तविक साभिप्रायता दो वस्तुओं में 1. यथार्थ को अवधारित करने के तथ्य और 2. साहित्य की दूसरी रूपविधाओं के प्रति इसके रुख में निहित होती है। बख्तिन के लिए 'यथार्थ को अवधारित करने के तथ्य' से आशय है कि एक साहित्य-रूप केवल साहित्य-पाठ तक ही परिसीमित नहीं है, बल्कि जिस रूप में भाषा के ज़रिये सांसारिक अभिव्यक्ति की जाती है उससे भी यह बहुत निकट तौर पर जुड़ा होता है। वह लिखता है कि कोई कह सकता है कि मानव-चेतना यथार्थ को देखने और अवधारणीकृत करने के लिए आन्तरिक साहित्य-रूप की श्रृंखला को संचालित करती है, पर वास्तविकता यह है कि साहित्य-रूप भाषा में अवधारणीकरण के ऐसे मार्ग मुहैया करते हैं जो हमारे पास पहले से विद्यमान नहीं होते हैं। इस अर्थ में यह कहा जा सकता है कि जीवन साहित्य का अनुकरण करता है : "साहित्य के विविध रूप यथार्थ के अवधारणीकरण हेतु हमारी आन्तर भाषा को नये कौशलों, नयी युक्तियों से समृद्ध करते हैं।"

किसी भी साहित्य-रूप की प्रायोगिक साभिप्रायता इस तथ्य पर भी निर्भर होती है कि वह दूसरे साहित्य-रूप से कैसे जुड़ता है। बख्तिन उपन्यास के साहित्यरूप को 'महाकाव्य के पुनःसंघटन के आधुनिक प्रयास' के बतौर ग्रहण नहीं करता, जैसा लूकाच को काम्य है, बल्कि यह इसे नियम-बन्धन रहित और सर्वाधिक मुक्त रूप में उभरने वाला साहित्य-रूप बताता है कि इसमें दूसरे साहित्य-रूपों का अनवरत मिश्रण हुआ है। दूसरे साहित्यरूपों में दृष्टान्ततः महाकाव्य में गृहीत अधिकाधिक ऊर्ध्वाधर संरचना वाली प्रोक्तियों के नये प्रकारों के द्वारा अथवा विद्रूपिका (पैरोडी) के द्वारा उभरने वाली टूटन-फूटन को भी

जगह दी गयी है।

वस्तुतः दस्तोएव्स्की के उपन्यासों में प्राप्त 'बहुस्वनिकता' (पोलीफोनी) यथार्थ को अवधारणीकृत करने का एक मार्ग है। यह मार्ग तोल्सतोय की और उन्नीसवीं शती के अन्य उपन्यासकारों की अधिकारवादी और एकतर्कीय प्रोक्तियों को उलटते-पुलटते हुए वैयक्तिक चरित्रों को मुक्तता-स्वतंत्रता प्रदान करता है। रेबेलइस (Rabelais) 'कार्निवाल' (Carnival) तथा अन्य लोक-प्रिय उत्सवों-समारोहों की अधिकार-विरोधी भाषा को 'विपर्यय' और 'विस्थापन' के ज़रिये विकसित करता है, जिसमें मुक्त तौर पर पदाधिकारियों और चर्च की भाषा की 'पैरोडी' की जाती है। इस दृष्टिकोण के ज़रिये बख्तिन साहित्येतिहास में 'कार्निवाल' साहित्य की 'मेनिप्पियन' परम्परा को विशेषाधिकारी महत्त्व प्रदान करता है जिसमें वह सुकरात के सम्वाद को, मृतकों के साथ होने वाली बातचीत को, विद्रूपिका (पैरोडी) को और वैयक्तिक व्यंग्य को भी सम्मिलित करता है। वस्तुतः ये सब साहित्यिक प्रोक्ति के ऐसे विभिन्न प्रकार बनकर उभरते हैं, जिनमें वैयक्तिक पात्र को रचनाकार का, संभाषी का, सामाजिक नियम का और परम्पराओं का विरोध करने की पूरी छूट रहती है। बख्तिन ने अधिकारियों के विरुद्ध वैयक्तिक तौर पर साहित्यिक अभिव्यक्ति के अधिकार की स्वतंत्रता और विद्रोहात्मकता पर ज़ोर दिया है। उस पर मार्क्सवादी दृष्टिकोण के अनुसार कोई भी युक्तियुक्त रूप में आपत्ति कर सकता है कि यह अराजकतावादियों और इच्छा-स्वातन्त्र्यवादियों का अखाड़ा है, साथ ही ये वे लोग हैं जो मार्क्स की अपेक्षा प्राउधन (Proudhon) के विचारों से साम्य रखते हैं। पर ऐसा नहीं है कि बख्तिन का यह रेखांकन मार्क्सवादी साहित्य-सिद्धांत में साहित्य के प्रति निश्चित दृष्टिकोण को ज़रूरी तौर पर घटाता ही हो।

बख्तिन जब दस्तोएव्स्की की 'बहुस्वनिकता' को तोल्सतोय के 'एकालाप' की अपेक्षा अधिक अभिनव 'भाषा-व्यवहार' के रूप में ग्रहण करता है तब वह एक 'प्रगतिशील विचारधारा' और 'प्रगतिशील कृति' के बीच की पहचान से उत्पन्न मार्क्सवादी अभिगम को स्पष्ट करता है। वह इसे उस क्रियाविधि से भी अलगाता है, जिसे लेनिन और लूकाच तोल्सतोय के लिए व्यवहृत करते हैं—एक वस्तुनिष्ठ सामाजिक यथार्थवाद की खोज, जो तोल्सतोय के सुसमाचारी आदर्शवाद के बावजूद उभरती है। वस्तुतः बख्तिन के लिए इसका महत्त्व नहीं है कि कृति किसे प्रतिबिम्बित करती है, वह रचनाकार के विषय में या दुनिया के वस्तुनिष्ठ आकार के विषय में क्या कहती है, बल्कि महत्त्व इस तथ्य का है कि कृति 'भाषा-व्यवहार रूप' है। कहना न होगा कि बख्तिन के निकाय की यह भाषा-दृष्टि यथार्थ के स्पष्ट और प्रत्यक्ष प्रतिबिम्बन के रूप में साहित्य-विषयक दृष्टिकोण

को नकारती है, साहित्य में विचारधारा की अर्थवत्ता और उसके प्रकार्य पर पुनर्विचार करती है और साहित्य को आभिव्यक्तिक अथवा ज्ञान के रूप में स्वीकार करने की अपेक्षा उसे 'व्यवहार-रूप' मानती है। यद्यपि 'बख्तिन निकाय' के सिद्धांतवादी भाषा-विषयक गैर-सॅस्यूरवादी दृष्टिकोण का व्यवहार करते हैं, पर उनके अभिगमों में बहुत-कुछ इतना समान है जो संरचनावादी अभिगम में अनुकूलित हो जाता है। ऐसे अनुकूलन के लिए जूलिया क्रिस्तिवा जैसी साहित्य-सिद्धांत की चिन्तिका पूरी तरह औचित्य और तत्परता दिखाती है। क्रिस्तिवा के द्वारा की गयी ऐसी पहल में भाषा-केन्द्रित प्रतिमान का दूसरा पक्ष उभर कर सामने आता है। वह साहित्य की भाषा की विद्रोही प्रकृति पर उस रूप में जोर देती है जिस रूप में भाषा की सम्पूर्ण संकेतन-प्रक्रिया सुस्पष्ट तौर पर ही प्रस्तुत हो सके। यहाँ यह ध्यान देने योग्य है कि भाषा की विद्रोही प्रकृति प्रायः स्वचल (आटोमेटाइज्ड) भाषा-व्यवहार में व्यापारित नहीं हो पाती है। क्रिस्तिवा मूलतः साहित्य के विषय में बख्तिन के व्यवहार-रूप आग्रह को और उसके द्वारा निर्दिष्ट सामाजिक साभिप्रायता को पूरी तरह बनाये रखती है। साथ ही वह पाठ की संरचनामूलक अवधारणा के बतौर बख्तिन के दृष्टिकोण को और भाषा के भीतर की लेखकीय भूमिका को भी उपस्थित करती है। क्रिस्तिवा वैसे पाठ को क्रांतिकारी पाठ मानती है, जो रचनाकार और भाषा के बीच तनाव को बाहर व्यक्त करता है, पर जिसमें स्वयं रचनाकार समाविष्ट होता है। क्रिस्तिवा के शब्दों में 'भाषा में रचनाकार की इस द्वंद्वात्मक स्थिति के व्यवहृत होने से ही काव्यभाषा का रूपान्तरण सामने आता है।' यहाँ द्वन्द्वात्मकता यह निर्देश करती है कि कैसे एक संरचनावादी मानवीय विषय के मार्क्सवादी दृष्टिकोण को भाषा की वस्तुनिष्ठ संरचना में समाविष्ट विषय के सॅस्यूर-परवर्ती दृष्टिकोण के साथ वस्तु-यथार्थ की दुनिया में द्वंद्वात्मक तौर पर समाविष्ट रूप में सम्बद्ध कर पाता है।

मार्क्सवादी आलोचना का भाषावैज्ञानिक प्रतिमान संरचनावादी और मार्क्सवादी धारणाओं के गठबंधन का परिणाम है, पर यह गठबंधन बहुत सहज और निर्बाध नहीं है। छठे दशक में संरचनावादी अभिगम अपनी इतिहास-पराङ्मुख दृष्टि तथा आरोपित रै-करण (रेईफ़िकेशन)—भाषा और संकेत-व्यवस्था के ज़रिये भौतिक, भाषेतर यथार्थ को बाहर करने या हटाने—के कारण अधिकतर मार्क्सवादियों द्वारा लगातार आरोप और आलोचना का लक्ष्य बना था। ऐसी आलोचना के दो टूक उत्तर डेरिडा जैसे उत्तर-संरचनावादियों ने दिये थे, जहाँ यह स्थापित किया गया था कि पहले से अस्तित्वमय यथार्थ और भाषा के बीच अन्तर करना बेमानी है, क्योंकि सभी सामाजिक प्रक्रियाएँ और विचार भाषा में और भाषा के द्वारा ही संघटित होते हैं। क्रिस्तिवा के अनुसार सभी

वैदुष्यपूर्ण ज्ञानानुशासन और सामाजिक सक्रियता के क्षेत्र को संकेतन-व्यवस्था के रूप में देखा जाना चाहिए। इतिहास को भी 'भाषाहीन इतिहास' की अपेक्षा 'पाठों के कुलक' (सेट्स अॅव टेक्स्ट्स) के रूप में देखना श्रेयस्कर है। क्रिस्तिवा 'मेनिप्पियन' परम्परा-विषयक बख्तिन के दृष्टिकोण को भी ग्रहण करती है।

बख्तिन के लिए 'मेनिप्पिआ' अवधारणात्मक तौर पर 'कार्निवाल' जैसे आनन्दोत्सव-विशेष की धारणा से जुड़ा रहा है। 'कार्निवाल' रंगरेली मनाने वाला आनन्दोत्सव था, एक लोक-कृत्य था, एक आनुष्ठानिक उत्सवपरक घटना था। इस आनन्दोत्सव में प्रत्येक व्यक्ति एक सक्रिय प्रतिभाती होता था। प्रत्येक व्यक्ति इस आनन्दोत्सवी कृत्य में संलाप करता था, 'कोमुन्यो' लेता था। 'कार्निवाल' प्रतिदिवसीय जीवन के नियम और व्यवस्था का एक आनुष्ठानिक स्थगन था। 'कार्निवाल' विभिन्न स्तरों के बीच मुक्त सम्पर्क स्थापित करता था, अन्तरों को मिटाता था और यौनवर्जनाओं को तोड़ता था और उन सबके साथ हिलमिल जाता था, मिश्रित हो जाता था, जो बंद थे, अकेले, कटे हुए थे और अलग-थलग थे।

'मेनिप्पिआ' में विभ्रम, स्वप्न, उन्माद, सनकी व्यवहार, प्रलाप, वैयक्तिक रूपांतरण जैसी असामान्य स्थितियों की प्रोक्तियाँ आती हैं। ये प्रोक्तियाँ घटनाओं के सामान्य स्वीकृत रूप का अतिक्रमण करती हैं, व्यवहार और शिष्टाचार के प्रस्थापित मानक का अतिक्रमण करती हैं। ये प्रोक्तियाँ अधिकृत सत्यों के सामने प्रश्नचिह्न लगाती हैं। ये प्रोक्तियाँ 'फंतासी' की सृष्टि लगती हैं।

'मेनिप्पिअन' प्रोक्तियाँ मार्क्सवाद के भाषावैज्ञानिक प्रतिमान की महत्त्वपूर्ण विशेषता है। यद्यपि इसका उद्भव-सूत्र कथा-साहित्य में ही प्राप्त होता है, पर हिन्दी में मुक्तिबोध की कविताओं का फंतासीपरकता में 'मेनिप्पिअन प्रोक्तियां' सक्रिय हैं। इस दृष्टि से मार्क्सवाद के इस भाषावैज्ञानिक प्रतिमान के आधार पर मुक्तिबोध की कविता का समीचीन विश्लेषण किया जा सकता है, जो केवल मार्क्सवादी विचारधारा की सैद्धांतिकी के आधार पर संभव नहीं है।

वस्तुतः मार्क्सवाद के भाषा-केन्द्रित प्रतिमान का व्यवहार-क्षेत्र बहुत उर्वर है। इसकी स्थापना है कि समाज में साहित्य की बृहत्तर समाज-शास्त्रीय पड़ताल के लिए भाषा आरम्भिक बिन्दु बन सकती है और इस तरह मार्क्सवादी साहित्य-सिद्धांत भाषा-चिन्तन के क्षेत्र में भी सक्रिय हो सकता है, जिसके द्वार आरंभिक मार्क्सवादी प्रतिमानों ने बंद कर रखे थे।

ऊपर विवेचित मार्क्सवादी अभिगम के पाँचो प्रतिमानों में साहित्य को सामाजिक यथार्थ से जोड़ने की अपनी-अपनी तरह की कोशिश दीखती है। फिर भी ये प्रतिमान आपस में सदैव विरोधी खानों की तरह नहीं हैं और कुछ मामलों में तो ये कहीं-न-कहीं एक-दूसरे से जुड़ते भी दीखते हैं। पर इनके बीच

अपने-अपने प्रतिपाद्य की सशक्तता का अधिकाधिक अंतर विद्यमान है, जिसके कारण प्रायः ये अपनी-अपनी विशिष्टता को उचित सिद्ध करते पाये जाते हैं। फलतः कई बार इनका यह अंतर बहुत बड़ा होकर भी सामने आता है।

वास्तव में मार्क्सवादी आलोचना का क्षेत्र बहुत व्यापक है। साहित्य-सिद्धान्त के रूप में प्रस्तुत होने से पहले मार्क्सवाद अर्थशास्त्र, इतिहास, समाज और क्रान्ति का सिद्धान्त रहा है। इसीलिए इसके किसी एक विशेष प्रकार के सिद्धान्त या एक विशेष प्रकार के प्रतिमान से बंधे रहने की बंदिश नहीं है। यद्यपि मार्क्सवादी साहित्यिक आलोचना में साहित्य-विषयक मार्क्स और एंगेल्स के बिखरे लेखन की आधारभूमि में मूल उत्स की ओर लौटने की परम्परा रही है और इसके परवर्ती आलोचकों में भी पूर्ववर्तियों के आधार पर ही आलोचना करने की प्रवृत्ति बनी रही है, फिर भी मार्क्सवाद ने समय-समय पर ऐसी बंदिशों से छूट लेकर भिन्न-भिन्न आलोचनात्मक अभिगमों और साहित्य-सिद्धान्तों का विकास किया है। ऊपर विवेचित विभिन्न प्रतिमान इसके साक्ष्य हैं।

मार्क्सवाद विचारों का जीवन्त निकाय होने के साथ-साथ यथार्थ राजनीतिक अभ्यासों का कुलक भी है। यह जहाँ संसार में होने वाले परिवर्तनों से प्रभावित होता है वहीं संसार को बदलने के लिए हस्तक्षेप करने का लक्ष्य भी रखता है। मार्क्सवादी आलोचना के पूर्व विवेचित प्रतिमानों को देखने से यह पता चलता है कि वर्तमान शताब्दी में मार्क्सवाद में अनेक विकासात्मक परिवर्धन हुए हैं, अनेक अनबन वाली दरारें पड़ी हैं और इसके अनेक पुनर्मूल्यांकन भी हुए हैं और इन सबने मार्क्सवादियों द्वारा प्रस्तुत साहित्य-विषयक कृतियों में एक सीमा तक अपने-आपको अनिवार्यतः दोहराया भी है।

मार्क्सवादी चिन्तन को भले ही अपने-आपमें परिशुद्ध माना जाता हो, पर यह मिश्र विशेषताओं की ओर भी झुकता है। मार्क्सवाद ने न केवल स्वयं को यथार्थ संसार के और अपने पाठों के आधार पर शाणित और संवीक्षित करते हुए नक्श किया है, बल्कि मार्क्सेतर चिन्तन के आधार पर भी स्वयं को रूपाकृत किया है। स्वयं मार्क्स का अपना चिन्तन हीगेल, रिकार्डो और प्राउधन जैसे विचारकों के साथ हुए आलोचनात्मक संवाद से विकसित हुआ। मार्क्सवादी साहित्य-सिद्धान्त भी एक ओर इसके नैकट्य में तथा दूसरी ओर उन बहुत भिन्न माने जाने वाले मार्क्सेतर अभिगमों के साथ हुए संवाद से विकसित हुए, जिसने किसी सीमा तक उनके रूप को प्रभावित किया। कहना न होगा कि इस दृष्टि से लूकाच का संभाषी हीगेल में निहित है, बख्तिन स्कूल का संभाषी रूसी रूपवाद में और मैकरे का संभाषी फ्रांसीसी संरचनावाद में।

ऊपर विवेचित भिन्नताओं के बावजूद साहित्य के सभी मार्क्सवादी सिद्धान्तों की एक सर्वमान्य और साधारण मान्यता है कि साहित्य को सामाजिक

यथार्थ के वृहत्तर साँचे में ही उचित तौर पर समझा जा सकता है । मार्क्सवादियों की धारणा है कि ऐसा कोई भी सिद्धान्त जो साहित्य को समाज और इतिहास से पृथक् करता हुआ उसे एक प्रकार से अलगाव में अस्तित्वपूर्ण मानता है (उदाहरण के लिए शुद्ध संरचना के बतौर अथवा लेखक की वैयक्तिक मानसिक प्रतिक्रियाओं के परिणाम के बतौर) और अलगाव में ही रखता है, वह साहित्य की वास्तविक व्याख्या करने में अक्षम और त्रुटिपूर्ण है । यहाँ आधारभूत मान्यता यह तो स्पष्ट कर देती है कि मार्क्सवादी सिद्धान्त दूसरे सिद्धान्तों से भिन्न है, पर यह उस व्यवच्छेदन-तथ्य का निर्देश नहीं कर पाती है, जिसके आधार पर मार्क्सवादी सिद्धान्त मार्क्सवादी कहलाते हैं, क्योंकि ऐसे अन्य ग़ैर-मार्क्सवादी समाजशास्त्रीय अभिगम भी हैं, जिनकी आधारभूत मान्यता भी यही है ।

साहित्य के मार्क्सवादी सिद्धांतों को साहित्य के दूसरे मार्क्सेतर अभिगमों से अलगाने वाले तत्त्वों में कुछ विशिष्ट अवधारणाओं का महत्त्व है । इसी से संसार को देखने-दिखाने की वह युक्ति मिल पाती है, जो इसे संरचना प्रदान करती है ।

मार्क्सवादियों के लिए सामाजिक यथार्थ, जिससे साहित्य आविर्भूत होता है, कभी कुहासा-भरा अस्पष्ट पृष्ठाधार नहीं रहा । उनके लिए सामाजिक यथार्थ का एक निश्चित आकार है, जो इतिहास में प्राप्त है और जिसे मार्क्सवादी-विरोधी सामाजिक वर्गों और उनके द्वारा काम में लाये जाने वाले आर्थिक उत्पादन के प्ररूपों के बीच संघर्षों की श्रृंखला के बतौर देखते हैं । यथार्थ के इस रूपाकार को समाज के किसी भी प्रदत्त पल में प्राप्त किया जा सकता है, क्योंकि सभी विशेष वर्ग-सम्बन्ध और विशेष राजनीतिक, सांस्कृतिक और सामाजिक संस्थाएँ आर्थिक उत्पादन की व्यवस्था से स्पष्ट तौर पर जुड़ी हुई हैं ।

मार्क्सवादी आलोचना का.मूलाधार 'द्वन्द्वात्मकता' है । इतिहास और समाज दोनों ही की संरचना द्वन्द्वात्मक है । कहना न होगा कि मार्क्स और एंगेल्स के द्वारा प्रयुक्त यह विशिष्ट शब्द किसी भी कृति में एक साथ गत्यात्मक और प्रतिगामी शक्तियों के प्रति हमारा ध्यान खींचता है । साथ ही यह पद उस प्रविधि का भी निर्देश करता है जिसके द्वारा इतिहास और समाज को उसके संघटक भागों के बीच की सभी नातेदारी को उजागर करने के उद्देश्य से विश्लेषित किया जा सकता है ।

मार्क्सवादी आलोचकों के लिए सामाजिक यथार्थ की अपनी संरचना है । पर उसके आलोचना-कर्म के प्रस्थान-बिन्दु पर यह स्पष्ट नहीं है कि साहित्य इस संरचना में कहाँ और कैसे पूरा उतर आता है । इसीलिए यदि कोई मार्क्सवादी आलोचक आरम्भ में समाज और इतिहास की संरचना को देखता है, और बाद में यह देखता है कि साहित्यकृति इस संरचना को प्रतिबिंबित करती या विकृत करती है; तो कोई आलोचक साहित्य की सामान्य अवधारणा से ही आरम्भ करता

है और बाद में लेखकों, पाठकों और समाज की ओर बढ़ता है; और कोई किसी विशेष पाठ से प्रस्थान कर पहले रचनाकार के प्रति, फिर उसके विशिष्ट वर्ग के प्रति और तब समाज में उस विशेष वर्ग की भूमिका के प्रति अभिमुख होता है। इन प्रक्रियाओं को अलग-अलग रूप में मार्क्सवादी आलोचक अपनाते रहे हैं।

मार्क्सवादी आलोचना के स्वरूप को स्पष्ट करने वाली एक और तात्विक अवधारणा आधार (Base) और अधिसंरचना (Super Structure) का युग्म है, जिसे मार्क्स ने अपने 'Towards A cr.tique of Political Econo-my' के 1859 के अग्रलेख में निरूपित कर दिया था (द्रष्टव्य मार्क्स ऐंड एंगेल्स, 1962 : 363) मार्क्स ने समाज के चरित्र के चरम निर्धारक के बतौर किसी भी समाज में सामाजिक, आर्थिक तत्त्व पर बल दिया। यहाँ 'समाज-आर्थिक' का अर्थ किसी निश्चित समाज में प्रभावी आर्थिक उत्पादन के प्रकार द्वारा सृजित सामाजिक सम्बन्धों से है। पूँजीवादी समाज में पूँजीवादी और सर्वहारा के बीच का सम्बन्ध शोषण पर आधारित है और इस प्रकार यहाँ संभावित या वास्तविक संघर्ष का रिश्ता है; यह बुनियादी आर्थिक संरचना (आधार) कुछ सामाजिक संस्थाओं और विश्वासों को जन्म देती है, जो संघर्ष को जारी रखने या मिटा देने तथा उत्पादन की प्रविधि को बनाये रखने का काम करते हैं। पूँजीवादी अर्थ-व्यवस्था में यह बूर्जुवा संसद और न्यायपालिका हो सकती है, पूँजीवादी उत्पादन की जरूरतों के प्रति व्यापक तौर पर अनुकूलित शिक्षा-व्यवस्था हो सकती है और वह मूल्यवत्ता हो सकती है, जो इन संस्थाओं को थामे रखती और इनका समर्थन करती है। मार्क्स ऐसे सभी तत्त्वों को, जो समाज-आर्थिक आधार पर उत्पन्न होते हैं, समाज की अधिसंरचना कहता है। यहाँ यह स्मरणीय है कि एंगेल्स ने 1890 में इस तथ्य पर बल दिया था कि न तो उसने या मार्क्स ने कभी आधार (Base) के समाज में प्रत्येक वस्तु के एक-मात्र और निरे निर्धारक के बतौर देखे जाने के लिए निर्दिष्ट किया था। उसने बताया था कि इसकी कारणात्मक प्रक्रिया जटिल रही है कि अधिसंरचना के विभिन्न तत्त्वों ने एक दूसरे को प्रभावित किया है और ऐतिहासिक परिवर्तन को भी प्रभावित किया है। (मार्क्स एण्ड एंगेल्स 1846 : 498)। वास्तविकता यह है कि आधार और अधिसंरचना के युग्म के अभिप्राय में अनिश्चितता की गुंजायश के कारण इसके विषय में मार्क्सीय चिन्तन ने एकाधिक निर्वचन प्रस्तुत किये हैं। 1870 से प्रथम विश्वयुद्ध तक के समय के बीच अधिकांश मार्क्स-वादियों ने यह निर्णायक दृष्टिकोण ग्रहण किया था कि यह आधार ही है जो अधिसंरचना का कारण है और अधिसंरचना आधार को प्रतिबिम्बित करती है। दूसरी ओर प्रथम विश्वयुद्ध के बाद पश्चिमी मार्क्सवादियों की यह मान्यता प्रकाश में आयी कि अधिसंरचना आधार को प्रभावित कर सकती है और

आधार में होने वाले परिवर्तन को तीव्र कर सकती है ।

मार्क्सवादी आलोचना को स्वरूपित करने वाली एक और महत्त्वपूर्ण अवधारणा पूर्वविवेचित 'विचारधारा' (Ideology) की है । मार्क्सवाद में विचारधारा अधिक वस्तुनिष्ठ प्रकार के ज्ञान के साथ व्यतिरेकी स्थिति में उपस्थित हो सकती है । जब हम अर्थ-व्यवस्था को देखते हैं, हम केवल 'जिन्स' के वितरण को देखते हैं। मार्क्स इस दृष्टिकोण को 'जिन्स' की 'वस्तु-रति' के रूप में पुकारता है । वास्तविकता यह है कि द्वन्द्वात्मक पहलू के अनुरूप अर्थव्यवस्था इस तरह काम करती है कि वस्तुओं का वितरण जनता, कर्मियों और अधिकारियों के बीच सम्बन्धों का विचारधारात्मक निरूपण बनकर उभरता है, जहाँ पूंजीपतियों द्वारा कर्मियों के श्रम से अधिशेष मूल्य निचोड़ लिया जाता है । लोग इन सम्बन्धों को अपने प्रति विचारधारात्मक रूप में और इस मामले में अनिच्छापूर्वक वस्तुओं के वितरण के बतौर निरूपित करते हैं और यह उन्हें वर्गों के बीच के विरोधों की समझ, जिसमें वस्तुनिष्ठ सम्बन्ध पाये जाते हैं, के प्रति भेदन से रोकता है । यहाँ विचारधारात्मक दृष्टिकोण उतना मिथ्या या भ्रामक नहीं है जितना अधूरा है । यह उसके साथ बँधा है जिसे मार्क्स रै-करण (Reification) कहता है, एक ऐसी प्रक्रिया जिसके द्वारा मानवीय सम्बन्धों का संसार वस्तुओं के बीच की नातेदारी के कुलक के रूप में उपस्थित होता है । इसी प्रकार उस प्रक्रिया को जिसके द्वारा एक कर्मी अपनी श्रमशक्ति को पूँजीपति के हाथों दिहाड़ी के विनिमय में बेच देता है और स्वयं मशीन का संलग्नक बनकर रह जाता है, मार्क्स 'अजनबीकरण' (Alienation) कहता है ।

मार्क्सवादी आलोचना में साहित्य को एक बृहत्तर विचारधारात्मक अधिसंरचना में रखा जाता है, जहाँ उसके साथ धर्म, दर्शन, राजनीतिशास्त्र, विधि-व्यवस्था सभी जुड़े होते हैं। इस व्यवहार में ऐसी कोई व्यंजना नहीं होती कि विचारधारा यथार्थवादी यथार्थ की विकृति है। हाँ, मार्क्स ने इस तथ्य पर अवश्य बल दिया था कि इन विचारधारात्मक रूपों में आने वाले परिवर्तन को आर्थिक उत्पादन में आये परिवर्तनों के रूप में उसी प्रकार की वैज्ञानिक सुस्पष्टता से निर्धारित नहीं किया जा सकता है । उसका यह भी अभिमत है कि कला और विचारधारा में आये परिवर्तन समाज-आर्थिक आधार में आने वाले परिवर्तन के साथ अनिवार्यतः समान रूप में मेल नहीं खाते हैं, बल्कि कलाओं का विकास समाज के सामान्य विकास के समनुपात के बाहर, फलतः यथार्थवादी बुनियाद के समनुपात के बाहर हो सकता है ।

इस प्रकार इन अवधारणाओं से यह स्पष्ट हो जाता है कि आखिर वे कौन-से मूलतत्त्व हैं जिनके कारण मार्क्सवादी आलोचना मार्क्सवादी आलोचना के रूप में अपनी पहचान उजागर करती है ।

समाजशास्त्रीय आलोचना

समाजशास्त्रीय आलोचना इस धारणा के साथ आरम्भ होती है कि समाज के प्रति कला का सम्बन्ध अत्यन्त महत्त्वपूर्ण है और यह भी कि इन सम्बन्धों की पड़ताल कलाकृति के प्रति सौन्दर्यपरक अनुक्रिया को संघटित करती और गहराती भी है। कला या रचना किसी शून्य में सृजित नहीं होती है। यह केवल व्यक्ति-विशेष का कर्म नहीं है, बल्कि उस सर्जक का रचना-कर्म है, जो विशिष्ट देश-काल से जुड़ा हुआ है और उस विशिष्ट समुदाय के प्रति उत्तरदायी है, जिसका वह एक क्रियाशील और महत्त्वपूर्ण अंग है। इसीलिए समाजशास्त्रीय आलोचक सामाजिक पर्यावरण या वातावरण को समझने में उस सीमा तक रुचि रखता है जिस सीमा तक और जिस रूप में सर्जक इसके प्रति अपनी प्रतिक्रिया व्यक्त करता है।

समाजशास्त्रीय आलोचना की बुनियाद अट्ठाहरवीं शती में एडमंड विल्सन विको के द्वारा होमर के महाकाव्यों के किये गये अध्ययन से पड़ती है। इसके द्वारा हमें उन सामाजिक स्थितियों का ज्ञान प्राप्त होता है, जिनमें ग्रीक कवि जी रहे थे। वास्तव में एडमंड विल्सन विको ही वह पहला व्यक्ति था, जिसने साहित्य-निर्वचन को उसके सामाजिक, आर्थिक और राजनीतिक संदर्भों में व्याख्यायित करने की मान्यता प्रस्तुत की।

उन्नीसवीं शती में हर्डर ने भी इस अभिगम को आगे बढ़ाया। पर इस क्षेत्र में प्रमुख महत्व फ्रेंचमान तेन को दिया जाता है, जिसने यह जानते हुए कि साहित्य काल, जाति और पर्यावरण का परिणाम है, इसे परिपूर्णता प्रदान की। वस्तुतः समाज-सांस्कृतिक आलोचना की दिशा को तब महत्तर प्रमुखता प्राप्त हुई जब उन्नीसवीं शती में तेन ने 'हिस्ट्री ऑव इंग्लिश लिटॅरेचर' पुस्तक लिखी (1863)। इसकी प्रसिद्ध भूमिका में तेन ने बताया कि कला के नियम समाज के वैज्ञानिक नियमों से जुड़े हुए हैं। जाति, परिवेश और युग कला की रचना को वैसे ही आकृत करते हैं जैसे ऋतु पीअर वृक्ष को प्रभावित करती है। तेन के अनुसार आलोचक की वैयक्तिक संवेदनशीलता का कोई मूल्य नहीं है। उसे अपनी चित्त-

प्रकृति और प्रवृत्ति को दरकिनार कर देना चाहिए। तभी वह ऐसा साहित्य-निरूपण कर सकता है जिसमें वैज्ञानिकता, पर्यवेक्षणमूलकता और परिपूर्णता आ सकती है। ऐसा सिद्धांत अपने प्रकरण के लिए विधेयात्मक समाजशास्त्र पर निर्भर करेगा। तेन ने दो वर्षों बाद इस आधारभूमि को अपनी 'Philosophy of Art' पुस्तक में प्रस्तावित किया।

तेन से पूर्व अट्ठारहवीं शती में गिआम बतिस्ता विको ने समाजशास्त्रीय संदर्भ में होमर के महाकाव्यों के विषय में यह लिखा था कि "होमर ने 'इलियड' को अपनी युवावस्था में प्रणीत किया। तब ग्रीस उदात्त भावावेश, अभियान, रोष और प्रतिशोध से प्रदीप्त था। पर होमर ने 'ओडेसी' की तब रचना की जब वह वृद्ध हो चला था। तब ग्रीकों का भावावेश विवेक-रूपी मां के प्रक्षेपण से शीतल पड़ने लगा था।" इस पर विल्सन ने यह टिप्पणी की कि विको ने होमर के लेखन को उसके ऐतिहासिक-भौगोलिक आधार पर मूल्यांकित किया है, क्योंकि होमर ग्रीक था और होमर के जीवन-काल में ग्रीस का अपना विशिष्ट मिज़ाज़ था। 'इलियड' और 'ओडेसी' में निश्चय ही इन स्थितियों का प्रतिबिम्बन प्राप्त होता है।

इस शती के अन्त के पूर्व मार्क्स और एंगेल्स ने उत्पादन-पद्धति की बातें कीं और इस प्रकार समाजशास्त्रीय आलोचना के एक विशेष प्रकार 'मार्क्सवादी आलोचना' को जन्म दिया। कार्ल मार्क्स लेखक और आलोचना— दोनों के लिए महान् उत्प्रेरक और अधिप्रेरक की भूमिका में उपस्थित हुआ। उसकी विचार-धारा में मूल बात इतिहास की अर्थ-शास्त्रीय प्रक्रिया की है और उस अवधारणा की है कि सामाजिक कर्म अपनी संरचना वहाँ से प्राप्त करते हैं जहाँ वे जिस रूप में जीते हैं, क्योंकि सभी प्रकार की मानवीय गतिशीलता का आधार पूंजी है, अर्थ है। मार्क्स के लिए इस महत्त्वपूर्ण स्थापना का अर्थ है कि राजनीति, धर्म, साहित्य, दर्शन— सभी अर्थशास्त्र की परिपूर्णता के लिए ही सक्रिय होते हैं। वर्ग-संघर्ष, जो अर्थशास्त्रीय मूल्यों पर आधारित है, जीवन का केन्द्रीय लक्ष्य है। अतः साहित्य में भी इस तथ्य को केन्द्रीय होना चाहिए।

कला और सामाजिक मूल्यों को सहसंबद्ध करने की प्रकृति स्वाभाविक और अन्तर्भूत है। अमेरिका में हावेल्स, जैक लंडन, हैमलिन गार्लैंड और फ्रैंक नौरिस सभी साहित्य और समाज-विषयक सम्बन्ध से जुड़े रहे हैं। जान मैकी ने जो 'द स्पिरिट ऑव अमेरिकन लिटरेचर' (1908) लिखा उसमें समाजवादी दृष्टि की ही प्रमुखता थी। पैरिंगटान ने 'मेन कंटेंट्स इन अमेरिकन थॉट' नामक पुस्तक लिखी (1927-30)। यह पुस्तक "जेफर्सजियन लिबरेलिज्म" के प्रति प्रतिबद्ध थी।

समाजशास्त्रीय आलोचना के वामपंथी रुख को प्रखरता प्रदान करने में

कुछ पत्रों की भी महत्त्वपूर्ण भूमिका रही। इनमें—**न्यू मासेज** (सम्पा : मिखाइल गोल्ड) और **हमेपट रिव्यू** (सम्पा: एडगेल रिक्वर्ड) के नाम प्रमुख हैं। इस दिशा में कुछ सेमिनारों में पढ़े गये निबन्धों के संकलन भी सम्पादित किये गये—'प्रोलेतेरियन लिटॅरेचर इन द यूनाइटेड स्टेट्स' (सम्पा : हिक्स, 1935) 'द माइंड इन चेन्स' (सी० डी० लिविस, 1937) 'फोर्सिज इन अमेरिकन क्रिटिसिज्म' : बर्नार्ड स्मिथ (1939)। इनके अतिरिक्त कुछ लेखकों की पुस्तकें भी प्रकाश में आयीं—'द लिबरेशन ऑव अमेरिकन लिटॅरेचर' : वी० एफ० कालवेर्टन, (1931), 'द कमिंग स्ट्रग्ल फार पावर' : जान स्ट्रेचे० (1933) और 'द नावेल ऐंड द पीपुल' . राल्फ फाक्स (1937)।

इस तरह यह स्पष्ट होता है कि समाजशास्त्रीय आलोचक अपनी आलोचना में कृति को सामाजिक परिवेश में रखता और उसके पारस्परिक सम्बन्ध-सूत्रों पर प्रकाश डालता है। हैटी लीविन के अनुसार "साहित्य और समाज के सम्बन्ध अन्योन्य हैं। साहित्य केवल सामाजिक कारण का परिणाम नहीं है, बल्कि यह सामाजिक प्रभावों का कारण भी है।"

लेखक और जनता के बीच के सम्बन्ध की दृष्टि से भी समाजशास्त्रीय आलोचना में विचार सम्भव है। लेखक जो भी लिखता है वह समाज का अभिव्यंजन होता है। इतना ही नहीं, वह किसी-न-किसी रूप में समाज से उसके सम्बन्ध को उद्भूत कर रहा होता है। वह जो भी सोचता है वह इस बात से तय होता है कि वह एक संस्कृति में रहता है और उसी के अनुरूप वह ग्रहण करता है, प्रतिक्रिया व्यक्त करता है, प्रतिशोध-प्रतिकार लेता है, पलायन करता है। यह सब कुछ वह अपने इर्द-गिर्द बलखाती, बहती सामाजिक और बौद्धिक प्रवृत्तियों के आधार पर ही करता है। पर यहाँ ऐसा मानना भी भ्रामक होगा कि रचनाकार की कला केवल सामाजिक कारणों का ही परिणाम है। इसके विपरीत यह कहा जाना चाहिए कि साहित्य और समाज के बीच की अन्योन्य क्रिया उद्भूति और परिणाम के आड़े-तिरछे रूपों में व्यापारित होती है।

काव्य के सामाजिक प्रकार्य के सम्बन्ध में जैसा टी० एस० एलियट ने लिखा है, "कवि का सामाजिक उत्तरदायित्व अपनी राष्ट्रभाषा को सुरक्षित रखना और विकसित करना भी होता है।" यह सामान्यतः समझा जाता है कि समाज में रहने वाला मनुष्य ही कवि को विषय और आलोचक को विश्लेषणात्मक अभिगम प्रदान करता है। पर रचनाकार और उसके युग के बीच के सम्बन्ध को रेखांकित करना आसान नहीं है। वह सबसे पहले रचनाकार को काल और स्थल की सांस्कृतिक शक्तियों के बीच देखता है। जिस अनुपात तक इसकी प्रभाविता और अप्रभाविता होती है उसी अनुपात में समाज में रचनाकार के स्थान और साहित्य में उसके प्रकार्यात्मक स्थान का निर्णय किया जाता है।

किसी भी साहित्यिक कृति को एक सामाजिक दस्तावेज़ मानने के लिए आलोचक को उस क्षेत्र के विचार और ऊर्जाओं को जानने की अपेक्षा होती है। इसीलिए आलोचक को केवल शेक्सपीयर के विचार नहीं जानने पड़ते, बल्कि उस जमाने के समग्र बौद्धिक अभिप्रेरण को भी जानने की अपेक्षा पड़ती है। इससे भी आगे बढ़कर यह भी जानने की अपेक्षा होती है कि ये विचारणाएँ और शक्तियाँ किस प्रकार रचनाकार की कृति और सांस्कृतिक परिवेश में एक साथ वैयक्तिक अभिव्यंजन प्राप्त कर सकी हैं। समाजशास्त्रीय आलोचना कृति की आलोचना के अन्तर्मुख पक्ष का निषेध करती है। ऐसा शुद्ध साहित्यालोचक, जो कांट की शब्दावली में "कृति के अन्तर्गत ही सिमटा रहना चाहता है, जबकि उस कृति के सारे रूपक और अर्थ बाह्यजगत् की और उन्मुख होते हैं, केवल अर्ध जानकार होता है।"

परम्परागत साहित्यिक वैदुष्य और साहित्यालोचन से साहित्य के समाजशास्त्रीय अभिगम का अन्तर स्पष्ट करने के लिए प्राय: इस तथ्य को रेखांकित किया जाता है कि जहाँ पूर्ववर्ती अपने विषय और उद्देश्य को सौन्दर्यशास्त्रीय और अन्तः साहित्य रूप में प्रस्तुत करते हैं वहाँ परवर्ती सामाजिक निकष का व्यवहार करता है। सामाजिक निकष एक ओर सम्बद्ध सामाजिक वर्गों के दृष्टिकोण के परिगणन से जुड़ा होता है और दूसरी ओर प्रश्न के प्रति प्रासंगिक प्रवृत्ति के मूल्यांकन से सम्बद्ध होता है। नामतः साहित्यिक समाजशास्त्र के विद्यार्थी केवल शाब्दिक और प्रवृत्ति-मूलक मूल्यांकन का विश्लेषण करते हैं और इसे उद्धृत करते हैं, वे इसका दावा नहीं करते। वे प्राथमिक तौर पर यह जानने के लिए इच्छुक रहते हैं कि समाज के विभिन्न वर्ग किन-किन प्रकार के अभिगमों को प्रदर्शित करते हैं और क्यों? इस तरह साहित्य का समाजशास्त्रीय अभिगम बाहर से उस तत्त्व की परीक्षा करता है, जिसे एक प्रदत्त समाज 'साहित्य' की संज्ञा से अभिहित करता है, और जो सामान्य रूप में सबसे पहले लेखक, फिर जनता और पुनः वृत्तीय और अर्धवृत्तीय तौर पर साहियित्क वैदुष्य से जुड़े व्यक्तियों को समाविष्ट करता है। इसके साथ ही वह साहित्यिक नीतियों से सम्बन्ध रखने वालों और साहित्यिक प्रक्रिया के आर्थिक पक्ष से जुड़े लोगों को भी समाविष्ट करता है। इस तरह इस उद्देश्य के लिए वह संस्थानीकृत सामाजिक भूमिका वाले सभी लोगों को समेट लेता है। सामान्यतः इसे अस्वीकार नहीं किया जा सकता कि प्रायः आलोचक अपने मूल्य और अपनी प्रतिमान-पद्धति के द्वारा साहित्यिक जीवन में बने रहते हैं और इस मूल्य-व्यवस्था से आरम्भ करके वे साहित्य के अनिवार्य अभिलक्षणों के विकास में अपना योगदान करते हैं। साहित्यिक समाजशास्त्री के अनुसार साहित्य के इतिहास के चयन एवं मूल्यांकन-परक विचार मान्यात्मक हैं और इस पहलू से वे उस सामाजिक

तत्त्व की श्रेणी के अन्तर्गत हैं जिसका निकाय पुनरीक्षित होता रहने वाला है।

साहित्य के ग़ैर-अनुभववादी समाजशास्त्रीय अभिगम के सीमा-निर्धारण के संदर्भ में गोल्डमान और सिलबरमान के विवादास्पद मामले की परीक्षा करना बहुत ही समीचीन है, क्योंकि साहित्य के भावाश्रित अभिगम को विशेषीकृत करने वाली विचित्रताएँ उन दोनों के बीच के अन्तरों में बहुत साफ तौर पर प्रकट हुई हैं। गोल्डमान के अभिगम कथ्य-समाजशास्त्र की उच्छेदमूलक आलोचना और सिल्बरमान के अभिगम गोल्डमान के निगमनिक साहित्य-दर्शन के प्रति चिड़चिड़ेपन-भरे नकार के बतौर सामने आये। पर इस अन्तराल को ऐसा नहीं माना जा सकता है कि यह सेतुहीन है। अपने अन्तिम विश्लेषण में वस्तुतः वे दोनों ही प्रविधि के बिन्दु पर भेद स्पष्ट करते हैं। उनकी प्रतिमुखता यथातथ्यात्मकता बनाम साभिप्रायता के असमाप्य विरोध में निवास करती है। वस्तुतः दोनों ने ही सामाजिक संरचना से साहित्य-तत्त्व को एकीकृत करने के प्रयास किये। गोल्डमान ने अमूर्तन के उच्चतर स्तर पर और सिल्बरमान ने प्रविधिगत तौर पर अधिक सुरक्षित रूप में।

गोल्डमान इस पूर्वानुमान से आरम्भ करता है कि किसी कलाकृति के अनुभागों के बीच और उसके सम्पूर्ण के बीच एक ऐसी नातेदारी है, जो यथार्थ रूप में महत्त्वपूर्ण कलाकृति और उस सामाजिक वर्ग के बीच होती है, जिसका चिन्तन उस कृति में सफलता से रूपायित हुआ है। प्रश्न यह है कि कलाकृति का कौन-सा भाग सम्बद्ध सामाजिक वर्ग की चिन्तन-सरणि से जुड़ा है, वह मूलतः संरचना से जुड़ा है या कथ्य से जुड़ा है। यहीं गोल्डमान कथ्य-विश्लेषण को अंशतः सौन्दर्यशास्त्रीय और अंशतः समाजशास्त्रीय दृष्टिकोण के अनुरूप आलोचित करता है। गोल्डमान के अनुसार एक विश्वसनीय सदृशता कलाकृति की संरचना और पृष्ठभूमि में रहने वाले सामाजिक वर्ग की चेतना के बीच स्थापित की जा सकती है। गोल्डमान के अनुसार सामाजिक वर्ग की सामूहिक चेतना, जिसे उसका जगत्-दृष्टिकोण भी कहा जा सकता है, केवल कुछ प्रवृत्तियों को उद्घाटित करती है और वह निश्चयात्मक तौर पर स्वरूपित संसक्त तत्त्व नहीं है, क्योंकि इसकी सदस्यता युगपत् रूप में बहुतेरे दूसरे वर्गों के साथ जुड़ती है, जिनमें से प्रत्येक का अपना अभिविन्यास होता है। एक महान लेखक, एक प्रतिभोत्थित मनुष्य इस प्रकार का काल्पनिक संसार रच देता है, जो केवल विभिन्न प्रवृत्तियों का उद्घाटन ही नहीं करता, बल्कि उस संरचना के साथ संसक्त होता है जो संरचना सामाजिक वर्ग की ओर झुकी होती है।

लेवी स्ट्रॉस का संरचनात्मक नृतत्त्वविज्ञान ठोस सामाजिक संरचना की वास्तविक परीक्षा करता है, विशेष तौर पर रक्त-सम्बन्ध की संरचना की। पर गोल्डमान के लिए संरचना का यह खेल, संरचनाकरण और गैर-संरचनाकरण

चिन्तन का एक भाग-मात्र है। सामाजिक गतिशीलता, सामाजिक परिवर्तन और समाजशास्त्रीय शोध की विकसनशील तकनीक, जो अद्यतन समाजशास्त्रीय विश्लेषण के लिए अपरिहार्य-अनिवार्य हैं उसके बिचार के लिए छोड़ दिये गये हैं। वस्तुत: गोल्डमान व्यवस्थित कथ्य-विश्लेषण के प्रति अपना त्यागपत्र देने में असमर्थ है। सिल्बरमान के अनुसार उपन्यास के समाजशास्त्रीय अध्ययन, साहित्यिक विश्व-इतिहास में साहित्य के संरचनावादी और आनुवंशिक बिश्लेषण तथा गोल्डमान के द्वन्द्वात्मक चिन्तन से जो आविर्भूत होता है वह और कुछ न होकर तनुकृत (Diluted) लूकाच है। वह केवल वैसी विचारधारा है, जिसे गोल्डमान ने बतौर दार्शनिक विकसित किया, पर जिसे समाजशास्त्री के बतौर बेचना चाहा। सिलबरमान के दृष्टिकोण में गोल्डमान साहित्य के भावाश्रित समाजशास्त्र की उपलब्धियों के दृष्टिकोण से तथ्यों को उपेक्षित करता है। किसी भी समाज-शास्त्री को प्रविधिगत तौर पर ऐसे अप्राप्य और अप्रमाणित बयान नहीं देने चाहिए। सिलबरमान के अनुसार लुकाच का 'साहित्य का सौन्दर्यशास्त्र' 1920 में समाप्त हो गया। तब से लेकर अब तक समाजशास्त्र की प्रविधियाँ काफी परिष्कृत हो गई हैं।

साहित्य के समाजशास्त्रीय अध्ययन के विकास के सन्दर्भ में कीनेथबर्क का योगदान भी स्मरणीय है। बर्क ने 'नाट्यीकरण' को सामने रखा। 'नाट्यी-करण' का अर्थ बर्क के लिए कथा के संसार में या बौद्धिक उत्पादन में बहुतेरी दार्शनिक व्यवस्था या प्रवृत्तियों से लिया जाता है। यह वह गतिशील दृष्टिकोण है, जो स्थलीयता प्राप्त करता है। यह वह दृष्टिकोण है जो अमेरिकी समाज-शास्त्र को संघटित करने वाले संरचना-प्रकार्य-मूलक निकाय की बुनियादी सूझ के साथ ठीक उसी के जैसा प्रतीत होता है।

साहित्य के अमेरिकी समाजशास्त्रीय विश्लेषण के सामान्य कौशल की प्रवृत्तियों को तीन विचारक प्रतिनिधित्व प्रदान करते हैं। ये विचारक डीवे (Deway), कीनेथ बर्क (Keneth Berk) और डी० मेक-डोनाल्ड (D. MC. Donald) हैं। इनमें डीवे सामाजिक शिक्षण और उससे नजदीकी तौर पर जुड़े सम्प्रेषण के सामाजिक अनुकूलन में अनुभवों के अनुक्रम की कोटियों में कला की अवधारणा का सन्निवेश करता है। इस रूप में डीवे इसे आधुनिक समाजशास्त्रीय दिलचस्पी के नाभि-केन्द्र में प्रस्तुत करता है, क्योंकि यह प्राय: स्वयं को सामाजिक आदान-प्रदान के वैज्ञानिक अध्ययन के बतौर परिभाषित करता है। डीवे को समाज-तथ्यिकी के सौन्दर्यशास्त्र के दार्शनिक के बतौर माना जाता है, जिसने कला को मानवीय अनुभव के विशिष्ट रूप में परिभाषित किया और दैनिक जीवन के सामान्य अनुभवों में सौन्दर्यपरक तत्त्व को प्राप्त करने की कोशिश की।

डीवे ने अनुभव के अतिरिक्त जिस कोटि को प्रस्तुत किया वह अभिव्यंजन की कोटि है । उसने 'Art As Experience' में यह स्पष्ट किया कि आधुनिक औद्योगिक समाज की सौन्दर्यपरक समस्या तब तक अनसुलझी रह जाती है जब तक उत्पादन सामूहिक मानवीय 'इण्टरप्राइज़' नहीं बन जाता है ।

बर्क ने 'नाट्यीकरण' और 'कोटीकरण' को प्रस्तावित किया । नाट्यीकरण के अनुसार सामाजिक यथार्थ क्रिया की व्यवस्था का ऊर्ध्वाधर तन्त्रपाश है । बर्क का यह सिद्धान्त सामान्य समाजशास्त्र में 1930 में व्याख्यायित हुआ । इसने साहित्यिक कृतियों के समाजशास्त्रीय विश्लेषण की प्रविधि ढूंढ़ी, जो 1940 में सामने आयी । साहित्य के समाजशास्त्र के वैयक्तिक अध्ययन के सिलसिले में यह परिणाम भी सामने आया कि शोधार्थी साहित्य के बिम्बात्मक प्रकार्य के दृष्टिकोण से कथन के द्वारा सामने लाई जाने वाली वस्तु का मूल्यांकन-मात्र नहीं करता बल्कि इसके साथ-साथ सामाजिक नियन्त्रण के प्रभावी तत्त्व को वह तत्काल उद्घाटित करता है। बर्क ने अपनी 'A Grammar of Motives' में बीज शब्दों की एक शृंखला प्रस्तुत की । ये अवधारणाएं पाँच प्रश्नों को उत्पन्न करती हैं-- क्या किया गया, कब और कहाँ किया गया, किसने किया, कैसे किया और क्यों किया । जब बर्क इन पाँच साधारण प्रश्नों के जरिये मानवीय इतिहास के दार्शनिक निकायों को समझने की कोशिश करता है तब पहले प्रश्न के साथ यथार्थवाद को, दूसरे के साथ पदार्थवाद को, तीसरे के साथ आदर्शवाद को, चौथे के साथ व्यवहारवाद को और पाँचवें के साथ रहस्यवाद को जोड़ता है । बर्क ने गुच्छ-विश्लेषण (Cluster analysis) को भी प्रस्तावित किया, जिसे 'कोटीकरण' कहा जाता है। यह वह साधारण विचार है जो सभी लिखित प्रलेखों -- जिनमें कथा-साहित्य भी समाविष्ट है— के सभी प्रकार के सम्यक् विश्लेषण के लिए चाबी मुहैया करता है । यहाँ एक चुने गये दृष्टिकोण के मुताबिक एक प्रेमिका और उसका वह मकान जिसमें वह रहती है दोनों एक कोटि में आते हैं और इस प्रकार परवर्ती कोटि का वजन बढ़ जाता है । कीनेथ बर्क जो अपने जीवन में कुछ काल के लिए मार्क्सवादी के रूप में प्रसिद्ध हुआ सामाजिक अनुभव का संरचनात्मक विश्लेषण मुहैया करता है । वह यह कहता है कि सामाजिक यथार्थ वास्तव में प्रयत्नों, उद्यमों का मक्रिकापाश है अथवा यह वह कौशल है जो नाटयीकृत सामाजिक यथार्थ के विश्लेषण की योजना से निकला है ।

मैक-डोनाल्ड साहित्यिक तत्व के प्रति अनप्रयुक्त होने वाले संसूचन समाजशास्त्र (Communicat on Sociology) के प्राथमिक विषय के बतौर लोकप्रिय संस्कृति का बहुत साफ सिद्धान्त प्रस्तावित करता है । पर मैक-डोनाल्ड के सिद्धान्त की कमियाँ यह निर्दिष्ट करती हैं कि साहित्य के प्रति भावाश्रित समाज-

शास्त्रीय अभिगम के केवल वैसे परिणाम हमारे लिए उपयोगी हैं जो सामान्यीकरण की निचली सतहों पर रुक चुके हैं। मैंक-डोनाल्ड का समूह-संस्कृति का सिद्धान्त इसलिए महत्त्वपूर्ण है कि यह सांस्कृतिक वस्तु को स्पष्टता से विश्लेषित करने का प्रयास करता है। इस पर समूह-सम्प्रेषण-शोध और साहित्यिक समाजशास्त्र के अमरीकी प्रारूप के द्वारा आद्यन्त विचार किया गया है। मैंक-डोनाल्ड समूह-संस्कृति को एक ओर उच्च संस्कृति से और दूसरी ओर लोक-तत्त्व से अलगाता है। उस की दृष्टि में उच्च संस्कृति व्यक्ति से व्यक्ति में सम्प्रेषित होती है जबकि समूह-संस्कृति निर्वैयक्तिक समुदाय के लिए, निर्वैयक्तिक प्रस्तोता द्वारा संदिग्ध और अनिश्चित स्तर की वस्तु हस्तान्तरित करती है। लोकतत्त्व स्वयं लोक के द्वारा उत्पन्न होता है। उच्च संस्कृति सुसंस्कृत विशिष्ट वर्ग के एकीकृत दल के द्वारा उपस्थित होती है। समूह संस्कृति उन विशेषज्ञों द्वारा प्रस्तुत होती है जो सत्ताधारी विशिष्ट वर्ग के द्वारा नियुक्त होते और वेतन प्राप्त करते हैं। समूह-संस्कृति शोषण का उपकरण भी है, जो लोगों की सांस्कृतिक आवश्यकता पर आधारित है और लाभकर बृहत्तर श्रेणी के उत्पादन में नियोजित है। यहाँ उपभोक्ता की सुविधा और उत्पादन की सुविधा— समान रूप से समूह-संस्कृति के स्वैरकल्पनात्मक आयामों के लिए उत्तरदायी है।

साहित्य का समाजशास्त्रीय अभिगम साहित्य के बारम्बारी भावाश्रित समाजशास्त्रीय पड़तालों पर आधारित है। यह भावाश्रित पड़ताल साहित्यिक तत्त्व के दो पूरक प्रतिमानों में वर्गीकृत है। इनमें पहले को **स्थलाकृतिक** (Typographical) **प्रतिमान** कहते हैं, जो साहित्य-रूपी कलावस्तु की सामाजिक संरचना को प्रतिनिधित्व देता है। इसके संरचनात्मक तत्त्व रेनेवैलेक और वारेन के अनुसार लेखक, कृति और जनता हैं। दूसरा प्रतिमान एच० डी० डंकन का है, जो साहित्य की सामाजिक संरचना को— बृहत्तर तौर पर कला की सामाजिक संरचना को— समझने का प्रयत्न करता है। यह प्रयत्न एक त्रिक् में सम्पन्न होता है, जिसमें एक ओर सर्जक-कलाकार, दूसरी ओर गृहीता-जनता और तीसरी ओर इन दोनों के पीछे समाज की सांस्कृतिक मूल्य-व्यवस्था के प्रतिनिधि अभिभावक-आलोचक और नियन्त्रक होते हैं। इसीलिए डंकन इन तीनों अवयवों के आनुपातिक वजन पर आधारित— कलाकार, आलोचक और जनता के रूप में — एक प्ररूपशास्त्र निर्मित करता है।

एच० एम० फ़्यूजन (H.M. Fugen) चार आधार और एक प्रधान सम्बन्धात्मक अक्ष से जुड़ी योजना प्रस्तुत करता है, जिसे लेखक और पाठक के दो ध्रुवों में स्थिर किया जाता है। एक ओर आदर्श माध्यम के बतौर आलोचना के जरिये और दूसरी ओर भौतिक माध्यम के बतौर प्रकाशक, पुस्तकागार और पुस्तकालयों के जरिये। यहाँ लेखक, कृति, आलोचक और जनता को पृथक्

संरचना-इकाइयों में देखा गया है ।

जहाँ तक साहित्यिक तत्त्व के सामाजिक प्रकार्य से जुड़ी भावाश्रित पड़ताल का ताल्लुक है, इन प्रकार्यों को वर्गीकृत करने की सम्भावनाओं का संक्षिप्त सर्वेक्षण प्रस्तुत करने के पश्चात् इसे अमेरिकी साहित्य-समाजशास्त्री 'अलब्रेख्त' के 'व्यवस्थाकरण' के आधार पर प्रतिपादित किया जाता है, जो अपने-आप में प्रतिबिम्बन, सामाजिक नियन्त्रण और साहित्यिक प्रभाव में तीनों प्रकार्यों को समाविष्ट करने वाला एक गतिशील प्रतिमान है ।

जहाँ तक लेखक के उद्देश्य और उसके सामाजिक निर्धारण का प्रश्न है लोवेनथाल (Lowenthal) सबसे पहले लेखकों की प्रतिष्ठा और उनके आयपरक स्रोत को निर्दिष्ट करता है, फिर सामाजिक नियन्त्रण के माध्यमों के द्वारा पड़ने वाले दबाव को स्पष्ट करता है और अंत में बाजारू यान्त्रिकीकरण और तकनीकी यान्त्रिकीकरण का प्रभाव दर्शाता है ।

रोबर्ट एस० कॉपिट लेखकों का समाजशास्त्रीय अध्ययन उनकी जन-सांख्यिकीयन (डेमोग्रैफिक) विशेषताओं, उनके अवस्था-पिरामिड जैसे घिसे-पिटे (Trivial) मुद्दों से जोड़कर प्रस्तुत करता है । अपनी ऐसी पड़तालों के आधार पर वह एक पीढ़ी से दूसरी पीढ़ी में प्रतिभा के होने वाले अन्तरण का घनत्व-निर्देश करता है । इस संदर्भ में लेहमान द्वारा की गयी पड़ताल सर्वाधिक महत्त्वपूर्ण साहित्यिक कृतियों की दो सूचियों के विश्लेषण पर आधारित है, जिसने इस तथ्य का उद्‌घाटन किया है कि दिवंगत लेखकों के मामले में वे उनकी प्रारम्भिक कृतियाँ हैं, जो चालीस वर्ष से कम की अवस्था में लिखी गई थीं, पर जो जीवित हैं उनकी कृतियाँ साठ की अवस्था के बाद की हैं ।

साहित्य की समाजशास्त्रीय आलोचना जनसांख्यिकीय विशेषताओं के अतिरिक्त रचनाकार की अभिवृत्ति और अधिरचना पर भी प्रभाव डालती है । वह मूल्यों और विचारों की व्यवस्था में और प्रदत्त समाज में उनके सम्बन्धित होने की प्रणाली में अभिरुचि रखती है । इसी आधार पर W. A. Bruford अपनी महान कृति Bildong में गेटे और उसकी परिधि के सांस्कृतिक आदर्श की सामाजिक मुश्किलों की परीक्षा करता है ।

साहित्य एक सामाजिक संस्था है, जिस तरह व्यक्तियों से जुड़ी दूसरी सामाजिक संस्थाएँ होती हैं । स्पष्ट तौर पर यह व्यक्तियों के द्वारा भूमिका अदा करने वाली सामाजिक संस्था है । यही कारण है कि संकीर्णतर संस्थान-केन्द्रित-समाजशास्त्रीय अभिगम सौन्दर्यशास्त्रीय पहलू पर आधारित पहले से चले आ रहे साहित्य-अध्ययन के केन्द्रीय भाव वाले तत्त्वों को छोड़ने की अपेक्षा अधिक सुरक्षित है । यदि ऐसा माना जाता है कि सभी प्रकार के प्रतीकात्मक और ग़ैर-प्रतीकात्मक व्यापार – अपने पीछे निहित उद्देश्य-मात्र के अंश को

प्रतिबिम्बित करते हैं और उनके परिणाम आंशिक तौर पर क्रिया-व्यापार को स्वयं प्रतिबिम्बत करते हैं तो समाजशास्त्रीय मामले में क्रिया-व्यापार का परिणाम समाज के द्वारा प्रत्यालोचित होने के क्रम में ही प्रासंगिक दीखता है।

लोवेनथाल (Lowenthal) के अनुसार सर्जनात्मक साहित्य बहुस्तरीय अर्थवत्ता से भरा होता है। वह अर्थ जिसे उसका सर्जक कृति को देना चाहता है विविध स्तरों में से केवल एक अर्थ होता है। लोवेनथाल के द्वारा किया गया काम तीन शताब्दियों के नाट्य-साहित्य और कथा-साहित्य के सर्वेक्षण को साहित्य पर विचार करने वाले साहित्यिक समाजशास्त्र की शाखा के प्रति शायद सर्वाधिक महत्त्वपूर्ण देन है। लोवेनथाल के सिद्धान्त को इस रूप में निर्दिष्ट किया जा सकता है कि जब लेखक एक कहानी को तलाशता है, एक कथानक का वर्णन करता है, चरित्रों के बीच के सम्बन्ध को निरूपित करता है और निश्चित मूल्यों पर बल देता है तब वह समस्याओं और चरित्रों के निजी चयन के द्वारा कृति पर अपने व्यक्तित्व की मुहर लगाता है। अतः साहित्यिक समाजशास्त्री पाठ लेखक के काल्पनिक चरित्रों और स्थितियों को उस ऐतिहासिक परिवेश में चित्रित करता है जहाँ से वे उदित होते हैं, रूपाकार ग्रहण करते हैं।

साहित्य की समाजशास्त्रीय आलोचना साहित्य को मूल्य-तथ्य (Value-fact) मानती हुई पाठक के साथ उसके सम्बन्ध पर विचार करती है। साहित्य की सामाजिक संरचना के संदर्भ में जनता का महत्त्व वैसी स्थिति में केन्द्रीय हो उठता है जब साहित्यिक मूल्य-तथ्य की सामाजिक उत्पत्ति की स्थितियों को स्पष्ट करने की अपेक्षा होती है। मूल्य और यहाँ तक कि सौन्दर्यपरक मूल्य भी अधिमानपरक व्यवहार का क्षण है, जो बुनियादी तौर पर किसी सम्बन्ध को संकेतित करता है, नाम्ना उस तथ्य को कि कोई वस्तु अधिक अर्थ देती है, अधिक समीचीन सिद्ध होती है तथा कुछ अन्य वस्तुओं की अपेक्षा किसी व्यक्ति के लिए अधिक समीचीनता जाहिर करती है। यह 'कोई व्यक्ति', जब कभी साहित्य को अन्योन्य क्रिया के रूप में ग्रहण किया जाता है तब दूसरा दल-मात्र होता है— पाठकों का वह वर्ग जिसमें सहलेखक और आलोचक सम्मिलित होते हैं— न कि स्वयं लेखक-मात्र उसमें सम्मिलित होता है। यह विचारणा ही वह आधार मुहैया करती है जिस पर साहित्य का समाजशास्त्रीय पहलू जनता की सहायता से महान् साहित्यिक कृतियों के मूल्य-तथ्यपरक चरित्रों का विधेयात्मक अध्ययन प्रस्तुत कर पाता है, उन चरित्रों का, जो परम्परित बुर्जुवा सौन्दर्यशास्त्र के द्वारा ईर्ष्यात्मक तौर पर रक्षित हैं। मौरिस दुवेर्जर (M. Duvergur) के अनुसार किसी भी प्रदत्त सामाजिक वर्ग में सही और ग़लत की, सबसे अच्छे और बुरे की, सुन्दर और कुरूप की विभिन्न धाराएँ अस्तित्व रखती

हैं । ये अवधारणाएँ समाजशास्त्रियों की दृष्टि में विधेयात्मक तथ्य हैं, क्योंकि ये वर्ग-विशेष की दृढ़ मान्यताओं को अभिव्यक्त करती हैं और इनका पर्यवेक्षक भी यहाँ किसी प्रकार का पक्ष नहीं लेता है ।

साहित्य के अध्ययन का यह समाजशास्त्रीय पहलू उस लोकप्रिय संस्कृति और समूह के मूल्यों के प्रति पूरी तरह सत्य है जिसका यह संवहन करता है । दूसरी ओर यह उनकी सामाजिक भूमिका पर विशेष ध्यान देता है, जो अपनी कृति के बतौर साहित्य पर विचार करते हैं । यहाँ डंकन का वह मत ध्यान देने योग्य है कि साहित्य की समाजशास्त्रीय आलोचना उसकी कई प्रकार की आलोचनात्मक दृष्टियों में एक विशेष दृष्टिमात्र है । डंकन ने सर्जक-आलोचक और जनता के अन्योन्य व्यापारों के समीकरणों के अनुसार पाँच प्रकार के सम्बन्ध-प्ररूप स्पष्ट किये हैं । यह प्ररूपीकरण विभेदीकरण की माप को प्रस्तुत करता है । अत्यन्त प्राक्तन काल से आरम्भ करता हुआ डंकन प्रारम्भिक भ्रूणीय (Embryonic) स्थिति की बात करता है जब एक प्रत्यक्ष वैयक्तिक सम्पर्क सर्जक और जनता के बीच उपस्थित होता है, लेकिन जब आलोचना के प्रकार्य को अलगाया नहीं जा सकता है, उस विकसित स्तर तक जब कला अपने सामाजिक प्रकार्यों के प्रति पूरी तरह सजग रहती हुई दूसरी सामाजिक संस्थाओं की तरह समान अधिकार रखती हुई स्वयं संस्था बन जाती है और इसकी अपनी आन्तरिक प्रकार्य-व्यवस्था तीन सामाजिक प्रकार्यों के सन्तुलन में स्वाकृत होने लगती है । वस्तुतः इन दो अतिशयतावादी प्ररूपों के बीच हम उस संरचना को प्राप्त करते हैं जिसमें कला के उत्पादन पर किसी वर्ग, दल या संस्था के द्वारा आधिपत्य प्राप्त किया जाता है और इसके बीच कलाकार और आलोचक के बीच एक नजदीकी सम्बन्ध अस्तित्ववान होता है, किन्तु व्यापक तौर पर इनका जनता के साथ कोई सम्बन्ध नहीं होता जैसा कचहरी के साहित्य में देखने को मिलता है । दूसरे, हमारे सामने यह प्ररूप भी आता है जो उच्चतम तनाव से भरा रहता है, जिसमें कलाकार आलोचक और जनता दोनों के साथ निकट सम्पर्क रखता है, लेकिन परवर्ती दोनों एक-दूसरे से अलग होते हैं और एक दूसरे की सोद्देश्यता के प्रति उदासीन अथवा प्रतिक्रियाशील रहते हैं । इस प्रकार के उदाहरण के लिए परिष्कृत रुचि का आलोचक अश्लील जनता को दरकिनार करते हुए रचनाकार को प्रोत्साहित या बाध्य कर सकता है कि वह अपने सौन्दर्यपरक अथवा आदर्शमूलक स्तर को बनाए रखे । उसी समय लेखक किसी मसीहा (Prophet) या नेता की आत्मचेतनता से उत्तप्त जनता के साथ अलग गठबंधन की माँग कर सकता है । उदाहरण के लिए डंकन विक्टोरियन युग के अंग्रेजी साहित्य को संकेतित करता है । तीसरी तरह के अन्तर-माध्यमिक प्ररूप में रचनाकार और आलोचक जनता को प्रसन्न करने के लिए एक दूसरे के

प्रतिस्पर्धी के बतौर अलग-अलग दर्द झेलते हैं, जिसका भुगतान उपभोक्ता को करना पड़ता है। यहाँ आलोचक जनता को सूचना-मात्र देता है, वह अपने मूल्यांकन को सामने नहीं रखता। इसी तरह लेखक भी आलोचक के तर्कों के विपरीत जनता की प्रतिक्रिया में दिलचस्पी रखता है। ऐसी साहित्यिक संरचना मोटे तौर पर पश्चिमी-अमरीकी लोकप्रिय शृंखलाओं, पत्रिकाओं, समाचार-पत्रों, नाटक, संगीत, साहित्य और फिल्म-आलोचना को प्रतिबिम्बित करती है।

सी० मौरिस ने अपने प्ररूपीकरण को अभिवृत्ति के कई अन्तर-राष्ट्रीय तुलनात्मक विश्लेषण के क्रम में बड़ी सफलता के साथ लागू किया है। यहाँ उसने तीन प्ररूप स्पष्ट किये हैं। दिलचस्पी-भरे ये तीनों विभिन्न प्ररूप क्रिया-व्यापार की क्रमागत अवस्था (Consecutive Phase) के अनुसार अस्तित्व में आते हैं। इसकी बुनियादी स्थिति (Disposition) को चिन्तक-विश्लेषक, उत्पादक-संघटक और उपभोक्ता-प्रयोक्ता के रूप में अलगाया गया है।

साहित्य की सामाजिक संरचना के अन्तर्गत प्रायः लेखक, पाठक, आलोचक और लेखक से विश्लेषणात्मक तौर पर अलगाये जा सकने वाले और जनता के वर्ग-विशेष के साथ अपनी पहचान बनाने वाले तथा कथा-साहित्य की दुनिया को आबाद करने वाले चरित्रों को लिया जाता है। यहाँ यह प्रश्न खड़ा किया जाता है कि समाज किस उद्देश्य के लिए लेखकों और आलोचकों का समर्थन करता है? क्यों लोग पढ़ते हैं और क्यों सैकड़ों-हज़ार काल्पनिक चित्र जो नियति, पात्र, सामाजिक भूमिका और सांस्कृतिक स्थितियों को प्रतीकित करते हैं, साल-दर-साल पैदा होते चले जाते हैं। ये लेखक के मस्तिष्क से उसी तरह निकलते हैं जिस तरह Zews के मस्तिष्क से Athena। अपने रूसी क्रान्तिकारी प्रजातंत्रवादियों के साथ तेन सीधे प्रत्यक्ष होने वाली वस्तु के प्रतिबिम्बन में साहित्यिक सक्रियता के सार को परिभाषित करता है।

साहित्य के प्रतिबिम्बात्मक प्रकार्य से जुड़े सिद्धान्तों में से अमरीकी साहित्य-समाजशास्त्री एम०सी० आल्ब्रेख्ट (M.C. Albrecht) प्रतिबिम्बन की वस्तु पर ज़ोर देता हुआ तीन निकायों का अन्तर स्पष्ट करता है। इसमें पहली प्रवृत्ति हीगेलियन परम्परा को अनुसरित करने वाली प्रवृत्ति है। दूसरी प्रवृत्ति मार्क्स-वादी स्कूल की प्रवृत्ति है और तीसरी प्रवृत्ति आजकल की अमरीकी भावाश्रित प्रवृत्ति है। इनमें पहली प्रवृत्ति के अनुरूप साहित्य संस्कृति के विशेष लोकाचार etho को, सांसारिक दृष्टिकोण को, इसकी 'जीस्ट' (Geist) को प्रतिबिम्बित करता है। इस निकाय का सबसे प्रमुख विचारक सोरोकिन है। वह संस्कृति के आदर्शात्मक प्ररूप को धार्मिक कथ्यबीज (थीम) से जोड़ता है। प्रतिबिम्बन का मार्क्सवादी सिद्धान्त बृहत्तर अर्थ वाले सामाजिक अवयवों को ग्रहण करता है।

डब्ल्यू० डिल्थे (W. Dilthey) ने वृत्तिपरक कौशलों, क्षमताओं तथा अन्तर्बुद्धि पर आधारित साहित्यिक अध्ययन का एक सामान्य सिद्धान्त निर्मित किया। इसे उसने निवर्चन-शास्त्र (Hermenutics) नाम दिया है, जो जीवन की लिखित अभिव्यक्तियों के अनुमान और सम्भावनाओं का अध्ययन है।

समाजशास्त्रीय आलोचना के ऐतिह्य विकास, स्वरूप तथा सिद्धान्त से परिचित होने के साथ-साथ इस क्षेत्र में ऐसे अपेक्षित घटक-तत्त्वों को रेखांकित करने की अपेक्षा है, जिनके स्वरूप-विवेचन से इस प्रकार के अध्ययन के लिए एक प्रतिमान (Model) प्राप्त हो सके। साहित्य के समाजशास्त्रीय अध्ययन का एक ऐसा प्रतिमान 'मू० मा० प्र० स्त०' प्रतिमान है, जिसके आधार पर साहित्य की किसी भी विधा का विश्लेषण-अध्ययन किया जा सकता है।

मू० मा० प्र० स्त० प्रतिमान

इस प्रतिमान के घटक-तत्त्व निम्नलिखित हैं—

1. मूल्य (Value)
2. मानदण्ड (Norm)
3. प्रस्थिति (Status)
4. स्तरीकरण (Strata)

1. **मूल्य** (Value) :

मूल्य का अध्ययन वस्तुतः अधिमान-प्राप्त व्यवहारों का अध्ययन है। मूल्य की स्थितियाँ वे स्थितियाँ हैं, जिनमें व्यक्ति नियमित रूप में अधिमान-प्राप्त व्यवहारों को ग्रहण या आचरित करता है। वस्तुतः यह अधिमान-प्राप्त व्यवहारों की चयन-अस्वीकरण प्रक्रिया है। कहना न होगा कि मूल्य उस वस्तु या स्थिति का गुणधर्म है, जिसके प्रति हमारी अनुपातिक रुचि होती है। मौरिस ने मूल्य के पाँच निर्धारक निर्दिष्ट किये हैं :

1. प्राणिवैज्ञानिक निर्धारक (Biological Determiner)
2. मनोवैज्ञानिक निर्धारक (Psychological Determiner)
3. सामाजिक निर्धारक (Social Determiner)
4. परिवेश-वैज्ञानिक निर्धारक (Ecological Determiner)

और 5. कालिक निर्धारक (Temporal Determiner)

जो मनुष्य किसी एक वस्तु, पदार्थ या एकक पर दूसरी वस्तु, पदार्थ या एकक को अधिमानता प्रदान करता है वह—

1. एक निश्चित शारीरिक गठन का—(प्राणिवैज्ञानिक)
2. एक निश्चित चित्त-प्रकृति और चरित्र का—(मनोवैज्ञानिक)

3. समस्याओं और परम्पराओं से युक्त एक निश्चित समाज का—(सामाजिक)

4. एक निश्चित परिवेश में (परिवेशवैज्ञानिक)

और 5. एक निश्चित काल का व्यक्ति होता है।—(कालिक)

मूल्य के ये पाँचो निर्धारक निश्चित मूल्य को भिन्न-भिन्न अनुपात में प्रभावित करते हैं, जिसका मापक्रम शून्य से सौ तक हो सकता है। इनमें पारस्परिक अन्तरावलम्बन होता है, अनुस्यूति होती है, जिससे एक प्रभाव-क्षेत्र (Domain) में आया परिवर्तन दूसरे प्रभाव-क्षेत्र (Domain) में भी मूल्य के परिवर्तन को प्रभावित करता है।

कोई व्यक्ति यदि स्थान (Place) बदलता है और उसकी स्थिति-प्रतिष्ठा (Status) भी बदल जाती है, तो उसकी मानसिक चिन्तन-पद्धति और शारीरिक कर्म-शक्ति में भी परिवर्तन आता है। इस प्रकार चयन और अस्वीकरण (Selection-Rejection) के द्वारा वह मूल्यों को भी प्रभावित करता है।

मूल्य के तीन प्रकार माने गये हैं :

1. क्रियात्मक मूल्य (Operative Value) 2. आकल्पित मूल्य (Conceived Value) और 3. वस्तुपरक मूल्य (Objective Value)।

1 **क्रियात्मक मूल्य** : किसी व्यक्ति के विभिन्न स्थितियों में अधिमान-प्राप्त व्यवहारों में क्रियात्मक मूल्य प्राप्त होता है। इसमें वास्तविक क्रियात्मकता की ओर निर्देश और उसका रेखांकन होता है।

2. **आकल्पित मूल्य** : यह मूल्य ऐसे विधेयात्मक या निषेधात्मक अधिमान-प्राप्त व्यवहार को निर्दिष्ट करता है, जो किसी संकेतित वस्तु से समर्थित होता है। ऐसा मूल्य एक प्रकार का आदर्शलोक (**यूटोपिया**) होता है।

शराब पीकर भी शराब नहीं पाने की बात कहना अथवा झूठ बोलकर भी झूठ नहीं बोलने का कथन करना इसके उदाहरण हैं। नशीली दवाओं के व्यसनी का यह कहना कि नशीली दवाओं का व्यसनी नहीं होना चाहिए आकल्पित मूल्य का ही दृष्टांत है। आकल्पित मूल्य को क्रियात्मक मूल्य के उत्स के रूप में भी सक्रिय देखा जाता है।

3. **वस्तुनिष्ठ मूल्य** : अनुपातिक तौर पर वस्तु का स्वीकृत वह गुणधर्म, जो अपनी क्षमता में अधिमान्य व्यवहार को और प्रबलीकृत करता है वस्तुनिष्ठ मूल्य कहलाता है। वस्तुनिष्ठ मूल्य का सम्बन्ध उसके साथ है, जो अधिमान्य है, उसके साथ नहीं, जो अधिमानित अथवा आकल्पित है। पीलिया के रोगी का दूध से परहेज रखना अथवा मधुमेह के रोगी का चीनी, चावल और आलू से परहेज रखना अथवा श्वेत दाग (Vitilgo) के रोगियों का खट्टी चीजों से परहेज रखना वस्तुनिष्ठ मूल्य के दृष्टांत हैं।

उपर्युक्त तीनों मूल्यों में क्रियात्मक मूल्य अधिमानित मूल्य (As prefered) के रूप में प्रस्तुत होता है। आकल्पित मूल्य अधिमान्य मूल्य की अवधारणा (As a conception of preferable) के बतौर उपस्थित होता है और वस्तुनिष्ठ मूल्य अधिमान्य रूप (As preferable) में सामने आता है।

मूल्य के आयाम : मौरिस ने मूल्य के तीन प्राथमिक आयामों का उल्लेख किया है। ये आयाम क्रमशः (1) निर्भरता या संग्राहकता (Dependence or receptivity) (2) प्रभुत्वपरकता (Domination) और (3) निर्लिप्तता या अनासक्ति (Detachment) हैं।

मौरिस के अनुसार ये तीनों ही आयाम मूलभूत मानवीय आवश्यकताओं को प्रतिनिधित्व देते हैं। मौरिस निर्भरता, प्रभुत्वपरकता और निर्लिप्तता को जीवन-संघर्ष (Striving) का अटल प्रकार मानता है।

1. **निर्भरता या संग्राहकता** : निर्भरता या संग्राहकता का गुण-धर्म वहुतेरे रूपों में सामने आता है। इनमें एक रूप व्यक्ति अथवा वस्तु के निर्भर-योग्य वातावरण में व्यक्ति की निर्भरता का है। इसके अन्तर्गत प्राप्य अभीष्ट भोजन से लेकर हितू या मित्र लोग, आरामदेह जीवन-स्तर और संप्रेषित समारोह तक का अन्तर्भावन हो जाता है। मूल्य की संग्राहकता का यह आयाम संसार के साथ सरल अनुवृत्ति (Compliance) की आवश्यकता और संसार के लिए शरीर के साथ अधिक श्रम और सक्रियता के बिना सरल अनुपालना को अपरिहार्य तौर पर रेखांकित करता है।

2. **प्रभुत्वपरकता** : प्रभुत्वपरकता का गुणधर्म किसी भी स्थिति में प्रभावी होने की ज़रूरत के रूप में सामने आता है। पर इस प्रभुत्वपरकता में निरंकुशता (Domineering) का होना आवश्यक नहीं है। ऐसा व्यक्ति, जिसके मूल्य का प्रबल आयाम प्रभुत्वपरकता (Effications) है वह किसी प्रति-निर्भर संसार में रहना नहीं चाहकर नियंत्रण-योग्य संसार में रहना चाहता है। यह संसार ऐसा होता है, जिसमें हर प्रयत्न प्रभावोत्पादक (Efficacious) होता है। यहाँ व्यक्ति परिवर्तन तो शुरू करता है, पर उसे एक इच्छित, अभीष्ट अन्तिम परिणाम तक ले जाता है। ऐसे व्यक्तियों में व्यक्तियों और वस्तुओं पर सदैव अधिकार बनाये रखने की स्पर्द्धा और उन्हें पराभूत करने की उत्तेजना होती है।

3. **निर्लिप्तता** : निर्लिप्तता का मूल्यपरक आयाम अतिशय बाहरी उद्दीपन से ऐसे व्यक्ति को दूर ले जाता है, साथ ही उसे उद्यमी संसार से भी दूर कर देता है। अधिमान-योग्य व्यवहार से प्रमुख तौर पर अलग किया हुआ व्यक्ति न तो आराम चाहता है, न ही अधिकार, न ही संसार में आवेष्ठन (इन्वाल्वमेंट)। इसके विपरीत वह आन्तरिकता की ओर अभिमुख होता है।

ऐसा व्यक्ति 'आत्म' की आवाज़ सुनता है, 'आत्म' की रक्षा करता है, और ऊँची चेतना के साथ जीवन जीता है।

इस प्रकार 1. निर्भरता का आयाम हमारे सामने अवलम्बपरक/आश्रयपरक संसार को प्रत्यक्ष करता है,

2. प्रभुत्वपरकता का आयाम हमारे सामने परिचालित होने वाले संसार को,

और 3. निर्लिप्तता का आयाम हमारे सामने अतिसंवेदनशील संसार को, जिसमें अतिरिक्त उत्तेजन से परहेज़ किया जाता है।

मौरिस के अनुसार इनमें से प्रत्येक प्राथमिक मूल्यपरक आयाम दो रूपों में प्रकट होता है—1. वैयक्तिक और 2. सामाजिक।

इन दो आधारों पर मूल्यपरक आयामों के स्वरूप में अन्तर को परिलक्षित किया जा सकता है। मौरिस के अनुसार "Detachment may be detachment from a social group or may be pruvarity restrained and self-controlled within a social group. Dominance for the individual may be the climbing of a mountain or for a social group may be the control of its environment or other social groups. Dependence (or receptivity) for the individual may be enjoyment of his impulses in the immediate environment, while with respect to social action it may be dependence upon other persons in a social group."

2. मानदण्ड (Norms) :

मानदंड विशिष्ट होते हैं। यह व्यवहार का विशिष्ट तरीका है। एक मूल्य-विशेष के पालन के लिए अनेक सामाजिक मानदंड सम्भव हैं। उदाहरण के लिए बड़ों को आदर देना एक मूल्य है, पर इसके कई मानदंड हैं। इस रूप में मानदंड साधन होते हैं जबकि मूल्य सामान्य होते हैं। उसे व्यवहार का सामान्य तरीका माना जाता है अथवा दैनिक जीवन में व्यवहार को नियंत्रित करने के सामान्य सिद्धान्त के बतौर लिया जाता है। यह मानवीय व्यवहार का तथ्य-निरूपण है, साथ ही उद्देश्य, आदर्श और सही-ग़लत का विवेचन भी है। इसीलिए मूल्य को साध्य माना जाता है।

सामाजिक मानदंड (Social Norm) वे नियम या प्रतिमान हैं, जो मानव-व्यवहार को नियंत्रित करते हैं, व्यवस्था में सहयोग देते हैं तथा किसी विशेष स्थिति में व्यवहार की भविष्य-गति को सम्भव बनाते हैं।

डेविस (Davis) ने सामाजिक मानदंड की दो व्यवस्थाओं का उल्लेख

किया है :—

1. आदर्शमूलक व्यवस्था (Normative order, Ought to be) और

2. यथार्थ व्यवस्था (Factor order, What is in nonconforments) यह सामाजिक मानदंडों के अनुरूप (In conformity with social norms) एवं सामाजिक मानदंडों के प्रति-कूल— दोनों रूपों में सामने आते हैं। दुर्खीम के अनुरूप यह अप्रतिमानता (A nomie at) की स्थिति होती है, जो रुग्ण समाज (Sick-Society) को जन्म देती है।

बीयरस्टेड ने सामाजिक मानदंड को एक प्रमाणित कार्यप्रणाली का रूप माना है। उसके अनुसार यह समाज-स्वीकृत तरीका है और इसके कई प्रकार हैं :

1. जनरीतियाँ	→	अनौपचारिक मानदंड।
2. रूढ़ियाँ	→	विपथगामी व्यवहार-मापदंड जो समाज-द्वारा निर्धारित होता है।
3. कानून	→	औपचारिक मापदंड।

सामाजिक मानदंड को सामान्य बनाम विशिष्ट, बैठने बनाम खड़े होने, विधेयात्मक बनाम निषेधात्मक रूप में वर्गीकृत किया गया है। अधिकारी के आने पर अधिकृत का खड़ा होना जहाँ सामान्य सामाजिक मानदंड का उदाहरण है वहाँ हिन्दू पत्नी द्वारा अपने पति का नाम नहीं लेना विशिष्ट सामाजिक मान-दंड का उदाहरण है।

नार्मन स्टोरर (Norman Storer) ने भी इसके वर्गीकरण के अनेक प्रकार निर्दिष्ट किये हैं। उसने इन्हें सबसे पहले सामान्य बनाम विशिष्ट के रूप में निर्दिष्ट किया है। अपरिचितों के प्रति शालीनता बरतना जहाँ सामान्य मानदंड का उदाहरण है वहीं छात्रों के लिए परीक्षा में पुस्तकों का निषेध, पर कार्यालयीन परीक्षाओं के लिए उसकी अनुमति विशिष्ट मानदंड का उदाहरण है। इसी तरह मानदंड परिचित बनाम अपरिचित के रूप में भी वर्गीकृत होते हैं। खाने के पूर्व हाथ धोना परिचित मानदंड का दृष्टांत है, पर राष्ट्रपति के भाषण के बाद राष्ट्रगीत की धुन का बजना अपरिचित मानदंड है। मानदंड को महत्त्वपूर्ण बनाम महत्त्वहीन मानदंड के रूप में भी वर्गीकृत किया जाता है। मनुष्य की हत्या का निषेध जहाँ महत्त्वपूर्ण मानदंड का उदाहरण है, वहीं 'लेडीज़ फ़र्स्ट' का ख्याल रखना उसकी अपेक्षा महत्त्वहीन मानदंड का उदाहरण है। इसके अतिरिक्त नार्मन स्टोरर ने मानदंड के निम्नलिलित प्रकारों पर भी प्रकाश डाला है :

1. निर्धारित मानदंड 2. अधिमान्य मानदंड 3. स्वीकृत मानदंड औ

4. निषेधात्मक मानदंड। किसी माँ के द्वारा बीमार बच्चे की देखभाल करने में निर्धारित मानदंड, माँ के द्वारा बच्चे को साफ रखने, उसे अच्छे-अच्छे वस्त्र पहनाने में अधिमान्य मानदंड, रात का अन्तिम शो देखकर घर लौटने में अनुमत मानदंड तथा प्रत्येक स्थान पर थूकने और पेशाब करने का निषेध करने में निषेधात्मक मानदंड के दर्शन होते हैं।

उपर्युक्त प्रकारों के साथ ही नार्मन स्टोरर ने अनुशस्ति के आधार (Baiis of sanctioo) पर भी मानदंड के दो प्रकारों का निर्देश किया है :

1. निर्बल (Weak Norms) मानदंड और 2. सुदृढ़ (Storng Norms) मानदंड। प्रायः जनरीतियों के कुछ मानदंड ऐसे हैं, जिनके उल्लंघन पर थोड़ा-बहुत दंड दिया जाता है अथवा कोई दंड-विधान नहीं होता है। ऐसे मानदंड निर्बल मानदंड होते हैं। पर इनकी अपेक्षा रूढ़ियों (Mores) के उल्लंघन पर कड़ा दंड विधान देने का प्रावधान है। आज से पचास वर्ष पूर्व विदेश-गमन के लिए हिन्दू धर्म एवं जाति में धर्म एवं जाति से निष्कासन का दंड दिया जाता था। दंड-व्यवस्था सुदृढ़ मानदंड का उदाहरण है।

डेविस ने व्यवस्था के अतिरिक्त मानदंड के निम्नलिखित प्रकारों को भी निर्दिष्ट-निरूपित किया है :

1. जनरीतियाँ (Folkways)
2. रूढ़ियाँ (Noves)
3. कानून (Law)
   (अ) प्रथागत कानून (Customary Law)
   (ब) पारित कानून (Enacted Law)
4. संस्थाएँ (Institutions)
5. प्रथा, नैतिकता और धर्म (Customs, Morality & Religion)
6. परिपाटी और शिष्टाचार (Convention & Ettiquette)
7. फैशन और धुन (Fashion & Fad)

यद्यपि इन प्रकारों में (Overlapping) की गुंजायश विद्यमान है, फिर भी इनके विश्लेषणात्मक स्वरूप के कारण इनका महत्त्व है।

1. जन-रीतियाँ (Folkways) : जनरीतियाँ समाज में आचरण करने की मान्यता-प्राप्त और स्वीकृत पद्धतियाँ हैं। इसके अन्तर्गत अभिवादन करने, भूलसुधार के लिए 'Sorry' कहने, खेद-प्रकाश करने, सहायता के लिए 'धन्यवाद', खांसी या छींक आ जाने पर 'Excuse me' कहने या छींक आने पर 'शतंजीवा दीर्घजीवी भव' कहने को देखा जा सकता है।

दायें हाथ से लिखने, दायें से खाने, बायें से शौच साफ करने का पीढ़ी-दर-पीढ़ी चलन भी जनरीतियों के अन्तर्गत आता है।

समनर के शब्दों में इसमें परिवर्तन कम ही होता है, फिर भी सुधार के लिए संघर्ष देखने को मिल सकते हैं।

2. **रूढ़ियां** (Noves) : रूढ़ियाँ अनौपचारिक, सामाजिक मानदंड होती हैं। वास्तव में जनरीतियों से ही रूढ़ियों का निर्माण होता है। जब भी कोई जनरीति समूह के द्वारा अधिक व्यवहार्य होने पर आवश्यक समझ ली जाती है तब वह रूढ़ि का रूप ले लेती है।

समनर ने रूढ़ियों के दो प्रकार निर्दिष्ट किये हैं— (1) विधेयात्मक या सकारात्मक; उदाहरण : माता-पिता का आदर करना और (2) निषेधात्मक, उदाहरण : चोरी, वेश्यागामिता और जुआ का निषेध। रूढ़ियों में नैतिकता परक दृष्टि होती है। इनका पालन अपेक्षित होता है। हमारे व्यवहार को संचालित करने में इनकी महत्वपूर्ण भूमिका होती है। रूढ़ियाँ गति-हीन होती हैं। इनमें निरन्तरता होती है, आवर्तन होता है। व्यवहार में कानून से कहीं अधिक इसका प्रभाव देखने को मिलता है। रूढ़ियाँ धार्मिक कर्त्तव्य के बतौर भी आचरित होती हैं। मिस्र के राजघराने में भाई-बहन का विवाह-सम्बन्ध वैध माना जाता है। इसी तरह सती या जौहर को राजस्थान में मान्यता प्राप्त थी। विवाह-सम्बन्ध के पूर्व भावी वर और वधू की जन्म-कुंडली मिलाना भी हिन्दू धर्म की रूढ़ि है।

3. **कानून** (Law) : इसके पहले प्रकार 'प्रथागत कानून' के अन्तर्गत विधान-सभा, पुलिस की व्यवस्था, बुजुर्गों की समिति आदि आतीहै। इसमें हत्या, व्यभिचार, निकटभिगमन पर विचार करने और दंड देने का प्रावधान होता है। कहीं-कहीं दंड-स्वरूप आमरण पीटने की व्यवस्था भी मिलती है। इसका दूसरा प्रकार 'पारित कानून' का है। इसमें रूढ़ियों के निषेध के आधार पर कानून का निर्माण किया जाता है। विधान-सभा, संसद आदि में रूढ़ि-विरोधी कानून का, दहेज-विरोधी और बाल-विवाह-विरोधी कानून का पारित होना इसके उदाहरण हैं। इस प्रकार पारित कानून सामाजिक परिवर्तन के लिए साधन की भूमिका में उपस्थित होते हैं। कहना न होगा कि ऐसे पारित कानूनों का अत्यंतिक महत्त्व होता है।

4. **संस्थाएं** (Institutions) : सामाजिक संस्थाओं को समाज की मूल-भूत आवश्यकताओं व कानून-कायदों को व्यवहार में लाने का साधन माना जाता है। उदाहरण के लिए बच्चों का पालन-पोषण व उनका प्रशिक्षण करना, शत्रुओं व प्राकृतिक विपदाओं से रक्षा करना, भोजन, बस्त्र व आश्रय की व्यवस्था करना इनका कर्त्तव्य होता है। **संस्थाओं का निर्माण स्थायी आदतों, दृष्टिकोणों और भौतिक तत्त्वों से होता है।**

निम्नलिखित सारणी से प्रमुख संस्था-प्रकारों के प्रकार्य, भूमिका, भौतिक

	प्रकार्य	प्रमुख भूमिका	भौतिक तत्व	प्रतीकात्मकता
1. पारिवारिक संस्था	पांच बच्चों का का पालन-पोषण	पिता-माता/बच्चे	गृह-समता	अंगूठी, विवाह।
2. आर्थिक संस्था	भोजन, वस्त्र और आश्रय प्रदान करना	रोजगार देने वाला अधिकारी उपभोक्ता-उत्पादक	कारखाना, कार्यालय,	योग्यतानुसार पुरस्कार—परिचय-चिह्न, व्यापार-चिह्न आदि।
3. राजनीतिक संस्था	कानूनों, नियमों और प्रतिमानों को लागू करना	शासक को मानने वाले (आम नागरिक/जनता)	सार्वजनिक भवन, सार्वजनिक कार्य	झंडा, संहिता, विधान।
4. धार्मिक संस्था	सहकारिता, श्रद्धा, दानशक्ति जैसे सद्‌गुणों का विकास	गुरु-परम्परा—अमृत छकना	गुरुद्वारा	आदिग्रंथ, स्वर्ण मन्दिर, पंच ककार

तत्त्व और उनकी प्रतीकात्मकता का पता चलता है :

5. **प्रथाएँ, नैतिकता और धर्म** : प्रथाओं में विभिन्नता विभिन्न संस्थाओं से प्रसूत होती हैं। परिवार की प्रथाएँ अपनी विशिष्ट छाप लिये होती हैं, तो विवाह की प्रथाएँ अलग होती हैं। इसी तरह धार्मिक प्रथाएँ और सामाजिक त्योहारों की प्रथाएँ अलग-अलग होती हैं।

प्रथाएँ वस्तुतः सांस्कृतिक धरोहर होती हैं जो पीढ़ी-दर-पीढ़ी स्वीकृत रूप में व्यापारित होती हैं। इनके लिए तर्कसंगत होना जरूरी नहीं है। ये वस्तुतः जनरीतियों और रूढ़ियों का वह स्वरूप हैं, जिन्हें समाज व्यावहारिकता और अनुभव के आधार पर स्वीकार कर लेता है।

नैतिकता उचित और अनुचित के ज्ञान का नाम है। इसके मूल में चरित्र-निर्माण की महत्ता निहित होती है। साथ ही इसमें न्याय, पवित्रता और औचित्य की दृढ़ता होती है। इसका आधार जीवन-मूल्य होता है, फलतः इसमें तार्किकता निहित रहती है। इसमें जनरीतियों और रूढ़ियों की अपेक्षा स्थायिता होती है। प्रत्येक समूह-विशिष्ट की नैतिकता अलग-अलग होती है। डाक्टरों की नैतिकता और वकीलों, प्राध्यापकों की नैतिकता में अन्तर होता है।

इसी प्रकार धर्म की अपनी-अपनी अलग भूमिका होती है।

6. **परिपाटी और शिष्टाचार** : ये उस तरह की विशिष्ट जनरीतियाँ हैं, जो अधिक दृढ़ नहीं मानी जाती हैं। अमेरिका और भारत की परिपाटी और शिष्टाचार—दोनों भिन्न-भिन्न हैं।

परिपाटी को कानून की तरह प्रभावी माना जाता है। परिपाटी के अन्तर्गत अध्यक्ष द्वारा व्यवस्था देने का प्रावधान होता है।

शिष्टाचार प्रस्थिति-निर्धारण और कर्म-निर्धारण के सम्बन्ध पर आधारित होता है। वस्तुतः इसे उचित व्यवहार के प्रतिमान और वांछित व्यवहार की एकरूपता के रूप में ग्रहण किया जाता है।

7. **फैशन और** धुन : फैशन को सामाजिक व्यवहार के मापदंडों का स्वरूप माना जाता है। धुन भी व्यवहार की सीमा के अन्तर्गत ही है।

3. प्रस्थिति (Status) :

सामाजिक प्रस्थिति के तीन तत्त्व बताये गये हैं : (1) कर्ता (Actor), (2) उद्देश्य (Purpose) और (3) मानदंड (Norms)।

1. किसी विशेष व्यवस्था (Sytem) में कोई भी व्यक्ति जिस किसी निर्दिष्ट समय में जो भी स्थान प्राप्त करता है उस व्यवस्था के अनुसार वही उसकी प्रस्थिति है। इसके अनुरूप क्लास रूम में जो विद्यार्थी है, अपनी सामाजिक स्थिति के अनुरूप कॉमन रूम में वही मित्र है तथा परिवार में वही पुत्र/

भाई है। उसकी प्रस्थिति में परिवर्तन हो जाता है।

वस्तुतः प्रस्थिति किसी भी सामान्य संस्थात्मक व्यवस्था में किसी पद की सूचिका है, ऐसा पद जो समाज द्वारा स्वीकृत है और जिसका निर्माण स्वतः ही हुआ है। पर प्रस्थिति स्वतंत्र नहीं होकर सापेक्षिक होती है। अतः एक व्यक्ति की अनेक प्रस्थितियाँ सम्भव हैं। प्रस्थिति और पदानुषंग में अन्तर है। किसी व्यक्ति का प्राध्यापक होना प्रस्थिति है। पर गु० ना० दे० वि० के हिन्दी-विभाग की प्राध्यापिका या प्राध्यापक होना उसका पदानुषंग है। इसके अतिरिक्त किसी भी व्यक्ति की सभी प्रस्थितियों को मिलाकर जो एक सामान्य प्रस्थिति उपस्थित होती है, उसी की अभिव्यक्ति को 'स्तृति' कहते हैं। उदाहरण के लिए—प्राध्यापक होने, ज़मींदार होने और सामाजिक कार्यकर्ता होने का कुल योग स्तृति कहलाएगा। इस प्रकार एक ही 'स्टेशन' के सदस्य एक स्तृति का निर्माण करते हैं।

प्रस्थितियाँ विशिष्ट और सामान्य होती हैं। विशिष्ट प्रस्थितियाँ पुनः अनौपचारिक और औपचारिक रूप में वर्गीकृत होती है। इन विभिन्न प्रस्थितियों के योग से बनी पूर्ण प्रस्थिति ही स्तृति (स्टेशन) है।

प्रस्थिति प्रदत्त और अर्जित दो प्रकार की होती है। एक राजा के बेटे की प्रस्थिति प्रदत्त है, जबकि एक समकालीन मंत्री की प्रस्थिति अर्जित है। प्रस्थिति में **भूमिका** (role) को उसका गत्यात्मक पक्ष माना जाता है। समाजशास्त्री **प्रस्थिति प्रतिमान** तथा **प्रस्थिति शृंखला** की कल्पना करते हैं। प्रस्थिति-प्रतिमान पड़ी रेखा(—) के रूप में सामने आता है, जबकि प्रस्थिति-शृंखला खड़ी रेखा (।) के रूप में प्रस्तुत होती है।

4. **स्तरीकरण** (Strata) :

समाजशास्त्रियों ने सामाजिक स्तरीकरण के चार आधार माने हैं—

1. प्रकार्य
2. संस्कृति
3. रुचि
4. क्रम-विन्यास।

और

उदाहरण के लिए किसी का डाक्टर या इंजीनियर होना प्रकार्य है, तो उसका पंजाबी या बंगाली होना इसकी संस्कृति है। इसी प्रकार प्रत्येक की अपनी-अपनी रुचि है, तो मिल-मालिक और मिलवर्कर का अपना-अपना क्रम-विन्यास है। यहाँ एक-सी प्रस्थिति के लोग समाज के एक स्तर की सदस्यता प्राप्त करते हैं। सामाजिक स्तरीकरण के विभिन्न रूपों में : 1. जाति-व्यवस्था,

2. दास-प्रथा, 3. वर्ग-व्यवस्था और 4. जागीर जैसे तत्त्व भी द्रष्टव्य हैं। सामाजिक स्तरीकरण में इनकी गतिशीलता भी विचार्य होती है।

इस प्रकार मूल्य, मानदंड, प्रस्थिति और स्तरीकरण जैसे चार घटक-तत्त्वों से स्वरूपित यह समाजशास्त्रीय प्रतिमान किसी भी साहित्य-कृति का समाजशास्त्रीय विश्लेषण-विवेचन करने में समर्थ है। वस्तुतः समाजशास्त्रीय आलोचना कृति को केवल बाहरी तौर पर एक सामाजिक दस्तावेज के बतौर ही उपस्थित नहीं करती, जिसमें ऐतिहासिक-सामाजिक प्रतिबिम्बन की तलाश की प्रक्रिया और नातेदारी निहित हो, बल्कि यह साहित्य-कृति में निहित मूल्यों के स्वरूप को भी स्पष्ट करती है। इसी से कृति में निहित 'अर्थ का मर्म' उजागर हो पाता है और समाजशास्त्रीय आलोचना सार्थकता प्राप्त कर पाती है।

□ साहित्येतिहास बनाम ऐतिहासिक आलोचना

साहित्येतिहास बनाम ऐतिहासिक आलोचना के लेखकों के लिए पहला स्थापित और स्थिर सत्य यह है कि साहित्य के रचना-काल और रचना-परिप्रेक्ष्य का साहित्य से गहरा लगाव हुआ करता है। इसलिए साहित्येतिहास-लेखन की समस्या कृति में न्यस्त विचारों की पहचान-मात्र की न होकर, प्रक्रिया-रूप इतिहास के बृहत्तर सन्दर्भ में उसकी जगह निर्धारित करने की होती है। निस्सन्देह साहित्येतिहास का विद्यार्थी साहित्य की समझदारी की नानाविध समस्याओं से अपने को काट सकने में कभी समर्थ नहीं हो सकता। साहित्येतिहास की कुछ निजी माँग होती है, जिनमें प्राथमिक तौर पर किसी कृति के बारे में 'कब', 'कहाँ', 'कैसे' और 'क्यों जैसे चार प्रश्नों की जानकारी की अपेक्षा की जाती है। कहना न होगा कि ये सभी इतिहास के सामान्य शीर्षक में सम्मिलित हैं। इसीलिए साहित्येतिहास-लेखक का प्रधान पाठ कृतियों को समय-क्रम के हिसाब से व्यवस्थित भर कर देना नहीं है, बल्कि अन्य उभर रहे प्रश्नों का उत्तर ढूंढ़ना भी है।

केवल समयानुक्रम तिथि-मात्र के निष्फल व्यापार को संकेतित करता है। इससे इतिहास की निजी संदृष्टि के प्रति न्याय नहीं हो पाता है। इसलिए जरूरी यह है कि साहित्य के इतिहास को एक प्रवहमान प्रक्रिया, एक सावयव विकासात्मक वस्तु, चिन्तन के अभ्यासरूप कालक्रम तथा साहित्यिक कृति और उसके रचना-स्थल, रचना-काल, रचयिता और रचना-शैली के बीच समंजसता स्थापित करने वाले अभ्यास के बतौर देखा जाए। साहित्पेतिहास महत्त्वपूर्ण रूप में उसकी खोज करता है, जिसे लेखक ने अपने समय और अपने अतीत से प्राप्त किया है तथा जिसे उसने अपने बाद के समय को दिया है। तभी वह किसी कविता की रचना के पीछे निहित ऐतिहासिक घटना को रेखांकित करता है, ऐतिहासिक परिप्रेक्ष्य में उसे महत्त्वपूर्ण रूप में देखता है और मानता है कि ऐसा सम्बन्ध ऐतिहासिक पूर्वापरता या सिलसिला को अर्थवत्ता प्रदान करता है।

रॉबर्ट ई० स्पिलर के शब्दों में, "क्या एक सम्पन्न हो चुकी कलाकृति में एक अन्तिम वस्तुनिष्ठ यथार्थता भर होती है, वह भी इससे अलग कि किसने उसकी रचना की, किस संस्कृति ने अनुभव-सामग्री प्रदान की, किस जनता ने उसका आग्रहण किया, उसे पढ़ा और किस दूसरी संस्कृति, दूसरे स्थान तथा दूसरे समय से वह कृति जुड़ी हुई है।" स्पिलर इस पर बल देता है कि यहाँ स्थिर सम्बन्ध भ्रामक और ग़लत है, किसी भी कृति के ऐतिहासिक घटना के रूप में समय, स्थान और व्यक्ति से ज़रूरी तौर पर लगाव और रिश्ते होने चाहिए।

साहित्य के इतिहास का काम साहित्य को उसके रचना-काल, रचना-स्थल राष्ट्र-विशेष, उसकी परम्परा और संस्कृति से सम्बद्ध करना और इसके साथ-साथ इससे उत्पन्न सभी पेचीदे भीतरी सम्बन्धों को परस्पर अन्तर्ग्रथित करना है। इसी से किसी कृति को बुनियादी रूप में ऐतिहासिकता प्राप्त हो पाती है। ऐसे में किसी कृति को उसके ऐतिहासिक सन्दर्भ से अलगाना या काटना एक रूप में उसके सौन्दर्यपरक घटकों से ही उसको विलगाना है। लायनल ट्रिलिङ् साहित्य के इस घटक को उसकी 'अतीतता' कहता है। यह अतीतता या ऐतिहासिकता, उसके अनुसार, कृति के प्रदत्त (गिवॅन) का ही हिस्सा है, जिसमें हम कुछ जोड़ नहीं सकते, बल्कि उसके प्रति प्रतिक्रिया व्यक्त कर सकते हैं। इस अतीतता से अवगत रहने के कारण ही हम साहित्यिक कृति को 'जीवन्त' और 'वर्तमान' रूप में अनुभव कर सकते हैं। ट्रिलिङ् के अनुसार यदि हम शेक्सपियर को साहित्यिक रूप में समकालीन मानने की कोशिश करें तो हम उसे विरूप और निरर्थक कर डालेंगे। इस प्रकार हम अपना ऐतिहासिक संवेदन खो देंगे। ट्रिलिङ् मानता है कि अतीतता की समझ से ही हम कला का जीवन्त और वर्तमान अनुभव कर पाते हैं। यह कथन एलियट की इस उक्ति से मिलता-जुलता है कि ऐतिहासिक बोध न केवल अतीत की अतीतता का प्रत्यक्ष कराता है, बल्कि इसके वर्तमान को भी आवेष्टित करता है। ऐतिहासिक बोध बाध्य करता है कि मनुष्य अपनी पीढ़ी के विषय में ही नहीं लिखे। एलियट यह भी मानते हैं कि होमर से लेकर बाद तक यूरोप का सारा साहित्य और उसके अन्तर्गत उसके देश का सारा साहित्य एक प्रकार का समकालिक अस्तित्व रखता है और समकालिक क्रम की रचना करता है। एलियट की समकालिकता की यह सैद्धांतिकी एक तरह से साहित्य के इतिहास की प्राथमिकता और महत्ता की अस्वीकृति है। तभी हॉवर्ड ममफोर्ड ने एलियट की इस स्थापना को आलोचना और इतिहास के लिए न केवल दोषपूर्ण कहा है, बल्कि अनर्थकारी भी बताया है। ममफोर्ड के अनुसार ऐसा सिद्धान्त अतीत-विषयक नितान्त वैयक्तिक, उटपटांग और सनकी विचार को बढ़ावा देने वाला है। यह एक ऐसे अतीत का रेखांकन है, जो समसामयिक

परिस्थितियों द्वारा इस तरह विरूपित कर दिया जाता है कि इसे समाकृति प्राप्त नहीं हो पाती और यह समकालीन आलोचकों का प्रेक्षण भर होकर रह जाता है। इमर्सन ने इतिहास को रहस्यवादिता में लुप्त कर दिया था, एलियट के लिए इतिहास सौन्दर्यशास्त्र में खो जाता है। दोनों ही स्थितियों में एक विशेष युग की वे सारी शोभाधर्मिताएँ और रीतियाँ सही मायने में केवल नक़ाब हैं, जो सभी युगों के लिए सामान्य जरूरी जीवन और उसके मनोभावों पर पर्दा डाले रहती हैं। साहित्येतिहास का स्रष्टा इन नक़ाबों की उपेक्षा करने की प्रवृत्ति नहीं रखता। ग्रियर्सन की तरह वह इस बात में विश्वास है करता कि वही ज़िन्दगी विभिन्न पोशाकों और पहरावों में सज्जित होती है, वही मनोभाव विभिन्न बिम्बों में अभिव्यक्त होता है, वही कला विभिन्न संस्थितियों में रूपांतरित होती है। निस्सन्देह, साहित्येतिहास के लेखकों को इन पुरानी पोशाकों में रुचि होती है।

साहित्येतिहास के महत्वपूर्ण प्रारम्भिक लेखक उन्नीसवीं शताब्दी के जर्मन विद्वान् थे, जिनकी पद्धति ने ऐतिहासिक या आनुवंशिक अभिगम (एप्रोच) को स्थापित किया। तब साहित्य का अध्ययन प्रधानतः उत्पत्ति-स्रोतों की खोज और कृति एवं कृतिकार के बीच पारस्परिक सम्बन्ध के रेखांकन का विषय था। इन विद्वानों ने पहले से सौन्दर्यशास्त्रीय और आचारशास्त्रीय आलोचना के मातहत चल रहे साहित्य के अध्ययन को पहली बार ठोस ज्ञान के आधार पर स्थापित किया और साहित्येतिहास को समान महत्त्व देते हुए उसे साहित्यिक युगों के क्रमबद्ध वृत्त या प्रलेख (डाक्यूमेंटेशन) के रूप में अभिव्यक्त किया। साहित्य के कालांकन की सैद्धांतिकी मूलतः इस धारणा पर आश्रित है कि इतिहास एक सावयव प्रक्रिया के रूप में कुछ निश्चित पद्धतियों या आवर्तन-चक्रों का अनुगमन करता है, जो विलक्षण साहित्यिक उपलब्धियों के युग को रेखांकित करता चलता है। स्पिलर के मुताबिक किसी एक युग का केन्द्रीय वैशिष्ट्य समय की संक्षिप्त अवधि और सीमित भौगोलिक स्थल में गहरे तौर पर परस्पर जुड़े अथवा इनमें से एक के साहित्यिक उत्पादन का केन्द्रण है। यहीं ऐतिहासिक विद्वानों के लिए यह पाठ कृति और कृतिकार के बीच के सम्बन्ध-रेखांकन से कुछ अधिक बनकर सामने आने लगता है। वह इनसम्बन्धों में एक युग, एक आन्दोलन, एक घटना-चक्र के रूप में पहचान बनाने वाली समनुरूपता को देखने की कोशिश करता है, जिसके प्रति साहित्य की सारी प्रक्रियाएँ प्रायः जटिल रूप में आबद्ध हैं।

साहित्य के इतिहास-लेखक के लिए ज़रूरी समस्या इस बात के निर्धारण की है कि किस सीमा तक साहित्य का इतिहास समाज के और बुद्धिजीवियों के इतिहास से सम्बद्ध है। यदि यह सम्बन्ध जटिल है तो साहित्यिक काल-निर्देश के

लिए अभियानों की पंचरंगी व्युत्पत्ति (भानुमती का पिटारा) अपरिहार्य एवं अवश्यम्भावी है। यूँ धर्म, राजनीति, दर्शन, भूगोल जैसे विभिन्न तथ्य-विषयों से व्युत्पन्न नाम बड़ी उत्सुकता से हमें यह जताते हैं कि साहित्य भी एक प्रकार का प्रलेखन (डॉक्यूमेंटेशन) ही है और यह भी कि साहित्य प्राथमिक रूप में मनुष्य जाति के विकास के करोड़ों पहलुओं का प्रतिबिम्बन है।

एक इतिहास-लेखक को अक्सर इस दावे का मुकाबला करना पड़ता है कि साहित्य का निजी विकास स्वायत्त रूप में हुआ करता है। वेलेक अत्यन्त शीघ्रता में साहित्यिक उपलब्धि के समान्तर साहित्येतर घटनाओं को रखने और समझने के अभ्यास से हमें दृढ़ शब्दों में सावधान करता है—'यद्यपि कवि और राजनेता सोच-समझकर परस्पर एक दूसरे को प्रभावित करते और एक दूसरे पर छाप छोड़ते हैं, पर किसी तरह कविता पृथक् रहती है, अपने-आप में पूर्ण, जैसे इसने अपना लक्ष्य पूरा कर लिया हो और इसलिए तथाकथित विकासात्मक प्रक्रिया से यह अलग खड़ी हो।' पर इस रूप में कविता की स्वायत्तता पर विचार करने के बाद वेलेक साहित्येतिहास की संभावनाओं की ओर भी मुड़ता है, लेकिन ज़रूरी तौर पर राजनीतिक घटनाओं के साथ तालमेल की दृष्टि से नहीं। इसके बजाय वह साहित्येतिहास को शुद्ध रूप में साहित्यिक मानदंडों—रीतियों-शैलियों में तबदीली, शैलीगत प्रकार-वैभिन्नन्य, अभिप्राय और भाषिक परम्पराओं—पर आधारित करता है। पर ज़ाहिर है कि इन शर्तों में बंधकर साहित्यिक विकास का अध्ययन बहुत स्पष्ट और व्यवस्थित परिणाम नहीं लाता जैसा स्पेंगलर और टॉयनबी जैसे सांस्कृतिक इतिहासवेत्ताओं ने स्थापित कर दिखाया है। वेलेक विकास के उस सिद्धान्त को खारिज़ कर देता है जो यह मानता है कि एक शैली (श्ज़ाँर) भी प्राणिशास्त्रीय विकसनशीलता के नियमानुरूप विकसित होती और विकास के एक निश्चित समय के भीतर पूर्णता को प्राप्त कर फिर मुरझाती, सूखती, निष्प्राण हो जाती है। वह सन्तुलित रूप में परिवर्तन का दूसरा सिद्धान्त उपस्थित करता है, एक ऐसा सिद्धान्त जो कृतियों की अलग-अलग वैयक्तिकता को सुरक्षित रखता है। उसके लिए यह मानना ग़लत है कि शेक्सपियर ने ग्रीक त्रासदी से विकास किया था या कि कुछ मायनों में कीट्स ने वर्डस्वर्थ या स्पेंसर से ग्रहण कर उसे विकसित किया था। वेलेक कहता है कि 'साहित्यिक काल की अवधारणात्मक प्रकृति एक समय-खंड को प्रतिनिधित्व देना है, जिसमें प्रमुख साहित्यिक प्रतिमानों को श्रेणीबद्ध किया जा सके।' ये प्रतिमान किस सीमा तक ऐतिहासिक प्रवर्ग के साथ-साथ हैं और किस सीमा तक 'नियमित प्रत्यय' (कांट) से जुड़े हैं, यही वह बुनियादी समस्या है, जिसका निर्धारण ऐतिहासिक मनीषी करते हैं। उसके अनुसार बड़ी समस्या यह है कि साहित्यिक रीतियों में तब्दीलियों की पहचान की जाय और यह

निर्धारण किया जाए कि किस सीमा तक ये परिवर्तन केवल प्रलेख-पोषण के रूप में उपस्थित नहीं होते, बल्कि किसी ऐतिहासिक युग के 'प्रतीकात्मक प्रबोधन' के रूप में भी प्राप्त होते हैं। वस्तुतः साहित्येतिहास-लेखन में साहित्य के साहित्य होने और इतिहास नहीं होने की पूर्वमान्यता को ही प्राथमिकता प्राप्त है और साहित्येतिहास-लेखक के विवेक में प्राथमिकता का यह तथ्य सदैव बना भी रहना चाहिए। इसीलिए साहित्य की समझदारी या उसके मूल्यांकन के लिए राष्ट्रीय या सामाजिक इतिहास पर समान दबाव डालना एक प्रकार की सूखी पुरातात्त्विकता को प्रश्रय देना है—ऐसा आरोप साहित्य के इतिहास-लेखकों के विरुद्ध बीसवीं शती के आरम्भ में लगाया गया था। उन लोगों ने साहित्य के सम्बन्ध में बड़ी कट्टरधर्मिता के साथ तथ्यपरकता को स्थान दिया था और कलात्मकता का निषेध किया था। फलतः वे ऐतिहासिक अभिप्राय के साथ साहित्यिक कृतियों के गुणात्मक श्रेष्ठत्व के मूल्यांकन की दिशा में भी असफल हुए। एलियट, रिचर्ड्स, टेट और रैन्सम जैसे आलोचकों ने इतिहास-लेखकों के पांडित्य को अप्रासंगिक माना तथा यह घोषणा की कि अतीतकालीन कवि पुनः जीवित हो सकते हैं। उन्होंने जॉन डॅन को मृत नहीं मानकर उसे अपनी समकालिकता में जीवित स्वीकार किया, जबकि इतिहासकारों ने उन्हें मृत घोषित कर रखा था। आलोचकों की नयी पीढ़ी ने विद्रोहियों की मुद्रा में एक निश्चित काल-सीमा में शुद्ध साहित्य को दफ़न करते हुए साहित्य के ऐतिह्य स्रोतों के अध्ययन के विषय में कहा कि ऐसा अध्ययन साहित्यिक अनुभूति को गारंटी नहीं देता।

साहित्येतिहास बनाम ऐतिहासिक आलोचना के और भी विरोधी हैं। पश्चिम में मानवतावादियों में बैबिट और मूर ने साहित्य को नैतिक बुद्धिवादी के लिए देखा। आर्थर ओ लव ज्वाय और मार्जोरी निकोल्सन ने इसके तथ्य और सम्बन्धों की अपेक्षा इसके वैचारिक इतिहास पर ज़ोर दिया। मिथकीय और मनोवैज्ञानिक आलोचकों ने साहित्य में वह पाया जो उन्होंने चाहा। इस शोरगुल में यदि ऐतिहासिक आलोचकों ने दृढ़तापूर्वक यह कहा कि अधिकांश आलोचना शायद ही प्रभाववादिता से ऊपर होती है, तो शुद्ध आलोचकों ने भी साहित्येतिहास बनाम ऐतिहासिक आलोचना को अनुर्वर विद्याडम्बर से भी अधिक प्रदर्शन करने वाली बताया। पर साहित्येतिहास के लेखकों ने बिना झुके इस बात पर ज़ोर दिया कि रचना का जो भी भाग संस्कृति-प्रसूत होता है वह अपने एकमात्र प्रजापति-रचनाकार का अकेला व्यापार नहीं होता, बल्कि वह उन सभी रचनाकारों, जिनमें गौण भी सिमट आते हैं, का अंशभागी होकर ही उपस्थित होता है।

साहित्येतिहास बनाम ऐतिहासिक आलोचना के इस विवाद को हेलेन

गार्डनर नामक लेखिका ने सुलझाने का प्रयास किया है। उसकी पुस्तक 'द बिजनेस ऑव क्रिटिसिज़्म' में ऐतिहासिक आलोचना की सैद्धान्तिकी पर सहायक विमर्श प्राप्त होते हैं। वह साहित्य को युग-विशेष से जोड़कर देखने वाले साहित्येतिहास के लेखकों को सावधान करती है। गार्डनर के अनुसार युग-विशेष की कोई भी वर्गीकृत कोटि कामचलाऊ हो सकती है। वह पूछती है कि युग की सही व्याख्या करने में कौन पूरी तरह और निश्चयात्मक रूप में सही हो सकता है ? उदाहरण के लिए किसी भी युग की संधारणाएँ मतवादी रूप में एक ही बार में सदा के लिए तय नहीं कर दी जा सकती हैं। गार्डनर ने एलिजाबेथन युग का उदाहरण देकर इसे स्पष्ट किया है। किसी भी युग की पुनः रचना ज़रूरी तौर पर कल्पना-समृद्ध होती है। इसीलिए यह बराबर अनुमान लगाने और संशोधन किये जाने की स्थिति में खुली होती है। उसके अनुसार युग की पहचान के मार्फ़त किसी लेखक की पहचान करने का बुनियादी खतरा इस बात में निहित है कि 'यह हमें मूर्त्त को अमूर्त्त के द्वारा, विशिष्ट को सामान्य के द्वारा एवं अधिकाधिक अपवादस्वरूप को औसत के द्वारा व्याख्यायित करने का बढ़ावा देता है।' इतना ही नहीं, 'किसी कृति की साभिप्रायता और अर्थवत्ता की समझदारी के दावे कर सकने लायक संदर्भ दे पाने का हमारा काल-बोध भी कहीं-अधिक यादृच्छिक, ग़ैरटिकाऊ और अटकलबाजियों से भरा होता है।' मिस गार्डनर की युक्तियों में आद्यन्त वे खतरे अन्तर्निहित हैं, जो साहित्य के अध्ययन के सामाजिक अभिगम (एप्रोच) और सामाजिक अध्ययन के साहित्यिक अभिगम के विषय में नये आलोचकों द्वारा उद्घोषित ख़तरे हैं। पर गार्डनर इसके विपरीत आलोचकों को केवल साहित्यिक 'नॉर्म' पर निर्भर होने से चेतावनी भी देती है, क्योंकि इससे वैयक्तिकता पनपती है। फिर किसी अध्ययन को 'बिम्ब' और 'मेटाफर' तक सीमित कर देना उसके यथार्थ को जल्दी-से-जल्दी उपेक्षित कर देना या दरकिनार कर देना होता है। इतना ही नहीं, इससे आलोचना अनेकविध अव्यवस्था का शिकार हो उठती है, जिसमें गम्भीर, ऐतिहासिक और जीवनवृत्तीय शोध की जगह केवल वैयक्तिक आत्मनिष्ठता ले लेती है। इसलिए गार्डनर के अनुसार विचारधाराओं के ज्ञान, युगीन विश्वासों के ज्ञान और पद्धति-मूलक साहित्यिक प्रवृत्तियों के ज्ञान से ही साहित्यिक अध्ययन का महत् कर्म सम्पन्न हो सकता है। यहीं हमें अन्तस्तलीय ऐतिहासिक सम्बन्ध-सूत्रों की छानबीन अथवा पड़ताल करने की ज़रूरत महसूस होती है।

संक्षेप में साहित्येतिहासिक आलोचक साहित्यिक घटनाओं की कालानुक्रमणी का निर्देश करने के साथ-साथ कृतिकार के लेखन की परिस्थितियों और जीवनवृत्तीय स्रोत-विषयक प्रश्नों को भी निर्णीत करता है। वह उस संस्कृ

का अध्ययन करता है, जिसके बीच रचनाधर्मी लेखन सम्पन्न हुआ और उस काल की युग-चेतना (ट्साइटगाइस्ट) के साथ उस लेखन की अन्तधर्मी रिश्तेदारी के प्रश्न पर भी विचार करता है। वह इसकी व्याख्या और इसका लेखा-जोखा करता है कि कौन-कौन से पारम्परीण कथ्य-बिन्दु (थीम्स) और अभिप्राय कृति-विशेष से अभिव्यक्त होते हैं और कौन-कौन सी परम्परित शैलियाँ (श्जाँर) वहाँ प्रयुक्त होती हैं। इसके अतिरिक्त वह इस निर्धारण-मूल्यांकन की जवाबदेही भी मोल लेता है कि क्यों एक कृतिकार दूसरे के बजाय हमारा ज्यादा ध्यान खींचता है। साहित्य का इतिहास-लेखक प्रत्येक कृति पर अपने सौन्दर्यबोधीय फैसले को लागू करता हुआ सवाल करता है : 'इस रचनाकार की यह कृति मेरे लिए, एक सौन्दर्यबोधीय, प्रशिक्षित और मेरी पीढ़ी के परिग्राहक सदस्य के लिए क्या अर्थ रखती है, जिससे अपरिहार्य रूप में उसका अपना फैसला साहित्य के व्यापक परिसर को घेरता हुआ पद्धतिमूलक अर्थ-व्याख्या के बतौर रूपाकृत हो सके।' ठीक ऐसे समय उसकी वैदुष्यपूर्ण अनुसन्धानात्मक मनीषा और आलोचकीय फैसले परस्पर मिलते दिखाई पड़ेंगे और साहित्य के इतिहास की रचना सम्भव हो सकेगी।

साहित्येतिहास का सर्जक चाहे साहित्य का जो भी प्रतिपादन-निर्वचन कर रहा हो, पर वह सभी व्यक्तियों के लिए एक समान समस्या से रू-ब-रू होता है, जब वह एक राष्ट्रीय साहित्य को किसी विशिष्ट एकीकृत और अर्थवान् साँचे में संश्लिष्ट कराने का प्रयास कर रहा होता है। यह समस्या राष्ट्रीय आत्मा के साथ समझौता करने, झुकने की समस्या होती है, यह पहचान बनाने की समस्या होती है कि आत्मा की कौन-कौन सी विशिष्टताएँ इसे अन्यों से पृथक् करती हैं। किसी राष्ट्र के साहित्य का इतिहास जब एक बार लिख लिया जाता है और जब एक बार प्रत्येक साहित्यिक कृति अपने कालक्रम के ताखे पर सजा दी जाती है और इसकी टकराहट के रिश्ते स्थापित कर दिये जाते हैं तब इतिहासकार अपना दायित्व समाप्त नहीं कर देता। अपनी उपस्थापित अतीतकालिकता के साथ साहित्य निरन्तर इसकी पुनर्व्याख्या की माँग करता रहता है। साहित्येतिहास की हर पीढ़ी अपनी अलग मूल्य-विचारणा और सत्य-प्रतिष्ठापना के साथ अतीत को समझने का प्रयास करती है और इसी कारण विद्वानों की हर पीढ़ी के लिए जरूरी है कि वह साहित्य के इतिहास-लेखन को गम्भीर सबक के रूप में ग्रहण करे। स्पष्टतः इतिहास-लेखकों का दायित्व कभी समाप्त नहीं होता है, क्योंकि साहित्य का इतिहास न तो स्थिर होता है और न इसका निर्वचन ही स्थिर हुआ करता है।

साहित्येतिहास-लेखक के लिए साहित्यिक समझ के साथ-साथ जीवन-दृष्टि की बुनियादी पहचान अत्यन्त जरूरी है। रॉबर्ट बी० हैलमेन के अनुसार,

'क्या एक साहित्येतिहास-लेखक चतुष्पदियों (सॉनेट्स) के विकासक्रम को बिना उसकी थीम्स, शब्द-सम्पदा, संरचना और उनके बृहत्तर सन्दर्भों पर विचार किये रेखांकित कर सकता है ?' वह तर्क देता है कि साहित्य का अध्ययन साहित्येतर रिश्तों के साथ भी अच्छी तरह चल सकता है। यहीं जीवन-दृष्टि का विवेक हमारे सामने आता है, जो साहित्य के अध्ययन को पूर्ण (परफेक्ट) बनाता है। इससे साहित्य की प्रकृति न तो एकांगी होती है और न ही खंडित-निरस्त। पर इसका अर्थ यह भी नहीं कि साहित्येतिहास-लेखक साहित्य के एक युग को केवल सामाजिक, राजनीतिक और बौद्धिक इतिहास के रूप में व्याख्यायित करें। हैलमैन इस कथन पर ज़ोर देता है कि कोई भी साहित्य शून्यता में नहीं रचा जा सकता। प्रत्येक साहित्य का एक निश्चित सन्दर्भ होता है, उसकी निश्चित पृष्ठभूमि होती है, जिसे साहित्येतिहास का लेखक अपनी व्याख्या द्वारा आलोकित कर सकता है। वास्तव में साहित्य के इतिहास का सही नक्शा इसी निर्वचन के द्वारा उभरता है।

साहित्येतिहास जीवन-दृष्टि जन्य साँचे के अभाव में विफल हो जाता है। अमरीका में लगभग एक ही समय में लिखे गये तीन भिन्न साहित्येतिहास उन भिन्न-भिन्न प्रकार के रचनात्मक प्रतिपादनों का दृष्टान्त उपस्थित करते हैं, जिन्हें साहित्येतिहासकारों ने अपनी सुनिश्चित, पर भिन्न जीवन-दृष्टियों के कारण ही अपनी इतिहास-कृतियों में पोषित किया है। निश्चय ही ऐसे निर्वचनों में कुछ निर्वचन औरों के बजाय अधिक स्वीकार्य दीख सकते हैं, पर इससे इतिहास उपेक्षित नहीं हो जाता।

वर्नन लुइस पैरिगटॉन द्वारा तीन खंडों में लिखित 'मेन करेंट्स इन अमेरिकन थॉट' जेफरसॉनियन दृष्टि पर आधारित है। उसने अमेरिकी लेखकों को यह जानने के लिए पढ़ा कि उन्होंने केन्द्रीय बौद्धिक शक्ति को क्या प्रदान किया है। एक ओर पेरिंगटॉन के नक्शे में एडगरएलेन पो और हॉथार्न जैसे रचनाकारों को जगह नहीं मिल पायी, क्योंकि इन लोगों ने अमरीकी राजनीति-परक उदारवादी परम्परा के विषय में कुछ भी महत्त्वपूर्ण और साभिप्राय नहीं कहा था, तो दूसरी ओर जॉन टेलर, जेम्स किर्के, पोल्डिंग विलियम, ल्वायल्ड गैरिसन आदि महत्वपूर्ण स्थान पर आ गये, जिन्हें दूसरे इतिहास-लेखकों ने उपेक्षित किया था। पेरिगटॉन जीवन-दृष्टि से ही सम्बल लेकर अपनी विशिष्ट रचना पद्धति उपस्थित करता है। कोई इससे असहमत हो सकता है अथवा इसका विरोध कर सकता है, पर पेरिगटॉन तथ्यात्मकता और प्रभाववादिता की ओट में इसे नहीं छिपाकर अपनी अभिधारणा को दृढ़तापूर्वक सामने लाता और घोषित करता है। वह इसके समर्थन के लिए सश्रम प्रयत्न करता है, और अपनी विशिष्ट जीवन-दृष्टि के कारण इस पुस्तक को निजी स्थापत्य देने में सफल हो

पाता है।

पेरिगटॉन के इतिहास के प्रथम खंड के छपने के पाँच वर्षों बाद और दूसरा खंड छपने के दो वर्षों बाद 1932 ई० में वी० एफ० कालबर्टन की 'द लिब्रेशन अॅव अमेरिकन लिटॅरेचर' नामक पुस्तक छपी। इस पुस्तक में राष्ट्रीय हीन-ग्रन्थि के साथ-साथ अत्याचारी बुर्जुआई नैतिकता द्वारा अमरीकी लेखन के अभिशप्त और विनष्ट होने की अभिधारणा प्रस्तुत की गयी। काल बर्टन की कृति को सर्वहारा आन्दोलन की अत्यन्त सावधान और सजग पड़ताल ने पूर्ण व्याख्यात्मक साँचा प्रदान किया। अपनी विशेष जीवन-दृष्टि के कारण ही कालबर्टन ने ड्राइज़र, ओ० नील तथा अन्य बिम्बवादी कवियों को सर्वहारा विश्वास का प्रवक्ता घोषित किया।

लुडविंग लेविशॉन ने अपना साहित्येतिहास फ्रायडियन जीवन-दृष्टि के आधार पर प्रस्तुत किया। अपने साहित्येतिहास 'एक्सप्रेशन इन अमेरिका' में लुडविंग ने सबसे पहले शुद्धतावादी साहित्य को पुनरीक्षित किया, जिसके तथ्यों को पहले अत्यन्त चिन्त्य रूप में तोड़-मरोड़ कर प्रस्तुत किया गया था, क्योंकि उसके पूर्व-विवेचकों ने ईश्वर-मीमांसा को सिद्ध करने पर जोर दिया था और यौन को संकेतित करने वाले किसी भी तथ्य को उपेक्षित कर दिया था। लेवि-शॉन के अनुसार बोस्टन और कैम्ब्रिज के लेखकों ने भी उस लेखन को भावुकता और शालीनतावश सही रूप में सामने नहीं आने दिया। दरअसल वासना और उसके दबाव-भरे अभिव्यंजन से विमुख वे इसे समझने में पूरी तरह असमर्थ रहे कि साहित्य का सही मूल्यांकन उसकी गहरी, दर्द-भरी, आन्तरिक यात्रा से ही संभव हो पाता है। फ्रायडियन जीवन-दृष्टि के अनुयायी लेविशॉन के लिए 'यौनपरकता जीवन का परिसर नहीं हो सकती। यह तो रंगहीन पानी के बहुत बड़े पात्र (ज़ार) में संसार के सर्वाधिक शक्तिशाली रंगीन द्रव्य की डाली गयी एक बूंद है, जो पानी के प्रत्येक परमाणु को रंगत दे जाती है। यदि किसी में स्पृहाएँ, अनुराग, मानवीय चिन्ता और उत्कंठा का अभाव हो, तो भी जंगल में जीवन जीना कोई बहादुरी नहीं है।' इस प्रकार लेविशॉन का इतिहास इस केन्द्रीय अवधारणा पर टिका है कि साहित्य अभिव्यक्ति के रूप में मानव के अचेतन, अबौद्धिक, रहस्यात्मक और अबोधगम्य के साथ एक प्रकार का प्रत्यक्ष मिलन है।

साहित्येतिहास-लेखन के समवेत प्रयासों में जीवन-दृष्टि का विवेक प्रायः सुरक्षित नहीं रह पाता है। इसके अभाव के कारण विभिन्न रचनाकारों द्वारा लिखे गये विभिन्न अंशों में पारस्परिक अन्तर्ग्रंथन या तारतम्य नहीं मिल पाता है। इसी से ऐसी इतिहास पुस्तकों का कोई समग्र व्याख्यात्मक ढाँचा भी स्पष्ट नहीं हो पाता है। अनेक के बीच एक जीवनदृष्टि का निर्वाह स्वभावतः मुश्किल होता

है । फलत: ऐसे ग्रंथों की यह कमी परिहार्य भी नहीं हो सकती । अमेरिका में लिखे गये 'कैम्ब्रिज हिस्ट्री ऑव अमेरिकन लिटॅरेचर' और 'लिटॅरेरी हिस्ट्री ऑव युनाइ-टेड स्टेट्स' तथा हिन्दी में नागरी प्रचारिणी सभा द्वारा प्रकाशित 'हिन्दी साहित्य का बृहत् इतिहास' और डा० नगेन्द्र द्वारा सम्पादित 'हिन्दी साहित्य का इतिहास' जैसे प्रयत्न इसी प्रकार के हैं । निष्कर्ष रूप में जीवन-दृष्टि के सम्बन्ध में सोलह मार्च 1879 को दिल्ली विश्वविद्यालय के 'पत्राचार पाठ्यक्रम विद्यालय' के तहत 'आधुनिक हिन्दी साहित्य के इतिहास-लेखन की समस्या' पर आयोजित गोष्ठी का निम्नलिखित विचार-बिन्दु महत्त्वपूर्ण है : 'इतिहास लिखने के लिए हमें कोई-न-कोई मूल्य और किसी-न-किसी जीवन-दृष्टि को सामने रखना होगा । वह मूल्य चाहे मार्क्सवादी हो या कलावादी । यह समस्या किसी भी इतिहास-लेखन की समस्या है ।'

हिन्दी में आचार्य रामचन्द्र शुक्ल तथा आचार्य हजारी प्रसाद द्विवेदी के बाद कोई भी इतिहासकार ऐसा नहीं हुआ, जिसे जीवन-दृष्टि की बुनियादी पहचान हो और जो अपनी दृष्टि के आधार पर साहित्येतिहास की रचना करे । शुक्ल जी ने अपने साहित्येतिहास का प्रणयन लोक-मंगल की दृष्टि से किया था । इसी दृष्टि के कारण उन्होंने अपने इतिहास में कबीर से अधिक महत्त्व जायसी को और सूर से अधिक महत्त्व तुलसी को दिया । छायावाद युग में भी उनके द्वारा 'निराला' और महादेवी से अधिक महत्त्व प्रसाद और पन्त को दिये जाने में उनकी यही जीवन-दृष्टि काम कर रही थी । इसके साथ ही उन्होंने जन-समाज, युगीन वातावरण, कार्य-कारण सम्बन्ध और परम्परा के महत्त्व को भी स्वीकार किया : "जबकि प्रत्येक देश का साहित्य वहाँ की जनता की चित्तवृत्ति का संचित प्रतिबिम्ब होता है तब यह निश्चित है कि जनता की चित्तवृत्ति के परिवर्तन के साथ-साथ साहित्य के स्वरूप में भी परिवर्तन होता चला जाता है । आदि से अन्त तक इन्हीं चित्तवृत्तियों की परम्परा को परखते हुए साहित्य-परम्परा के साथ,उनका सामंजस्य दिखाना ही साहित्य का इतिहास कहलाता है । जनता की चित्तवृत्ति बहुत-कुछ राजनीतिक, सामाजिक, साम्प्रदायिक तथा धार्मिक परिस्थिति के अनुसार होती है । अत: कारण-स्वरूप इन परिस्थितियों का किंचित् दिग्दर्शन भी साथ-ही-साथ आवश्यक होता है ।" ताज्जुब की बात है कि डा० गणपति चन्द्र गुप्त जैसे वैज्ञानिक दृष्टिकोण वाले इतिहास-लेखक ने अत्यन्त अवैज्ञानिक रूप में शुक्लजी के उपर्युक्त अभिमत का सिर्फ पहला वाक्य उद्धृत किया है तथा उनके साहित्येतिहास के सैद्धांतिक आधार को केवल युगपरक या वातावरणवादी करार दिया है । उद्धृत वाक्य के 'संचित' शब्द की ओर भी उनका ध्यान सचेत तौर पर नहीं जा सका है, जो वहाँ 'परम्परा' का सहज अर्थ-द्योतन कर रहा है । अभिमत की शेष पंक्तियाँ तो एकदम

ही निगरित हो गयी हैं, जिनमें शुक्ल जी की साहित्येतिहास-विषयक पूरी मान्यताएँ सुरक्षित हैं। कहना न होगा कि शुक्ल जी इस तथ्य को अच्छी तरह जानते थे कि जितनी बड़ी कोई कृति है उससे कहीं-अधिक जटिल साहित्येतिहास के साथ उसकी नातेदारी है।

शुक्ल जी के बाद आचार्य हजारी प्रसाद द्विवेदी आते हैं। उनकी जीवन-दृष्टि मानवतावादी रही है। उन्होंने समष्टि को सदैव ध्यान में रखा है और संस्कृति तथा परम्परा के सातत्य के सहारे साहित्येतिहास को निरूपित करने का प्रयास किया है। सचमुच परम्परा की अवधारणा आलोचना और वैदुष्य के साथ-साथ साहित्येतिहास के उद्देश्य को घेर लेती है। परम्परा के भीतर साहित्य की समझ वास्तव में लोगों के बौद्धिक तंत्र, यहाँ तक कि उनके विद्रोह की भी समझ है। इसी प्रकार साहित्येतिहास को जातिगत एवं सांस्कृतिक साँचों में निर्वचित करने का प्रयास अक्सर साहित्य के इतिहास-लेखक को उस परम्परा के पास ले जाता है, जो अपने-आप में एक पूर्ण ऐतिहासिक बोध, एक कालातीतता तथा वर्तमान और अतीत की समकालिकता भी है।

हिन्दी के इन दोनों साहित्येतिहास-लेखकों के बाद हमारे सामने जितने भी साहित्येतिहास-स्रष्टा आते हैं, वे मूलतः साहित्येतिहास के काल-निर्धारण और नामकरण की समस्या से अधिक उन्मथित दीखते हैं, जबकि दशाब्दियों या शताब्दियों के अनुरूप बिना जीवन-दृष्टि के युगों की पहचान करने को मुश्किल से ऐतिहासिक प्रक्रिया के चित्रण का सन्तोषप्रद मार्ग कहा जा सकता है। इनमें उस जीवन-दृष्टि का अभाव मिलता है, जिसे लाये बिना साहित्येतिहास-लेखन के क्षेत्र में नयी ज़मीन नहीं तोड़ी जा सकती।

अंततः यह मानना पड़ेगा कि साहित्येतिहास बनाम ऐतिहासिक आलोचना जब भी किसी विशेष साहित्यधारा, विशेष युगीन साहित्य, विशेष प्रवृत्तिमूलकता, विशेष रचनाकार, उसकी विशेष कृतियों या किसी विशेष भाषा के सम्पूर्ण साहित्य को संतुलित रूप में अपना अध्ययन-विषय बनाती है तब इसकी प्रकार्य-प्रक्रिया निम्नलिखित बिन्दुओं पर सक्रिय होने लगती है : 1. कालानुक्रमणी का यथातथ्य निर्देश, 2. कृति को प्रभावित करने वाली कृतिकार के जीवन-वृत्तीय तथ्यों का निर्देश, 3. रचनाकार की युगीन परिस्थितियों का ऐसा निर्देश, जिसमें युग की सही व्याख्या-क्षमता और अतीतकालिकता की पुनर्व्याख्या की सम्भावना हो, 4. कालिकता और विशेष प्रवृत्तिमूलकता का युगपत् रेखांकन, 5. उस संस्कृति का महत्त्वपूर्ण निर्देश जिसमें रचनाधर्मी लेखन सम्पन्न हुआ है. 6. जीवन-दृष्टि सम्पन्न होने की, उसकी पहचान करने की और उससे परिचालित होने की बुनियादी क्षमता, 7. साहित्य में परम्परागत अथवा इसकी

द्वन्द्वात्मकता में निरूपित कथ्य-बिन्दु (थीम्ज़), अभिप्राय, शैलियों (श्ज़ाँर) आदि का अपेक्षित निर्देश, 9. तुलनात्मक दृष्टि से अन्यों की अपेक्षा अधिक पाठकीय ध्यान खींचने वाले कारक-तत्त्वों का यथापेक्षी निर्देश और 10. कृति के मूलार्थ, निर्वचन की साभिप्राय खोज तथा प्रक्रिया-रूप साहित्य-विशेष के इतिहास के बृहत्तर सन्दर्भ में उसका स्थानीकरण (Placing) ।

□ ऐतिहासिक आलोचना

ऐतिहासिक आलोचना अपने समानांतर और अपने साथ-साथ चलने वाली शुद्ध साहित्येतिहास पर आधारित आलोचना को 'छद्म ऐतिहासिक आलोचना' मानती है, क्योंकि वैसी आलोचना कविताओं के अध्ययन, काव्यरूपों के अध्ययन और साहित्यिक संचार-सम्प्रेषण के अध्ययन के लिए खुद को ही 'चरम-सन्दर्भ' बना कर उपस्थित करती है। इतना ही नहीं, इसका आरोप है कि छद्म ऐतिहासिक आलोचना व्यापक 'संसार' और 'युगप्रवर्तक व्यक्तित्व' तक को साहित्यिक कोटियों के अधीन कर देती है। वह यह सब-कुछ उस सामान्य अभिगम के तहत सम्पन्न करती है जिसकी बुनियादी मान्यता है कि साहित्य में इतिहास का दाखिला कलात्मक मध्यस्थता के जरिये ही सम्भव है। कहना न होगा कि यह मान्यता मध्यस्थता को ध्यान के अनिवार्य और तात्कालिक केन्द्रबिन्दु के बतौर प्रस्तुत करती है। इस प्रकार 'साहित्येतिहास बनाम ऐतिहासिक आलोचना' में साहित्यिक कोटियों की मध्यस्थता वाली स्थिति तब अपने प्रबलतम और सशक्त रूप में उपस्थित होती दीखती है, जब वह यह प्रमाणित करती है कि साहित्य का विषय स्वतः साहित्य ही है। 'शुद्ध साहित्येतिहास बनाम ऐतिहासिक आलोचना' में ऐसे निष्कर्ष अवश्यम्भावी और अपरिहार्य-से हो उठते हैं, क्योंकि यह प्रविधि रचना को विवेचित-विश्लेषित करने के लिए रचना या काव्यरूप के इतिहास से परे जाने का कोई गंभीर प्रयास करती नहीं दीखती। परिणामतः यह कलात्मक मध्यस्थता वाली मानवीय साभिप्रायता की व्याख्या भर करती है और वहाँ इस 'मध्यस्थता' को चरम स्थान मिले रहने के कारण सभी रहस्यात्मक कोटियाँ 'वस्तुरति' में रूपांतरित होने लगती हैं। पर जब-कभी साहित्येतिहास पर आधारित इस आलोचना में साहित्य की शुद्धता यानी उसकी एकमात्रता पर बल नहीं होता है और यह रचना से परे जाने का साहस दिखाने लगती है तब यह साहित्य को युग और समाज की प्रवृत्तियों से सन्दर्भित कर देखने का प्रयास करने लगती है। ऐसे में इस आलोचना की प्रविधि सहज ही

मार्क्सवादी, समाजशास्त्रीय हो उठती है ।

यह आलोचना, मुक्तिबोध के शब्दों में, "आलोच्य साहित्य के सामाजिक-ऐतिहासिक परिवेश का तो यथातथ्य निरूपण कर देती है, किन्तु लेखक के व्यक्तित्व के भीतर उसके सन्निवेश के मनोवैज्ञानिक मर्म को उद्घाटित नहीं कर सकती । सच्चा ऐतिहासिक दृष्टिकोण वह है जो न केवल बाहरी स्थिति-परिस्थिति को, वरन् साहित्य के मनोवैज्ञानिक तथ्यों को, समाज की विकासात्मक ऐतिहासिक प्रक्रियाओं की अभिव्यक्ति के रूप में ग्रहण करता है, तथा उन मनोवैज्ञानिक तथ्यों को विकास की गतिमान धारा के बीच की लहरों के रूप में उद्घाटित करता है।" मुक्तिबोध कालांतर में इसे और भी स्पष्ट करते हैं, "ज्ञान केवल काल-सापेक्ष ही नहीं, वह स्थिति-सापेक्ष भी होता है । ज्ञान केवल काल से ही मर्यादित नहीं, वह स्थिति से भी मर्यादित होता है । और उस स्थिति के भीतर केवल वर्गीय और सामाजिक स्थिति ही नहीं, वरन् व्यक्तित्व के अपने निज-विशिष्ट स्थान का भी समावेश होता है ।" उनका यह अनुभावन बहुत सही प्रतीत होता है कि "हमारा प्रगतिवादी समीक्षक लेखक के वर्ग, परिवार, व्यक्तित्व, परिवेश, परिस्थिति और मनोरचना आदि के प्रति भी विमुख है। उसके ख्याल से लेखक इतना महत्त्वपूर्ण नहीं है कि उसका सर्वांगीण अध्ययन हो । उसके जीवन, व्यक्तित्व और साहित्य के क्रमिक विकास पर प्रकाश डालने का काम उसका नहीं ।" वास्तव में तथा-कथित ऐतिहासिक आलोचना का यह अभावात्मक नुक़्ता ही वह महत्त्वपूर्ण बिन्दु और अभीष्ट दृटिकोण है जहाँ सच्ची ऐतिहासिक आलोचना का जन्म होता है । कहना न होगा कि ऐतिहासिक आलोचना के मूल में रहने वाले स्रष्टा-रचनाकार के व्यक्तित्व को भारतीय परम्परा में आरम्भ से ही सार्थक महत्त्व प्राप्त रहा है :

"अपारे काव्य-संसारे कविरेव प्रजापतिः ।
यथास्मै रोचते विश्वं तथेदं प्रवर्तते ।।"

अतः स्वाभाविक ही है कि यह आलोचना रचना और रचनाकार के व्यक्तित्व के अन्तस्संबंध पर बल दे तथा अपने विवेचन और विश्लेषण-कर्म में रचनाकार के व्यक्तित्व, जीवन और जीवन-दृष्टि से सम्बन्ध-सूत्र प्राप्त कर रचना की सही और सार्थक पहचान कराए । ऐसे में यह आलोचना रचना की या पाठ की स्वायत्तता के सिद्धान्त का प्रबल निषेध करती है ।

इसीलिए ऐतिहासिक आलोचना के पक्षधर की दृष्टि में साहित्य में जबसे रूपवादी आलोचना की प्रविधियों के अन्तर्गत साहित्य के विवेचन-विश्लेषण का आग्रह बढ़ा है तब से साहित्य-अवबोध की कुछ ठोस कलात्मक सूक्ष्मताओं के लाभ-प्रद ढंग से उभरने के बावजूद उसकी समझदारी के महत्त्वपूर्ण कारक अध्ययन

'ऐतिहासिक आलोचना' की उपेक्षा की जाने लगी है। रचना को स्वायत्त माना जाने लगा है और उसकी समझ के लिए उसे उसकी उत्पत्ति के स्थिति-बोध और रचनाकार की अभिहिति-परिचिति तक से निस्संग कर देखा जाने लगा है। इससे व्यापक रूप में ऐतिहासिक संदृष्टि की उपेक्षा हुई है। साहित्य की अध्ययन-विधि रचनाकार के व्यक्तित्व और उसकी विकासधारा से कटने लग गयी है। संस्कृति और परम्परा के उत्स सूखने लगे हैं तथा साहित्य की रचना-प्रक्रिया में महत्त्व के भागीदार स्थिति-तत्त्व और निर्मातृ-तत्त्व झुठलाये जाने लगे हैं। पर साहित्य की सही बोध-दृष्टि विकसित करने के खयाल से ऐसे अतिशयतावादी लक्षण शुभप्रद नहीं है, क्योंकि किसी भी रचना या कृतित्व को रचनाकार या उसके व्यक्तित्व को पूरी तरह बाद देकर कभी समझा नहीं जा सकता। इस संदर्भ में साहित्य का कोई भी प्रबुद्ध पाठक रावर्ट ई० स्पिलर की इस मान्यता से छूटते ही सहमत होना चाहेगा कि "कोई भी पूर्ण काव्यकृति अपने उस रचयिता कलाकार से, जिसने उसे अभिव्यक्त किया, अपनी उस संस्कृति से, जिसने उसे रचना के दौरान अनुभव-सामग्री प्रदान की, अपने समसामयिक नागरिक से, जिसने उसे ग्रहण किया, पढ़ा और सराहा, साथ ही देशांतर और कालांतर के उन पाठकों से जिन्होंने उसे गले लगाया, सर्वथा विलग-विच्छिन्न होकर कभी एक अन्तिम और पूर्ण वस्तुनिष्ठ यथार्थ के रूप में अपने को उद्घाटित नहीं कर सकती है।"

रचनाकार के व्यक्तित्व के अनेक अनुषंग होते हैं और रचनाकृति की समझ के लिए इन सभी अनुषंगों का ज्ञान अपेक्षित होता है। मुक्तिबोध ने साहित्य के अध्ययन-सन्दर्भ में रचनाकार के जीवन के पारिवारिक परिप्रेक्ष्य के महत्त्व को रेखांकित करते हुए लिखा है, "हम लोग परिवार और पारिवारिक जीवन को साहित्य के अध्ययन में विशेष महत्त्व ही नहीं देते। आज भी व्यक्ति का विकास बाह्य समाज में तो होता ही है, वह परिवार में भी होता है। परिवार व्यक्ति के अन्तःकरण के संस्कार में तथा प्रवृत्ति-विकास में पर्याप्त योग देता है। मेरा अपना यह ख़याल है और इसके लिए पर्याप्त आधार है कि आज के बहुत-से लेखकों के काव्य में आज जो वैमनस्य का भाव है, उस वैफल्य की संवेदनाओं का एक स्रोत उसके (लेखक के) परिवार की स्थिति और दशा में, या परिवार के भीतर उसकी स्थिति और दशा में खोजा जा सकता है। क्या बताने की जरूरत है कि परिवार के भीतर नये और पुराने का जबर्दस्त संघर्ष चलता है, कि उसके भीतर अहंवादी तथा अनुदार, संकुचित दृष्टिवादी प्रवृत्तियों की टकराहट होती है—उस प्रवृत्ति से जो अधिक उदार है, अधिक व्यापक दृष्टि वाली है। और क्या सिर्फ इतना ही समझ कर संतुष्ट हुआ जा सकता है ? क्या यह नहीं जानना चाहिए कि परिवार में जिस व्यक्ति से प्रेम का

प्रगाढ़ सम्बन्ध होता है (कभी कभी या बहुत बार भी) उसी से हृदय-विदारक संघर्ष होते हैं ? क्या यह जानना ज़रूरी नहीं है कि अगर कहीं दिल सबसे ज्यादा टूटता है तो परिवार के भीतर रहकर पारिवारिक संघर्ष में ही ? जिस व्यक्ति मे प्रगाढ़ प्रेम—उसी से तीव्र विरक्ति—क्या ये दृश्य हमें दिखाई नहीं देते ? ...जब कवि कहता है—बार-बार कहता है—कि मैं केवल अपने-आपको प्रकट कर रहा हूँ, तो क्यों यह समझा जाए कि वह जगत् का प्रतिनिधित्व कर रहा है ?" निश्चय ही रचनाकार की मानसिकता और उसके व्यक्तित्व के निर्माण में परिवार जैसे घटक का अत्यंत महत्त्वपूर्ण योगदान होता है। अतः रचना की परख और पहचान करने के लिए रचनाकार की मानसिकता का निर्माण करने वाले ऐसे घटक तत्त्व के प्रति ऐतिहासिक आलोचनात्मक अभिगम कभी विमुखता नहीं दिखा सकता, बल्कि यह इन्हें आधारभूत तथ्य के रूप में ग्रहण करने की अनिवार्य अपेक्षा को सामने लाता है। डॉ० रामविलास शर्मा की दृष्टि में भी "साहित्यकार के व्यक्तित्व को उसके कृतित्व से अलग नहीं किया जा सकता। उसका कृतित्व उसके व्यक्तित्व की महत्त्वपूर्ण उपलब्धि है, क्योंकि उसका आन्तरिक मानसिक जीवन और बहुत हद तक उसका बाह्य सामाजिक जीवन उसके रचनाकारत्व से संबद्ध रहता है।" इसीलिए पाठक के भीतर एक ज़रूरी मायने में रचना की सही समझ उत्पन्न करने के क्रम में 'ऐतिहासिक-आलोचना' महत्त्वपूर्ण हो उठती है।

ऐतिहासिक आलोचना-प्रणाली के प्रतिष्ठापकों और अनुयायियों की मान्यता है कि रचनाकार की जीवनी सदैव आलोचना को सामग्री और संदृष्टि मुहैया करने की स्थिति में होती है। रचनाकार अपनी जीवनी में स्वभावतः अपने प्रतिपाद्य विषय—'काव्य : एक वैयक्तिक दस्तावेज'—के बारे में, अर्थात् अपने स्वप्न-साहचर्य, अपनी महत्त्वाकांक्षाओं, अपनी अभिव्यक्त-अनभिव्यक्त इच्छाओं—इन सबमें अपनी अभिरुचि बनाये रखता है। निस्सन्देह इन सारी चीज़ों का अध्ययन साहित्यिक आलोचना के अनिवार्य भाग को उपस्थित करता है। यहाँ इस स्थापना का वैसी हास्यास्पद और मूर्खतापूर्ण संगति के साथ कोई सामंजस्य नहीं है, जिसमें केवल रोग-विषयक इच्छावेश में रचनाकार की निजी कामुकता का प्रक्षेपण होता है, अपितु यह अपनी गम्भीर प्रकृति में वैसे अध्ययनों पर लागू होती है, जो अध्ययन मनोविज्ञान और आलोचना—दोनों पर तकनीकी रूप में चरितार्थ होता है। यहाँ यह तथ्यपरक जानकारी अपेक्षित होती है कि अनुमान का कितना काम अन्तर्निहित हो और कितना उपयोगी उसका निष्कर्ष हो।

ऐतिहासिक आलोचक एक साहित्यिक कृति को पढ़ते समय उस चेतना का भी अध्ययन करता है, जिससे कृति को जन्म मिला है, साथ ही वह रचना

तथा रचनाकार को एक बिन्दु पर देखता है । वह उन व्यवहारवादी या संरचनावादी आलोचकों से बिल्कुल अलग होता है, जिनकी यह धारणा है कि जीवनवृत्तीय सूचनाएँ आलोचनात्मक प्रतिपत्ति को प्रभावित नहीं करतीं, क्योंकि व्यवहारवादी और संरचनावादी आलोचक आलोचना में वैयक्तिक व्यक्तित्व को मिटा डालने के लिए एक भरपूर निषेधात्मक क्षमता तैयार करता रहता है ।

ऐतिहासिक आलोचकों की मान्यता है कि किसी भी कृति के रचना-कर्म में व्यक्तित्व की महत्त्वपूर्ण भूमिका होती है। व्यक्तित्व हमेशा ही रचनात्मक व्यापार से जुड़ा होता है । यह विचार की सक्रिय प्रक्रिया के रूप में काम करता है, साथ ही अनुभूति और मनोभावों में सन्तुलन बनाये रखता है । अतः अपनी रचनात्मक कृति में रचनाकार सबसे पहले अपने 'स्वयं' को ही स्वीकार करता है। इसके लिए वह अपने विचारों और आवेगों के संश्लेपण को युक्तियुक्तता प्रदान करता है । तभी वह बड़े महत्त्वपूर्ण ढंग से यह कह पाता है कि कोई भी लेखक जब रचनात्मक व्यक्तित्व से सम्पन्न होता है तब उसे अपनी कृति को केवल अर्थ या अभिप्राय नहीं देकर उसमें 'होना' पड़ता है, बल्कि अपने पूरे 'अस्ति-भाव' में व्याप जाना होता है ।

वस्तुस्थिति यह है कि कलाकृति ऐसे तत्त्वों को अन्तर्भूत करती है, जो व्यक्तित्त्व के परिलक्षक सिद्ध होते हैं । रचनाकार जैसे अपनी सत्ता रखता है वैसे ही अपनी रचनाओं में भी विद्यमान होता है---पारस्परिक सम्बन्ध-सूत्रों के रूप में । यह कहना कि कविता की अपनी विद्यमानता होती है जहाँ वह कवि के आदर्श एकलन से कटी होती है, कविता-विशेष में 'सिगनेचर' के संवहन का स्पष्ट नकार होगा, साथ ही यह तर्क ऐतिहासिक आलोचना के विरोध में उपस्थित होगा । 'सिगनेचर' 'आर्किटाइप' की तरह का ही एक पारिभाषिक शब्द है । 'सिगनेचर-आर्किटाइप' का यह युग्म द्विध्रुवी है । 'आर्किटाइप' जहाँ युग के सामूहिक मस्तिष्क या एलियट की परम्परा का नाम है वहाँ 'सिगनेचर' वैयक्तिक अवयव-संघटना का कुल योगफल है। 'आर्किटाइप और सिगनेचर : जीवनवृत्त और काव्य के बीच सम्बन्ध-सूत्रों का अध्ययन' नामक लेख में लेसली फिडलर का अभिमत है कि 'सिगनेचर' जब 'आर्किटाइप' पर प्रभाव डालता है तब उस क्षण-विशेष में साहित्य अपने सार्थक अस्तित्व में उभरने लगता है। फिडलर के अनुसार कवि के जिये गये जीवन और उसके द्वारा लिखे गये जीवन या कवि के द्वारा किये गये काम और उसके द्वारा लेखन में प्रतिपादित काम—इनके बीच विभाजक रेखा खींचना बिल्कुल असम्भव है ।

औंग की मान्यता है कि मनुष्य का सबसे गहरा स्थिति-ज्ञान वैयक्तिक है। यह अनुस्थापन पाठक और रचनाकार दोनों ही दिशाओं में काम करता है। कलात्मक

आवेग 'तुम-मैं स्थिति' (यू-मी सिचुएशन) से उत्पन्न होता है। यह एक ऐसा सम्बन्ध है जो मूलतः कलाकार के मस्तिष्क में स्थापित होता है, पर जिसका अनुभव सौन्दर्य-क्षणों के अंश-रूप में पाठक भी कर पाता है। औंग के मुताबिक वैयक्तिक सम्बन्धों और तनावों से कविता या कला की उत्पत्ति होती है। इसीलिए कलात्मक या रचनात्मक वस्तु अपनी सम्पूर्णता और एकमात्रता में कभी वस्तुमात्र नहीं होती, अपितु इसमें कहीं-न-कहीं रचयिता की आत्मा छिपी रहती है। तभी कलाकृति अगणित रूप में व्यक्तित्व को सुलझाती है।

ऐतिहासिक आलोचना की मूल समस्या कृति और कृतिकार दोनों ही से एक-साथ परिचित होना है, 'राम की शक्तिपूजा', और 'निराला'—दोनों ही की जानकारी पाना है। वाल्टह्विट मैन ने जो अपने 'लीब्स ऑफ ग्रास' के लिए लिखा है, कि "जो इसे छूता है वह पूरे व्यक्ति को छूता है"—यह कथन किसी भी रचनात्मक कृति पर पूरी तरह लागू होता है। कृति और कृतिकार के इस सम्बन्ध को अनिवार्य तौर पर समझने की जरूरत है।

ऐतिहासिक आलोचना के कई उपयोग हैं। यह किसी कृति-विशेष की रचनात्मक परिस्थितियों की पुनस्सर्जना करती उस पर प्रकाश डालती है। यह नाम और स्थानगत सन्दर्भों को व्याख्यायित करती हुई स्पष्ट करती है। यह रचना की प्रकाशन-तिथियों की जानकारी देती है। यह पाठकों में इस बात की क्षमता भरती है, जिससे किसी कृति-विशेष के आधार पर कृतिकार के विकास एवं उसके महत्त्वपूर्ण स्थान को एक व्यापक फलक पर मूल्यांकित किया जा सके। जीवनवृत्तीय पड़ताल या खोज रचनाकार के सामाजिक, बौद्धिक परिवेश-प्रकार तथा तात्कालिक वातावरण के विषय में सूचनाएँ उगाहती हैं। यह रचनाकार द्वारा पढ़ी गयी खास-खास किस्म की पुस्तकों और रचनाकार की रचना-प्रक्रिया तथा उसकी कृतियों पर पड़ने वाले संभावित प्रभावों का उद्घाटन करती है। इतना ही नहीं, ऐतिहासिक आलोचना सूक्ष्म-से-सूक्ष्म सीमाओं को उजागर करती हुई कलात्मक प्रक्रिया की खोज करती है, रचनाकार की भीतरी दुनिया में सेंध लगाती है एवं प्रतिपाद्य और प्रतीक के स्रोत का भी उद्घाटन करती है। आगे जाकर यह रचनाकार के व्यक्तित्व के बन्द दरवाजों को भी खोलती है और उसकी सूक्ष्म जाँच करती है। ऐतिहासिक आलोचना रचनाकार के नैतिक, बौद्धिक और सांवेगिक संस्कार का भी ज्ञान कराती है। अपने शीर्ष पर यह रचनाकार का मानवीय पक्ष उजागर करती है, जिससे उसका अस्तित्व सज्जित होता है और जो उसकी कला के जरिये प्रत्यक्ष भी होता है, जिसके अभाव में उसकी रचनात्मक तरंग विकृत और बेअसर हो जा सकती है। एक और रूप में ऐतिहासिक आलोचना का यह जीवन-वृत्तीय पक्ष मनोवैज्ञानिक आलोचना के लिए भी सामग्री जुटाता है और उसे सम्पुष्ट करता

है। इस दृष्टि से एडमड विल्सन के यहाँ कृति-अवरोध के उपकरण के रूप में ही नहीं, बल्कि उससे भी गहरे मनोवैज्ञानिक विश्लेषण के स्तर तक इस जीवन-वृत्तीय पक्ष का स्वीकार-आभार है।

यदि जीवनी इस तथ्य को उजागर करती है कि शैले ने अपनी पत्नी को छोड़ दिया था, मार्लो एक पियक्कड़ शराबी था, बेन जॉन्सन एक खूनी हत्यारा था, एडगर एलेन पो एक मादक औषध-व्यसनी था, तो देखना यह पड़ता है कि इनकी कृतियों की समझदारी में ये तथ्य सहायक भी होते हैं या नहीं। हिन्दी में 'महादेवी' का पति-परित्यक्ता होना, 'निराला' का विधुर होना, 'प्रसाद' का अनेक विवाह करना—उनके काव्य को समझने में सहायक है या नहीं, यह विचारणीय है। साहित्य या कला को रचनाकार का व्यक्तित्व उजागर करता है, ऐतिहासिक आलोचना का जीवन-वृत्तीय पक्ष इस तथ्य में विश्वास रखता है। इसीलिए जो आलोचक जीवनवृत्तीय सूत्रों को रचनाकार के व्यक्तित्व की समझ के लिए पकड़ता है वह जीवनवृत्तीय साहित्यिक अध्ययन के अन्तरस्थ को स्वीकार कर चलता है।

जीवनवृत्तीय पक्ष के सिलसिले में वास्तविकता (एक्चुअलिटी) और यथार्थता (रिअल्टी) में अन्तर करना जरूरी है। इनमें पहला आत्मकथा के तथ्य मुहैया करता है, पर दूसरा कला-सत्य की सर्जना करता है। इसी अन्तर को स्पष्ट करता हुआ इडेल कहता है, कि "प्राउस्ट की कृति को सतह पर जाँचते हुए हम उसे उसकी आत्मकथा मान सकते हैं, उसके संश्लिष्ट उन्मीलन में वह स्वयं तो है ही, पर उसके साथ वे सारे लोग भी है जिन्हें उसने जाना है। एक मनुष्य एक ही नहीं होता है, बल्कि वह एक में ही अनेक होता है। हम सभी अपने-आप में केवल 'मैं' नहीं हैं, बल्कि अपने माता-पिता, सगे-सम्बन्धियों, स्मृतियों, मानवीय प्रवृत्ति के प्रियगीतों के संपुंजन हैं।" इसलिए अपने तकनीकी अर्थ में 'प्राउस्ट' आत्म-कथात्मक उपन्यास लिखता है, पर एक बृहत्तर अर्थ में वह ऐसा ही संश्लेष करता है। हिन्दी में 'अज्ञेय' की 'शेखर : एक जीवनी' के दोनों भागों को इस रूप में देखा जा सकता है। फिर भी किसी रचना को वस्तुनिष्ठता के आग्रहवश पूरी तरह रचनाकार से नहीं काटा जा सकता।

व्यक्तित्व लेखन की रचना-प्रक्रिया में अपनी निश्चित भूमिका अदा करता है। वह विचारणा की सक्रिय प्रक्रिया के रूप में प्रकार्य सम्पन्न करता है, साथ ही अनुभूति और संवेदना के बीच सन्तुलन भी स्थापित करता है। विचार और अनुभूतियों के संसार के बीच सन्तुलन और संसक्ति स्थापित करने में मूलतः आत्मअस्तित्व की अस्मिता ही काम करती है, जहाँ जीने की गहरी इच्छा सक्रिय रहती है। रचनाकार अपने सर्जनात्मक लेखन में सबसे पहले अपने-आपको ही स्वीकार करता है। इस तरह वह अपने भावावेग, संवेग और विचार के

संश्लेष को वैधता प्रदान करता है।

साहित्य या कला ऐसे तत्त्वों का संवहन करती है, जो इसके रचयिता के व्यक्ति-वैशिष्ट्य को उजागर करते हैं। इस प्रकार कला और कलाकार आपसी सम्बन्ध में अस्तित्व रखते हैं। पहली स्थापना जहाँ रचनाकार के सर्जक व्यक्तित्व को महत्त्व देती है, वहाँ दूसरी स्थापना उसे कृति से जोड़ती है और तीसरी स्थापना सर्जक-पाठक के सम्बन्ध पर प्रकाश डालती है।

जेरोम जे० मैक्गॅन के अनुसार ऐतिहासिक आलोचना के मूलभूत सिद्धान्त बहुत स्पष्ट हैं—(1) इसमें प्रत्येक साहित्यिक 'पाठ' पर निर्धारण करने योग्य उन संकेतार्थी घटनाओं की संबद्ध शृंखला के बतौर पुनर्विचार किया जाना चाहिए जो सामाजिक-ऐतिहासिक अनुभव की प्रक्रिया को प्रस्तुत करती और समझाती है। (2) दूसरे, इसी से जुड़ी आलोचनात्मक प्रविधि की वह अवधारणा भी है, जो दो बड़े और सम्बद्ध क्षेत्रों को मिलाती है : (क) साहित्यिक कृतियों के पाठालोचनीकरण का इतिहास और (ख) इन पाठों की पाठकीय ग्रहणशीलता का इतिहास—इन दोनों की ही ऐतिहासिकता स्वयं में तीन महत्त्वपूर्ण निर्वचनात्मक विशिष्टताओं को समाहित किये रहती है—1. कृति और उसके उद्भव-विन्दु के बीच की निर्वचनात्मक विशिष्टता, 2. कृति के अनुवर्ती अन्तरणों के द्वारा उपस्थित निर्वचनात्मक विशिष्टता और 3. वर्तमान पड़ताल के तात्कालिक क्षेत्र में स्थित कृति की निर्वचनात्मक विशिष्टता (3) तीसरे, आलोचनात्मक कृति के विषय और केन्द्रबिन्दु को अनिवार्यतया द्वन्द्वात्मक पड़ताल के क्षणों के रूप में देखा जाना चाहिए। इन्हें इन सबसे काटकर नहीं समझा जा सकता है। इसलिए इन्हें ऐसी आलोचनात्मक प्रक्रिया के रूप में समाकलित किया जाना चाहिए जो अनेक दृष्टिकोणों को टिप्पणी के लिए प्रोत्साहित करती हो, साथ ही जो परस्पर एक-दूसरे को प्रकाशित भी करती हो। (4) अन्ततः साहित्यिक अनुभव में अर्थ भी उस क्रिया के बतौर पुनर्विवेच्य होता है जिसके द्वारा साहित्यकृतियाँ रचित और पुनः रचित होती रहती हैं। काव्यगत 'अर्थ' न तो कविता की विचारधारा होता है, न ही आलोचक की ऐसी विचारधारा। वास्तव में यह नयी प्रश्न-प्रक्रिया के रूप में सामने आता है जिसमें विचारधाराएँ अस्तित्व और अभिव्यक्ति प्राप्त करती हैं। वे सभी 'अर्थ' जो कभी कविताओं पर आरोपित किये गये हैं तभी साफ़ तौर पर समझे जा सकेंगे जबकि इन 'अर्थों' को उन इतिहासों के अर्थ के बतौर समझा जाए जिन्हें कविताएँ प्रतिबिम्बित करती और पुनः-पुनः रचती हैं।

ऐतिहासिक आलोचना का दावा है कि ऐसे साहित्य हैं जिनकी निर्वचनात्मक व्याख्या विना उनके रचनाकार की ऐतिहासिक जीवन-वृत्तीय सूचनाओं को प्राप्त किये समीचीनता पूर्वक नहीं की जा सकती है। *अतः ऐतिहासिक आलो-*

चना के विद्यार्थियों के लिए सबसे पहले जिस तथ्य को जानने की अपेक्षा है वह यह कि यह कैसे निर्णय करे कि कब और कहाँ ऐतिहासिक और जीवनवृत्तीय सूचनाएँ निर्वचन के लिए ज़रूरी हैं, क्योंकि किसी भी पाठ के सन्दर्भ में सदैव उस विशेष बिन्दु का सही-सही निर्देश किया जा सकना कठिन है जहाँ हमें बाह्य पाठेतर सूचनाओं की अपेक्षा होती है।

आलोचना के रूसी बख्तिन स्कूल ने सभी साहित्य-विधाओं के लिए— यहाँ तक कि कविता के लिए भी उसके ठोस उद्भव और इतिहास के तत्त्वों की बात करते हुए समाज-ऐतिहासिक प्रविधि की वकालत की है। इस स्कूल की बड़ी स्थापना यह है कि इसके अनुरूप रचनाकार की वैयक्तिक यथार्थता भी उसकी शारीरिक यथार्थता नहीं होकर ऐतिहासिक तथ्य है। न केवल इसकी अर्थवत्ता, बल्कि इसकी निष्पन्नता भी किसी-न-किसी प्रदत्त सामाजिक स्थिति के अन्तर्गत किसी-न-किसी निश्चित ऐतिहासिक क्षण में ही सम्पन्न हो पाती है। इसकी यह ज़ोरदार मान्यता है कि काव्य-सामग्री यदि भाषा है तो सामाजिक विकास की व्यवस्था के बतौर, न कि भाषिक संभावनाओं के कुल योगफल के बतौर। बख्तिन के अनुसार सामाजिक विकास कथ्य-विन्दु के चुनाव को भी निर्धारित करता है। इसीलिए यहाँ कविता, अन्य सभी मानवीय उद्गारों की तरह ही, एक प्रकार का सामाजिक कर्म है, जो सम्बद्ध मानवीय विचारों और अभिवृत्तियों के संश्लेष को स्थापित (लोकेट) करती है।

इस प्रकार प्रत्येक कविता में हम मानवीय स्थितियों एवं काल-निर्दिष्ट कुलक का सामना करते हैं जो कलात्मक अन्तराल में अपनी नियोजना के कारण हमारे अनुभवों में प्रवेश करते हैं, मानों सभी मानवीय इतिहास के साथ उनके सम्बन्ध-सूत्र बहुत स्पष्ट तौर पर विद्यमान थे। कविता इस ऐतिहासिक सम्पूर्णता के प्रति जागरूक प्रतीत होती है— इसका अंगभूत रूप इस प्रतीतात्मक ज्ञान का संकेत है — और यह अपने पाठकों को कायल करती है कि वैसी पूर्णता काव्यात्मक विपर्यय-मात्र नहीं है, बल्कि एक सत्य है।

पर बख्तिन स्कूल समीचीन ऐतिहासिक आलोचना के लिए न तो किसी प्रकार की प्रविधिगत रूपरेखा प्रदान करता है, न ही किसी प्रविधि का विकास करता दीखता है। हाँ, ऐसी परियोजना को उन सभी व्यावहारिक ऐतिहासिक आलोचना में प्रच्छन्न रूप में देखा जा सकता है, जिन्हें विभिन्न आलोचकों और विद्वानों ने समय-समय पर प्रस्तुत किया है। सामान्य तौर पर साहित्य के ऐतिहासिक आलोचक इस तथ्य को स्वीकार करते हैं कि ऐसी परियोजना को रचना के उद्भव-विन्दु और उसकी पाठकीय ग्रहणशीलता के विन्दु के बीच की द्वन्द्वात्मकता से परिणामित होना चाहिए। वास्तव में किसी भी रचना की ऐतिहासिक आलोचना करने की दृष्टि से उद्भव-विन्दु और ग्रहणशीलता के विन्दु के

बीच का अन्तर बुनियादी महत्त्व रखता है। वास्तव में साहित्य की समीचीन ऐतिहासिक आलोचना के सन्दर्भ में जो बुनियादी प्रविधि अपेक्षित है वह बख्तिन स्कूल के सैद्धान्तिक सूत्रीकरण को व्यावहारिक साधित रूप प्रदान करने से से सम्भव है।

किसी कविता की साभिप्रायता को उसके उद्भव-विन्दु के आधार पर निर्धारित करने का अर्थ उसके रचनात्मक सन्दर्भ की पूरी छान-बीन करना है। किसी भी कविता की प्रारम्भिक पांडुलिपि और उसके मुद्रित रूप के अध्ययन के द्वारा रचनाकार और पाठक के बीच सामाजिक सम्बन्धों को परिभाषित किया जा सकता है। यदि कोई रचनाकार कविता लिखता है, पर उसे प्रकाशित नहीं करता या करा पाता या कि छपने पर वह स्वयं उसे वितरित करता या नहीं करता है—ऐसे तथ्य रचना की समझदारी को प्रभावित करते हैं। वस्तुतः यहाँ यह भी महत्त्वपूर्ण है कि कविता कब, कहाँ और किसके द्वारा प्रकाशित की गयी। किसी रचनाकार के द्वारा अभिव्यक्त उसके उद्देश्य, उसके अभिप्राय भी उसकी कविता की समझ की दृष्टि से महत्त्वपूर्ण और साभिप्राय माने जाते हैं। उद्भव या रचे जाने के बिन्दु पर ऐसे सभी अभिप्राय रचनाकार के द्वारा काल, स्थल और प्रकाशन-रूप के किये गये चुनाव में कूटबद्ध होते हैं। इसके द्वारा हम कवि के इस निर्णय से परिचित हो जाते हैं कि उसने स्वयं अपनी रचना को प्रकाशित करना चाहा या नहीं चाहा, या उसने कहीं अपनी पांडुलिपि तो लोगों के बीच वितरित नहीं की या कि उसने नितान्त निजी रूप में उसे प्रकाशित कराने का निर्णय लिया। इस प्रकार के सारे निर्णय एक या दूसरे प्रकार के विशिष्ट सामाजिक कर्म का रूप ग्रहण करते हैं और ये कर्म बृहत्तर सामाजिक कर्म के अनुभव के बतौर दाखिल होते हैं। साथ ही ये अपने विशिष्ट मानवीय इतिहास में स्वयं ही कविता की अस्मिता भी बनते हैं।

उद्भव या रचे जाने के विन्दु का सही अभिप्राय क्या है? क्या इसका सरोकार रचना के रचे जाने की तिथि से है? क्या यह उसके प्रकाशित होने की तिथि है? यदि दोनों में अन्तर है तो यह अन्तर क्या रचना की समझदारी में अन्तर उपस्थित करेगा? और यदि हाँ, तो यह अन्तर किस प्रकार का होगा? इसके अनुरूप अतीत के आलोचनात्मक कर्म से समकालिक क्रियात्मकता का अन्तर कैसे स्पष्ट किया जा सकेगा? क्या रचनाकार की मृत्यु के बाद सम्पन्न सम्पादित कार्य रचनात्मक इतिहास का अनुभाग होगा या कि इसे कृति के उद्भव-विन्दु से ही जोड़ना समीचीन होगा? ऐसे सभी प्रश्न तब निश्शेष हो जाते हैं जब हम साहित्य की ऐतिहासिक आलोचना की दिशा में एक संसक्त प्रविधि विकसित करने लग जाते हैं।

वास्तव में जिसे रचनाकार का अभिप्राय कहा जाता है उसे उसकी अपनी

कृतियों के विषय में दिये गए विशिष्ट बयानों से जानना सम्भव है। ऐसे बयान अक्सर उसके जीवन-काल में लिखे गए आलेख और उसके द्वारा वैयक्तिक अथवा सामूहिक तौर पर किए गए प्रचार-प्रसार के अंग भी हो सकते हैं। उसके मरणोपरान्त उससे लिए गए पूर्व साक्षात्कार, उसके लिखे पत्र अथवा उसके लिखे दूसरे अस्थायी लेखन के प्रकाशन से भी ऐसे अभिप्राय को रेखांकित किया जा सकता है, बशर्ते ये सभी प्रामाणिक हों। ऐसी सभी सामग्री का प्रकाशन अपने अधिकार से सामाजिक कर्म ही हैं, जो कविता के विकसित होते इतिहास को कमोवेश गम्भीरता से परिवर्तित करते चलते हैं। जब कविता एक बार रचनाकार के सोद्देश्य नियन्त्रण से पूरी तरह निकल पड़ती है तब यह अपने रचे जाने के उद्भव के बिन्दु से भी छूट जाती है, मुक्त हो जाती है। यहाँ यह अपने परवर्ती द्वन्द्वात्मक जीवन के पहले चरण को स्थापित करती दीखती है। सामान्यतः कविता का आलोचनात्मक इतिहास—उसके ग्रहणशील जीवन का घूमता धुरा—उसके विषय में प्रथम-प्रथम प्राप्त प्रतिक्रियाओं और समीक्षकों से आरम्भ होने लगता है। कविता के प्रति व्यक्त ऐसी प्रतिक्रियाएँ कवि के उद्देश्य और अभिप्राय को कभी-कभी बिल्कुल दूसरे रूप में प्रस्तुत करने लग जाती हैं और भविष्योन्मुखी कविता के प्रक्रियाई जीवन का भाग बनकर रहती हैं। इस प्रकार कोई भी कविता अतीत से अन्तःपाशित दो इतिहासों को लेकर उपस्थित होती है। पहला इतिहास वह है जो रचनाकार के द्वारा अभिव्यक्त निर्णयों और उद्देश्यों से प्राप्त होता है तथा दूसरा वह है जो कविता के विभिन्न पाठकों की आलोचनात्मक प्रतिक्रियाओं से प्राप्त होता है।

ऐतिहासिक आलोचना का परम्परित प्रकार्य सम्बन्धों के इन अतीत-कुलकों के अध्ययन-विश्लेषण से सरोकार रखने वाला रहा है। रॉय हार्वे पीयर्स का प्रसिद्ध आलेख 'हिस्टोरिसिज़्म वन्स मोर' इस पर बहुत अच्छी तरह प्रकाश डालता है। पर आलोचना की ऐतिहासिक प्रविधि अपने दायरे में इससे कहीं अधिक समेटती है। वह विशेषतः कविता के लिखे जाने, पढ़े जाने और उसके पुनः प्रस्तुत किए जाने से कुछ अतिरिक्त तक पर अपना ध्यान केन्द्रित करती है। आलोचक वर्तमान और भविष्य को नाभिकेन्द्रित करता है। वह पाठकों के प्रति भी ध्यान देता है। इसीलिए ऐतिहासिक आलोचना में कविता का कोई भी अध्ययन केवल आलोचक और कवि के बीच के सरोकार को उजागर करने वाला नहीं होता है, बल्कि आलोचक और एक विशेष प्रकार के पाठक के बीच के सरोकार की भी अभिव्यक्ति होता है। ऐसे अध्ययन में आलोचक के ध्यान का बिन्दु केवल सपाट अतीत नहीं हुआ करता, बल्कि वैसा अतीत होता है जिससे वह वर्तमान और भविष्य की साभिप्रायता को भी उजागर कर पाता है। ऐतिहासिक आलोचना के पक्षधरों की मान्यता है कि सामान्य रूप में आलोचना

करने वाले भी यद्यपि इतिहास के प्रति उपेक्षा का भाव रखते हैं, फिर भी उनकी आलोचनात्मक सक्रियता में इतिहास सदैव विद्यमान रहता है। हाँ, यह इतिहास उसके वैयक्तिक चेतन में उपस्थित नहीं रहता है। इसलिए समाज-ऐतिहासिक आलोचक के प्रधान प्रकार्यों में एक प्रमुख प्रकार्य सामाजिक आत्मचेतना के स्तरों को बढ़ाना, विकसित करना है, जिसके साथ ही प्रत्येक आलोचक साहित्य की आलोचना का अपना-अपना कर्म सम्पादित करता है।

ऐतिहासिक आलोचना रचना के रचे जाने के पूरे सन्दर्भात्मक तथ्यों का ज्ञान प्राप्त करने पर बल देती है। वह रचना के एक से अधिक प्राप्य पाठ को पढ़ने, उसके अन्तरों पर ध्यान देने की आवश्यकता को भी उजागर करती है। यहाँ पाठों के अन्तर का समय या उसका रचना-काल, परिवर्तन-काल भी द्रष्टव्य होता है तथा दोनों में उपलब्ध अन्तर भी महत्त्वपूर्ण होता है। कहना होगा कि ग्राह-कीय, पाठकीय विन्दु पर कविता के सबसे पहले ग्रहण किए जाने तथा पुनः परि-वर्तित अंश की दृष्टि से कविता के ग्रहण किए जाने का अंतर न केवल कवि की परिवर्तित काव्य-संवेदना या अभिव्यक्ति की उत्तमता-मात्र का अन्तर होता है, बल्कि इसके पीछे समाज-सांस्कृतिक, ऐतिहासिक और राजनैतिक तत्त्व भी अपनी सक्रियता दिखाते हैं, और परिवर्तन उन प्रभावों के दबाव के कारण भी उपस्थित होता है। हिन्दी में 'निराला' की कविताओं में दोनों ही दृष्टियों से किए गए इस प्रकार के परिवर्तन प्राप्त होते हैं। उनकी 'छत्रपति शिवाजी का पत्र' शीर्षक कविता— जो पहली बार 'परिमल' में प्रकाशित हुई थी,— में एक पंक्ति आती है—'एक ओर हिन्दू एक ओर मुसलमान हो।' किन्तु 1945 में जब हिन्दी साहित्य सम्मेलन, प्रयाग से उनकी चुनी हुई कविताओं का संकलन 'अपरा' प्रकाशित होता है तब वे यहाँ संकलित अपनी उक्त कविता से इस पूरी पंक्ति को ही निकाल देते हैं। 'अपरा' की कविताओं में किया गया पाठान्तर उनका अपना है। पर जिस आलोचक को इस ऐतिहासिक तथ्य का ज्ञान नहीं है वह 'निराला' की इस कविता के पूर्व प्रकाशित पाठ के आधार पर उन पर साम्प्र-दायिक होने का आरोप तक कर डालता है। हिन्दी में दूधनाथ सिंह की पुस्तक 'आत्महंता आस्था निराला' में इस कविता के पहले पाठ के आधार पर उन पर ऐसे आरोप किये गए हैं। यदि दूधनाथ सिंह ने 'अपरा' में उनके द्वारा परिवर्तित पाठ को देख लिया होता और इससे कवि की परिवर्तित पाठ वाली संवेदना को समझा होता तो वे ऐसा गलत आरोप 'निराला' पर नहीं कर पाते। यह गलती हुई है तो केवल इस कारण कि अपनी आलोचना-प्रक्रिया में ऐतिहासिक आलोचना के मूलभूत आधारों को दूधनाथ सिंह ने ग्रहण नहीं किया है।

मैक्गॅन ने अपने आलेख-'कीट्स ऐंड हिस्टोरिकल मेथॅड-में कीट्स के काव्य-सन्दर्भ में विशेषतः उसकी कविता 'द इंडिकेटर' के सन्दर्भ में—ऐसे महत्त्वपूर्ण

प्रामाणिक उदाहरण प्रस्तुत किये हैं। वह यह स्पष्ट करता है कि आलोचना की विशिष्ट और चालू समस्याओं के प्रति ऐतिहासिक आलोचना की उक्त सामान्य प्रविधि को तब बखूबी लागू किए जाने की अपेक्षा होती है जब-कभी इस प्रकार का कोई साहित्यिक अध्ययन किया जा रहा होता है। किन्तु ऐसे विशेष मामलों में भिन्न-भिन्न आलोचनात्मक चाप की अपेक्षा को भी नकारा नहीं जा सकता है। कविता के रचे जाने के संदर्भ से जुड़ने वाली ऐसी कुल सूचना एक अपेक्षित विवरण-कुलक की स्थापना करती है। इन विवरणों पर जब कविता के सन्दर्भ में विचार किया जाता है तब वे जीवनवृत्तीय अन्तर्बन्धन की संघटना प्रस्तुत करते दीखते हैं। कहना न होगा कि इनसे सन्दर्भ के बृहत्तर समाज-ऐतिहासिक साँचे की सशक्त उपस्थिति का उद्घाटन सम्भव हो पाता है। पर ऐसी जीवन-वृत्तीय सूचनाएँ अपनी विश्लेषणात्मक सम्भावनाओं में तभी कारगर सिद्ध हो पाती हैं जब वे एक सामान्य समाज-ऐतिहासिक प्रविधि के नियंत्रित साँचे में उपस्थापित और क्रियाशील होती हैं, अन्यथा ऐसे जीवन-वृत्तीय विवरणों को छद्म ऐतिहासिक प्रविधि के बतौर भी देखा जा सकता है। यही नहीं, केवल जीवन-वृत्तीय आधारों पर की गयी आलोचना के लड़खड़ाने का खतरा भी बना रहता है, क्योंकि यह विशिष्ट व्यक्ति के कृत्रिम तौर पर नियंत्रित भूगोल में कविता के विश्लेषण का दावा करती है। ऐसी आलोचना इस तथ्य से परिचित होती है कि रचनाकार वस्तुगत संसार के द्वन्द्वात्मक सम्बन्ध में लिखता है, पर यह प्रायः इस तथ्य से अनवधान हो जाती है कि यह नातेदारी बुनियादी तौर पर वैयक्तिक या मनोवैज्ञानिक होने की अपेक्षा सामाजिक होती है और इसीलिए वस्तुनिष्ठ इतिहास कविता पर नक्श होते प्रभाव के लिए प्रयास करता है।

मैक्गॅन के अनुसार यदि किसी कविता का सामाजिक सन्दर्भ कविता के पाठक के तात्कालिक सन्दर्भ में अपनी दर्श्यता प्राप्त करता है तो कविता का स्पष्ट सामाजिक सन्दर्भ अपने उद्भव के बिन्दु पर पहली संघटना प्राप्त कर चुका होता है। वास्तव में कविता के प्राथमिक चरण की पुनः संघटना का अर्थ निम्नांकित प्रश्नों के उत्तर खोजना है : मूलतः गृहीत कविता कब, कहाँ और किसके द्वारा प्रकाशित की गयी थी ? क्या प्रकाशन का वह आरम्भिक शब्द कविता के उस अर्थ की पहली स्पष्ट प्रतीति को संघटित करता है जो अर्थ रचयिता की अभिव्यक्ति और पाठक की अनुक्रिया को समाविष्ट करते हुए सम्प्रेषण के परिणाम से उभरता है ? क्या इस क्षण की विशेष महत्ता इसकी प्राथमिकता में अपना विकास करती है, क्योंकि कविता के उत्तरवर्ती वाचनों में जो-कुछ परिवर्तन उपस्थित होता है वैसे परिवर्तन वाली सभी आनुक्रमिक अनुक्रियाएँ किसी-न-किसी रूप में आरम्भिक विषय में परिचालित होती हैं।

कीट्स की 'टु ऑटम' कविता पहले-पहल 'लामिया, इसा बेला, द ईव ऑव सेंट

इग्नेस ऐंड अदर पोयम्ज़' कीट्स के तथाकथित 1820 के काव्य-खण्ड (1 जुलाई 1820 को प्रकाशित) में छपी थी। इस पुस्तक की प्रकाशन-विशेषता बड़े निकट रूप में 'अंटम' के अर्थ से जुड़ती है। व्यापक और सामान्य तौर पर देखें तो इस किताब की बहुत अनुकूल समीक्षा भी हुई थी। पर इस नातेदारी की प्रकृति को समझने के लिए इस किताब और इसके मूल सन्दर्भ को बहुत स्पष्टता से देखने की अपेक्षा है। कीट्स के 1820 के काव्य-खण्ड के प्रकाशक टेलर और हेस्से (Taylor & Hessey) थे। इन्होंने ही कीट्स की पुस्तक Endymion को 1818 में प्रकाशित किया था। यही वह कृति थी, जो प्रकाशन के तत्काल बाद विरोधी समीक्षा का निशाना बनी थी और साहित्य-संसार के इस झंझावात में कवि के साथ-साथ प्रकाशक को भी थपेड़े खाने पड़े थे। इसीलिए जब कीट्स ने 1919 के उत्तरार्ध में पुनः टेलर और हेस्से से अपनी कविताओं के नये संकलन के प्रकाशन का प्रस्ताव रखा तो इसमें दिलचस्पी रखते हुए भी वे दोनों सावधान हो गए। अब वे ऐसी कविता-पुस्तक के प्रकाशन के लिए तैयार नहीं थे जो पुनः Endymion की तरह प्रतिकूल आलोचना और उपहास का केन्द्र बने। कीट्स द्वारा 1820 के काव्य-खण्ड की कविताओं के प्रकाशन-हेतु प्रकाशकों के साथ किया गया संघर्ष सर्वविदित है। पहले तो यह बिल्कुल तय हो गया था कि ये कविताएँ अब नहीं छप पाएँगी, परन्तु भाग्य की एक स्वर्णिम रेखा ने प्रकाशक के इस निर्णय को उलट दिया। वास्तव में डूरीलेन थिएटर के द्वारा Otho the Great के अभिनय के सम्बन्ध में जो निर्णय लिया गया उसने कीट्स की नयी कविताओं के विषय में टेलर के मस्तिष्क पर प्रभाव डाला और उसके नहीं छापने के विचार को बदल दिया। तर्क यह था कि जब एक नाटक सफलता से अभिनीत हो सकता है तब कविताओं की पुस्तक के लिए भी सफल प्रतिक्रिया प्राप्त करने की आशा की जा सकती है। इस प्रकार कीट्स की 1820 की कविताओं के प्रकाशन-पूर्व के इतिहास का बीज-तथ्य यह निकला कि कीट्स के प्रकाशकों ने इस बात पर बल दिया कि प्रकाश्य पुस्तक ऐसी कोई भी सामग्री लेकर नहीं आएगी जो समीक्षकों को आरोप-प्रत्यारोप करने के लिए उकसाये। विशेषतः वह कृति अशोभनीयता और राजनीतिक आमूल परिवर्तनवाद की सामग्री से पूरी तरह मुक्त होगी। यद्यपि कीट्स ने इसके लिए संघर्ष किया, पर उसे प्रकाशकों की मान्यता को मानने के लिए बाध्य और सहमत कराया गया। यही कारण था कि ले-हंट (Leigh Hunt) के Indicator में छपी उसकी दो कविताएँ उसके 1820 के काव्य-संकलन में स्थान प्राप्त नहीं कर सकीं। कीट्स के प्रकाशकों ने तब राजनीतिक दृष्टि से संवेदनशील ले-हंट के नाम से अपने को बिल्कुल बचाना उचित समझा। कीट्स स्वयं भी यद्यपि अपनी इस कविता-पुस्तक की ग्रहणशीलता के सम्बन्ध में चिन्तित था, पर उसके लिए इसके सरोकार

दूसरे थे। उसकी मुख्य दिलचस्पी— 1. उसकी अपनी कविताओं की तकनीकी शक्ति-क्षमता को दिखाने और 2. यह सिद्ध करने में थी कि वह भावुकता और दुर्बलता का कवि नहीं है। इन तथ्यों से यह स्पष्ट हो जाता है कि कीट्स के 1820 के काव्य-संकलन का प्रकाशन उस आत्म-चेतन की अभिवृत्ति के अनुरूप था जो उस समय की साहित्यिक मान्यताओं के प्रति उन्मुख थी। मैकॅग्न के अनुसार इस इतिहास को जानना महत्त्वपूर्ण है, क्योंकि यह द्वन्द्वात्मक नातेदारी के उस कुलक को प्रतिबिम्बित करता है, जो कीट्स की पुस्तक में अभिमुख है। Endymion के परवर्ती काल की उसकी कविता पाठकीय ग्रहणशीलता के प्रति कीट्स की सजगता और चिंतनशीलता को प्रमाणित करती है। इनमें से कई नयी कविताएँ लोकमानस का ध्यान खींचने की दृष्टि से लिखी गयी कविताएँ हैं। यह तथ्य इस संकलन में संकलित उसकी तीन कथात्मक कविताओं से बहुत स्पष्ट हो जाता है। यही कारण है कि कीट्स के 1820 ई० का काव्य-संकलन पाठकों के बीच बहुत लोकप्रिय हुआ। इस संकलन की विशेषता तब और भी उजागर होती है जब हम इसकी तुलना बायरन के 'डॉन जुआन' (Don Juan), विशेषतः उसके सर्ग I, II (1819) से और सर्ग VI, VII (1823) से करते हैं। कहना न होगा कि 'डॉन जुआन' बहस और संघर्ष को उत्तेजित करने की दृष्टि से लिखा गया था। यही बात शैले की 1819-20 के दौरान प्रकाशित 'रोजालिंड ऐंड हेलेन' या 'प्रोमोथियस अनबाउंड' या 'ओडिपस टायरनॅस' के साथ भी घटित होती है। इनमें अन्तिम कृति में एक ऐसा ज्वलनशील पात्र आता है जिसके कारण इसका प्रकाशन रोकना पड़ा था। इन सबके विपरीत कीट्स के 1820 के काव्य-संकलन की कविताएँ उत्तेजित करने की जगह संघर्ष को शान्त करने वाली कविताएँ थीं। शैले की 'प्रोमोथियस अनबाउंड' जैसी कविता के विपरीत कीट्स के इस नये संकलन में मिथकीय दृष्टि वाली कविताएँ—कला, मिथक और कल्पना को प्रस्तुत करने वाली कविताएँ—थीं। ये कविताएँ न तो पुस्तक के पाठक-वर्ग में किसी प्रकार का विचारधारात्मक आरोप करती थीं, न ही ये कविताएँ किसी भी रूप में अपने को सामाजिक और राजनीतिक कारणों से जोड़ने वाली कविताएँ थीं, जैसा कि बायरन और शैले उस समय की अपनी-अपनी कविताओं में कर रहे थे। इसके विपरीत ये कविताएँ कला और सौन्दर्य की मध्यस्थता के जरिये सामाजिक और राजनीतिक संघर्ष को विसर्जित करने वाली कविताएँ थीं। मैकगॅन के अनुसार कीट्स के 1820 के काव्यसंकलन की प्रस्तावित कविताएँ अपने प्रकाशन के समय राजनीतिक-दृष्टि से प्रतिक्रियावादी थीं और 'प्री-रैफेलाइट सर्किल' के द्वारा की गयी खोज के समय वे गहरे तौर पर क्रान्तिकारी भी थीं, जिन्हें प्रकाशकों ने छापने से इनकार कर दिया था। कहना न होगा कि कीट्स की कविताओं की

यह प्रतिक्रियावादी और क्रान्तिकारी विशेषता विशेष ऐतिहासिक परिस्थितियों का प्रकार्य है और उसकी कविता का बुनियादी आलोचनात्मक पहलू इन परिवर्तनों के द्वारा ही बना रहता है।

कीट्स ने 'ऑटम' शीर्षक अपनी कविता के लिए आर्ष कोटि की शैली का चुनाव किया है। ऋतु इस कविता में मानवीकृत रूप में उपस्थित हुई है। यही नहीं, इस रूप में वह सीधे सम्बोधित भी हो रही है। इसके अतिरिक्त यह मानवीकृत ऋतु व्यंजना से 'सेरेस' (Ceres) और 'बछस' (Bachhus) जैसी दैवी शक्तियों से भी सम्बन्धित है। इस प्रकार आत्मचेतन रूप में यह कविता कल्पित आर्ष विशेषता को बढ़ा देती है। 'ऑटम' के दूसरे चरण में समसामयिक किसान-श्रमिकों के बिम्ब गैर-ईसाई देवता की उभयलिंगी आकृति पर अधिआरोपित होते दीखते हैं। अंततः कृषि और श्रमिक इस मिथक-कविता में अत्यन्त ऊँची मुद्रा में अभिकल्पित होते पाये जाते हैं। वास्तव में ये चित्रमय आकृतियाँ हैं जिनका प्रवेश कीट्स की कविता में अन्य ललित-कला विषयक उसके अनुभव के द्वारा संभव हुआ है। कीट्स के इस अनुभव का स्रोत अट्ठारहवीं शती की चित्रकला, नक्काशी और पोसिन (Poussin) तथा क्लॉड (Claude) के भू-परिदृश्यों (Land escape) के कलात्मक तौर पर साधित रूपों में प्राप्त होता है। ऐसे में कविता की स्पष्ट कल्पना शरद् के प्राकृतिक बिम्बों की शृंखला-मात्र को उपस्थित करना न होकर उसे पाठकीय अनुभव में चौखटे लगे चित्रों की शृंखला के रूप में प्रस्तुत करना दीखता है। यह इस तथ्य को और संपुष्ट करता है कि कला मानवीय अनुभव को माध्यमित करती है। इन काव्यात्मक सामग्रियों के संदर्भ में 'ऑटम' कविता समान स्पष्टता के साथ ग्रीष्म से शरद के आर्तव परिवर्तन के विषय को उसके सभी परम्परित थीमिक साहचर्यों—जीना और मरना, परिपक्व होना और नष्ट होना, स्थिर होना और छोड़ जाना—के साथ प्रस्तुत करती है। सच्चाई यह है कि इन थीमिक अर्थों का अर्थ कविता द्वारा आह्वानित ऐतिहासिक रूप में विशिष्ट विचारधारात्मक मध्यस्थताओं के द्वारा काव्यात्मक रूप में परिभाषित होता है। यह उन विशिष्ट सामग्रियों के द्वारा परिभाषित होता है, जिन्हें कीट्स ने प्राप्त किया है।

'टु ऑटम' पोसिन और क्लॉड की परम्परा से बने चित्रों के सन्दर्भ-संकेत का संवहन करती है। पर यहाँ यह भी जानना समीचीन है कि कीट्स ने चित्रकला की इस परम्परा को किस प्रकार समझा और व्याख्यायित किया है! वास्तविकता यह है कि इसके विषय में कीट्स के विचार हैज़लिट के विचार के समानांतर हैं। कीट्स ने हैज़लिट के इन विचारों को उसके लेखन, संभाषण और लोक-व्याख्यानों से ग्रहण किया था। इस प्रकार कीट्स की यह कविता एक ओर ललित कलाओं की ऐतिहासिक परम्परा से तथा दूसरी ओर इस परम्परा

की हैज़लिट द्वारा की गयी रोमांटिक, निर्वचनात्मक व्याख्या से संकेत प्राप्त करती है। हैज़लिट ने जिसे दूसरे सन्दर्भ में अपने तर्कमूलक गद्य में स्पष्ट किया था उसे कीट्स अपनी कविता 'टु ऑटम' के शाब्दिक बिम्बों में उजागर करता है। हैज़लिट के अनुसार पोसिन के भू-परिदृश्य बलॉड की तरह हैं : "ये (भू-परिदृश्य) कम-से-कम दो-चार हज़ार साल पहले की कल्पना का संवहन करते हैं और इसे इतिहास के दूर धुंधलके में दफ़ना देते हैं। उसकी रंगरेज़ी में दूर अतीत की घटनाओं की ध्वनियों के साथ समावेशित अपारदर्शिता और रहस्य-मयता है : उसके भवन मानों अपनी काल-चेतना के साथ हैं, उसके कृषिकर्म के कार्यान्वयन मानों सभ्यता के पहले अनगढ़ चरणों से सम्बन्ध रखते हैं, उसकी फसलें ऐसी हैं मानों वे किसी आधुनिक हँसिया के आगे नहीं झुकेंगी, उसके अंगूरों के गुच्छे... आधुनिक कंधों पर बोझ हैं, उन आकृतियों में एक किस्म की साधारणता और अविशिष्ट विस्तृति है और कुल मिलाकर समय के हाथों ने अपना परदा डाल दिया है।"

इस प्रकार यह स्पष्ट हो जाता है कि कीट्स की 'टु ऑटम' कविता उसी विचारधारात्मक स्रोत से अपनी अभिवृत्तियों का कुलक ग्रहण करती है जहाँ से उसे हैज़लिट ने प्राप्त किया था। विद्वानों ने इन अभिवृत्तियों को 'रोमांटिक क्लासिसिज़्म' का अभिधान प्रदान किया है।

'टु ऑटम' कविता का विशेष प्रभाव थीमिक स्तर पर भयप्रद पहलुओं को दूर करने वाला है। कवि जिसे 'सुन्दर' के बिम्बों में उपस्थित करता है वे अन्यथा रूप में महज सत्य की दृष्टि से आशंकित करने वाले विचार बन जा सकते थे। पर इस प्रभाव को कविता में मिथकशास्त्रीय और कलात्मक मध्यस्थता के ज़रिए इस तरह दिखाया गया है कि पाठक शरद को देखने के लिए और कुछ स्पष्ट काल्पनिकता के व्याज से परिवर्तन और मृत्यु पर ध्यान देने के लिए सहमत हो जाता है। पाठक इस आमंत्रण को इसलिए स्वीकार कर लेता है, क्योंकि ये मध्यस्थताएँ यद्यपि अपनी पहचान के बतौर काल्पनिक हैं, फिर भी ये यथार्थ मानवीय लाभ का वायदा नहीं करती हैं : मध्यस्थता का सौन्दर्य परिवर्तन, मृत्यु और ह्रास के विचारों के बारे में किसी की अनुभूत अनुक्रिया को रूपांतरित कर सकता है। कीट्स की 'टु ऑटम' कविता अपने-आप में इस बात का प्रमाण है कि आत्मचेतन रूप में आश्लिष्ट और ऐतिहासिक रूप में प्रजनित कल्पनाओं में इस प्रकार की सान्त्वनामयी शक्ति होती है।

ऐतिहासिक आलोचना के संदर्भ में यह ध्यान देने योग्य है कि गृहीत कविता जिस विषय पर लिखी गयी होती है उस विषय पर उस भाषा-साहित्य में लिखी गयी अन्य कविताओं के सन्दर्भ में भी उसका तुलनात्मक विवेचन किया जाता है। यहाँ आलोचना का यह रूप ऐतिहासिक अन्तर-पाठीय पक्ष

बनकर हमारे सामने आता है। इस प्रकार ऐतिहासिक आलोचना विश्लेषण के लिए अपने व्याख्यात्मक सन्दर्भ का भी निर्माण करती देखी जाती है। 'ऑटम' पर थॉमसन (Thomson) ने भी कविता लिखी है। पर वह कविता कल्पनात्मक मध्यस्थता की सान्त्वना के साथ किसी प्रकार का कोई सरोकार रखती नहीं पाई जाती है। पर कीट्स की शरद-विषयक कविता में ऐसा क्यों होता है ? थॉमसन की कविता में और अट्ठारहवीं शती की कविता में सामान्यतः जब प्राकृतिक प्रक्रिया के सन्दर्भ में मनुष्य की नश्वरता की थीम ग्रहण की जाती है, मानवीय मूल्य 'कृत्रिमता के विज्ञान' का अनुभाग बनकर उपस्थित होते हैं। 'विन्डोसर-फॉरेस्ट' और 'द सीजन्स' में हम यह पर्यवेक्षण करते हैं कि मानवीय व्यावहारिक कलाएँ, राजनीतिक कला-सहित, प्रकृति को—जिसमें मानव-प्रकृति भी सम्मिलित है—नियंत्रण और नियमन में रखती है। पर 'टु ऑटम' कविता अपने युग की प्रातिनिधिक कविता है। मानव-नियंत्रण का तत्त्व जहाँ उपयोगी कलाओं में प्राप्त नहीं होता है, वहाँ ललित कलाओं के विपर्ययों में और मिथकों में प्राप्त होता है। 'टु ऑटम' में सौन्दर्य न केवल सत्य है, बल्कि यह शक्ति भी है। पर ज्ञातव्य तथ्य तो यह है कि वह कौन-सी प्रेरणा है जो कीट्स को उपयोगी कलाओं की अपेक्षा सर्वाधिक विशिष्ट मानवीय उपलब्धि के बतौर कविता में अपना विश्वास सँजोने को अभिप्रेरित करती है। इसका उत्तर हमें वर्ड्स्वर्थ के 'लिरिकल बैलेड्स' के 'डिफेंस' और शैले के 'प्रिफेस ऑव पोयट्री' में प्राप्त होता है। वास्तव में विज्ञान या प्राकृतिक दर्शन और इसकी समवर्गी उपयोगी कलाएँ—ये सब मानव-जीवन की स्थितियों को सुधारने में समर्थ नहीं हैं, बल्कि ये शक्तियाँ पीडाओं और सामाजिक अन्यायों को केवल उत्तेजित करती दीखती हैं। ऐसे में वाम और दक्षिण -- दोनों ही पक्षों की ओर से रोमांटिक युक्ति कविता और ललित कलाओं को मानव-सुधार के एकमात्र उपलब्ध उपकरण के रूप में अन्तरित करती है।

यहाँ यह स्मरण करने योग्य है कि यूरोप में रोमांटिक परियोजना का विकास दो भिन्न स्तरों पर हुआ। वहाँ पहले स्तर पर कविता को स्पष्टवादी और स्वीकृत पाठक-श्रोता के सन्दर्भ में एक अस्त्र के रूप में नियोजित किया गया, जिसे कवि ने मनवाने, प्रचलित करने या आक्षेप करने के लिए उद्दिष्ट किया। ब्लेक ने इस नीति को अपनाया, जिसका स्पष्ट परिणाम 1790 और 1795 के बीच की उसकी प्रकाशित कविताओं में परिलक्षित होता है। शैले और बायरन ने भी इसे अपनी कविताओं में आवर्ती सफलता के साथ व्यवहृत किया। इसके विपरीत दूसरे स्तर पर वर्ड्स्वर्थ, कॉलरिज और कीट्स जैसे कवियों की कृतियाँ आती हैं जिनका सूत्रपात वर्ड्स्वर्थ के 'एस्से सप्लीमेंटरी' (1815) में देखने को मिलता है। यहीं उसने अपनी यह मान्यता प्रस्तुत की

कि कवियों को अपना पाठक-श्रोता-समाज स्वयं बनाना होगा। यहीं इस स्वच्छन्दतावाद ने 'आभ्यन्तरीकरण' (Interlization) के साँचों को भी विकसित किया। कीट्स ने, जो स्वयं इस दूसरे स्तर की मान्यता का विशेष प्रवक्ता था, यह स्पष्ट तौर पर बताया कि कैसे कविता 'एक अन्यथा लोक' की रचना-स्थापना कर सकती है। इस वैकल्पिक भूगोल में वैयक्तिक और सामाजिक तनाव को वृहत्तर ईमानदारी और बौद्धिक सख्ती के साथ देखा गया।

'टु ऑटम' कविता हमें यह विश्वास करने को कहती है—हमारे अविश्वास को तत्परतापूर्वक स्थगित करने को कहती है—कि सभी शरद ऋतु एक जैसी होती हैं। हमें सार्वदेशिक तौर पर इसे 'कुहरे और परिपक्व उर्वरता की ऋतु' के बतौर देखना चाहिए। लेकिन कीट्स हमें इस पर विश्वास करने को इसलिए कहता है क्योंकि वह जानता है, जैसा हम सभी जानते हैं कि यह सत्य नहीं है। आदर्श और ठाठदार कृषि की वहुतायत से भरी ऐसी शरद ऋतु वास्तव में हमारे मन की शरद ऋतु है। भला नगरों के निवासी और औद्योगीकृत समुदाय के लोग कला के द्वारा सँजोयी अपनी स्मृतियों के अतिरिक्त ऐसी शरद ऋतु को कहाँ जानते हैं? कीट्स के देश में फसल की ऐसी बहुतायत विरल थी, विशेषतः आरंभिक उन्नीसवीं शताब्दी में। हाँ, 1819 में इंगलैंड में अच्छी फसल हुई थी और यह साल फसल की दृष्टि से ध्यान देने योग्य था। पर इसके तुरत पहले के कई साल उपज की दृष्टि से अनर्थकारी थे।

कीट्स ने 'टु ऑटम' की रचना बीच सितम्बर के महीने में विनचेस्टर में की थी। 12 अगस्त से लेकर अक्टूबर के आरम्भ तक के समय में उसके लिखे पत्रों में—विनचेस्टर के प्रवास-काल के उसके पत्रों में—आह्लाद और उन्मुक्ति की उसकी आवर्ती अनुभूति विद्यमान है। विनचेस्टर और उसका यह काल न केवल कीट्स के वैयक्तिक मामलों, बल्कि बड़े स्तर पर समकालीन परिदृश्य तक के तनावों को आराम देने की दृष्टि से भी आवर्तित रूप में सामने आता है। सेंट पीटर फील्ड (पेटर लू) का सामूहिक नृशंस हत्याकांड कीट्स के विनचेस्टर पहुंचने के चार दिनों वाद ही घटित हुआ था और वह आवर्ती परिणाम वाले इस राजनीतिक खलबली से अपने को निकाल लेने से प्रसन्न था। विनचेस्टर को उसने विस्मयजनक आश्रय के रूप में पाया। उसने अपने पत्र में लिखा है—"यह विनचेस्टर मेरे अनुकूल काफी अच्छी जगह है, यहाँ गिरजा का बढ़िया धर्मपीठ है, एक कॉलेज है, एक रोमन कैथोलिक प्रार्थनालय है, वेसेलियन सम्प्रदाय का मनोरंजनगृह है, एक स्वतंत्र मनोरंजन-गृह भी है। यहाँ 'ब्रेड' और 'बटर' के अलावा कोई भी उत्पादन-कार्य नहीं होता है। यहाँ तक कि कपड़े की बुनाई करने वाला कोई करघा भी नहीं है। यह एक बहुत अच्छा प्राचीन भव्य स्थान है। इसके अलावा यहाँ एक मठ भी है।" सचमुच कीट्स के लिए

विनचेस्टर एक पुरानी दुनिया थी, जिसकी ज़रा-सी आर्ष विशेषता को भी वह अपने पत्रों में अनवरत संदर्भित करता रहा। अपने भाई को लिखे एक पत्र में वह इसे 'मठाध्यक्ष विनचेस्टर' कहता है। कीट्स के लिए यह एक ऐसा शहर था और इसका परिवेश अपनी सामर्थ्य में इतना जादुई था, जो उसे उसके समाज के खतरनाक राजनीतिक तनावों और उसके रुपये-पैसों के मामलों के दैनिक दबाव से कहीं दूर तक आकर्षणमय संसार में ले जाता था। कहना न होगा कि कीट्स की 'द ईव ऑव सेंट मार्क' कविता जहाँ इस परिवेश के प्रति प्रशस्ति से आरम्भ होती है वहाँ 'टु ऑटम' कविता इस का परिष्कृत अभिव्यंजन बनती है। कीट्स के पत्रों में प्राप्त निम्नलिखित अंश 'टु ऑटम' कविता की उद्भव-स्थिति पर पर्याप्त प्रकाश डालता है—

"अब ऋतु कितनी सुन्दर है—हवा कितनी उत्कृष्ट है! एक संतुलित तीक्ष्णता! वास्तव में, परिहासहीन, गम्भीर-संयत मौसम—मैंने ठूँठ खेतों को आज-जितना अच्छी तरह पहले कभी पसन्द नहीं किया—अरे वसंत की ठंडी हरीतिमा से भी बेहतर! किसी कारण एक ठूँठ मैदान (मुझे) उत्तेजक दीखता है—ठीक उसी रूप में जिस रूप में कुछ तसवीरें उत्तेजक दीखती हैं—इसने मुझे रविवारीय भ्रमण में इतना अधिक आकर्षित किया कि मैंने इसपर कविता रच डाली।"

इआन जैक (IAN JACK) ने यद्यपि कीट्स के इस पत्र-सन्दर्भ में उल्लिखित चित्र-संदर्भ को रेखांकित किया है, पर वह उस ओर ध्यान नहीं दे पाया है, जिसे वास्तव में कीट्स ने यहाँ कहना चाहा है कि 'टु ऑटम' का विषय स्पष्टतः प्राकृतिक दृश्यों और ललित कलाओं की निश्चित परम्परा में और उनके अभिव्यंजन में—इन दोनों के बीच नातेदारी है। इस तरह के सभी जीवनवृत्तीय ब्योरे उस युग के अगणित सांस्कृतिक और राजनीतिक मुद्दों के प्रति कीट्स की परिमुक्ति के विशेष-बिन्दु की व्याख्या करते हैं। वस्तुतः 'टु ऑटम' किसी भी शरद के विषय में एक कल्पना-प्रसूत कविता है या सामान्य शरद के विषय में लिखी गयी कविता है। यह शरद ऋतु, जैसा कवि कहता है एक मिथक है अथवा मिथक की कलात्मक पुनःरचना है। इस कविता में चित्र-कला के सन्दर्भ-सांकेतिक उपयोग का अध्ययन करना और अधिक स्पष्टता के साथ कविता के कल्पितीकरण के प्रमुख कौशलों के सटीक रूप को देखना है। यहाँ कविता की कल्पना के विशेषीकरण में और व्याख्यात्मक सामर्थ्य की प्राप्ति होती है। पर यहीं यह प्रश्न भी उपस्थित होता है कि कीट्स कविता के कल्पितीकरण-प्रतिमानों के लिए चित्रकला की परम्परा को आखिर क्यों पुनः प्रतिष्ठित करना चाहता है? इसके लिए वह और अधिक एकमात्रता से साहित्यिक प्रतिमानों पर क्यों निर्भर नहीं कर पाता है? इस प्रश्न का एक उत्तर तो

उस दीर्घ आलोचनात्मक परम्परा को संक्षेप में पुनःस्मरण करना है, जिसने कविता की 'निर्वैयक्तिक विशेषता' के प्रति अनुक्रिया प्रस्तुत की है। 'टु ऑटम' के शब्द चित्रकलात्मक मौन की स्थिति की आकांक्षा रखते प्रतीत होते हैं, जहाँ बिम्ब अपने को व्यवस्थित वर्गों और अनुक्रमों में ढालते हैं। ऐसी कृति में कवि —जैसा अनेक आलोचकों ने भी स्वीकार किया है—प्रायः निषेधात्मक क्षमता की स्थिति प्राप्त कर लेता है। वह स्वयं को अपनी कविता से निकाल फेंकता है और अपनी आत्मचेतना तक को लुप्त कर देता है।

कीट्स की 'टु ऑटम' कविता सभी प्रकार की क्लान्ति, उत्तेजना और खीझ से मुक्त स्थिति का प्रतीक है और ऐसी शरद ऋतु को निर्वैयक्तिक रूप में वर्णित करने का उसका प्रयास उसके द्वारा स्वयं दैवी स्थिति प्राप्त कर लेने के प्रयास का संकेत है। पर ये पंक्तियाँ हमें यह स्मरण कराती हैं कि कविता का जन्म एक इच्छा का परिणाम है और यह भी कि कीट्स की आदर्श शरद ऋतु कोई निर्वैयक्तिक या अमूर्त शरद् ऋतु नहीं है, बल्कि मन का वह स्वप्न है जो कि वसंत के खोये वायदों की याद जगाता है। कीट्स वैसी शरद ऋतु की कल्पना करता है। वह यह सम्बोध-गीति लिखता है, क्योंकि वह विषादमय प्रश्नों को निःशब्द करने के लिए कुछ साधनों को विकसित करने की ज़रूरत महसूस करता है : 1. वसंत के गान कहाँ हैं ? 2. वसंत के गान— यानी आत्म-चेतन विचार और इच्छा की कविता— की जगह कीट्स शरद का गान—यानी उर्वरता और चित्रोपम संवेदन की कविता—निवेदित करता है।

'टु ऑटम' कविता विचार की कला के बजाय संवेदना की कला के लिए कीट्स की स्वचेतन बहस को नाट्यीकृत करती है। इस प्रकार यह कविता निर्वैयक्तिक नहीं होकर कई विशिष्ट रूपों में प्रयोजनमूलक और विचारात्मक सिद्ध होती है। इसका सन्देश यह है कि ललित कलाएँ, और व्याप्ति में स्वतः कल्पना भी सामान्य तौर पर कृत्रिमता के दूसरे अधिक उपयोगी विज्ञानों की अपेक्षा कहीं अधिक उर्वर है। इसके अतिरिक्त यह कविता विशेष प्रकार की काल्पनिक कला की शक्ति के लिए भी बहस उपस्थित करती है। यहाँ यह मान्यता स्पष्ट होती है कि कला कल्पना की प्रभूतता को कल्पित करती है। साथ ही यह कविता पाठकों को यह विश्वास दिलाने की भी कोशिश करती है कि मनुष्य को कभी-कभी कल्पनाशीलता की भी आवश्यकता पड़ती है, कि चारु कल्पना का काव्य-लोक वस्तुनिष्ठ तौर पर उतना ही यथार्थ और सामाजिक तौर पर उतना ही प्रकार्यमूलक होता है जितना दैनिक जीवन की यथार्थता का कोई और काम।

'टु ऑटम' कविता कीट्स के अनेक जीवनवृत्तीय साक्ष्यों के आधार पर यह स्पष्ट करती है कि विशेष स्थान में विशेष वर्ष के शीघ्र पतन और विलम्बित

ग्रीष्म को रेखांकित करने वाली घटनाओं के विकल्प के बतौर इसमें कीट्स की अनुक्रिया उपस्थित हुई है। इसलिए कविता की शरद ऋतु ऐतिहासिक रूप में विशेषीकृत कल्पना है, जिसे द्वन्द्वात्मकता में कवि ने निरूपित किया है। कीट्स की यह कविता अपने युग की समस्याओं से पलायन का भी प्रयास है।

परम्परा के अनुसार साहित्य की आलोचना को तीन प्रकार्यों में विभक्त किया गया है : 1. विश्लेषण 2. व्याख्या और 3. मूल्यांकन। आधुनिक काल में ऐतिहासिक आलोचना की प्रविधि को इन तीनों में व्याख्या का क्षेत्र-मात्र प्राप्त है। पर कई विचारकों का मत है कि ऐतिहासिक आलोचना की प्रविधि विश्लेषण के क्षेत्र में भी क्रियाशील होती है जहाँ यह समाज-शास्त्रीय काव्य-शास्त्र के साँचे में काम करती है। यहाँ ऐतिहासिक आलोचना को विश्लेषण के लिए प्रासंगिकता-मात्र प्रदान नहीं कर उसे विश्लेषण की दृष्टि से नाभि-केन्द्रीय माना जाता है। साहित्य एक मानवीय उत्पादन है, मानवीय कला है। इसलिए निश्चित मानवीय सन्दर्भों के बिना न तो उसे रचा जा सकता है, न उसे अधीत किया या समझा जा सकता है और न ही उसको अनुभूत या आशंसित ही किया जा सकता है। इन विद्वानों को यह विश्वास भी है कि विश्लेषण की यह ऐतिहासिक प्रविधि साहित्य के सौन्दर्यपरक प्रभाव को उजागर करने में भी सहायक है। ऐतिहासिक आलोचना की यह स्पष्ट मान्यता है कि साहित्य का सौन्दर्यात्मक प्रभाव इतिहास के प्रति पाठकों के ज्ञान से सम्बद्ध है। कला या कविता का सौन्दर्यात्मक प्रभाव कला या कविता को हमारी तात्कालिकता से अलगाने, उसे दूरी पर रखने, उसे अजनबीकृत करने पर निर्भर है। तभी यह कहा जाता है कि कला समय-सीमा को अतिक्रान्त कर स्थान ग्रहण करती तथा अपना महत्त्व सम्पादित करती है। पर कला या कविता इतिहास में—मानवीय घटनाओं को परिभाषित करने वाली अपनी ऊर्ध्वाधर और क्षैतिजीय स्थितियों में— सदैव पहचानी जाती है। कला की प्रत्यक्ष सुस्थिरता और वेट्स की सार्वदेशीयता (Universality) की संकल्पना मूलतः पाठकों के ऐतिहासिक ज्ञान का ही कार्य है, जो अतीत के पदार्थ और वर्तमान के अनुभव की दूरी को मिलाती है। यद्यपि इस 'अपरिचयीकरण' / 'अजनबीकरण' के सिद्धान्त को अन्तर्लक्ष्यी आलोचना-प्रणालियों में महत्त्वपूर्ण स्थान प्राप्त है, तथापि ऐतिहासिक आलोचकों का दावा है कि इसका सम्यक् विश्लेषण बिना ऐतिहासिक प्रविधि के आरम्भ नहीं किया जा सकता है, क्योंकि कला के उत्सवीकृत 'अजनबीकरण' का प्रभाव कला के अपने सहजात ऐतिहासिक आयाम बनाम पाठक का संकेत भर है। इसीलिए साहित्य के विश्लेषण-सन्दर्भ में हमारे और हमारे अतीत के बीच गहरे तौर पर अनुभूत अन्तर ऐतिहासिक-विवरणों के स्पष्ट विशेषीकरण की अपेक्षा रखता है,—उन ऐतिहासिक विवरणों की— जो

एक चमक में उठाये गये शुद्धतम तथ्यों से लेकर विचारधारात्मक व्यवस्था की सर्वाधिक सुनिश्चितता से परिभाषित सामान्य कोटियों तक के विवरण हैं।

ऐतिहासिक आलोचना को पाठालोचन जैसे क्षेत्र के लिए भी महत्त्वपूर्ण माना जाता है, क्योंकि पाठाधारित आलोचना का एकमात्र दायित्व सम्पादन करना नहीं होता है। अतः इस क्षेत्र में काम करने वाले आलोचकों के लिए यह आवश्यक हो जाता है कि वे इसके आलोचन और निर्वचन जैसे दायित्व के लिए किसी कृति की रचना, पुनः रचना, उसके आग्रहण जैसे सभी पहलुओं के इतिहास पर प्रकाश डालें। यहाँ यह भी आवश्यक माना जाता है कि रचना के लिखे जाने के दौरान सर्जक की प्रतिभागिता की प्रकृति उद्घाटित की जाए। सर्जक एक था या एकाधिक? क्या उसे रचना के रचे जाने की प्रेरणा किसी वर्ग या समुदाय से मिल रही थी? क्या रचना रची जाने के तुरत बाद स्वयं रचनाकार द्वारा पुनरीक्षित की गयी थी या किसी और व्यक्ति ने उसका सम्पादन-परिमार्जन आदि किया था? रचना के रचे जाने की प्रक्रिया क्या थी? क्या रचना एक बैठक में और एक ही चरण में पूरी की गयी थी? रचना स्वहस्त-लिखित है या श्रुतलेख है, या बाद में स्मरण के आधार पर लिपिबद्ध की गयी है? यहाँ आरम्भिक रचना-प्रक्रिया की बहिःसाक्ष्यात्मक सामग्री साधन और प्रविधि को देखने की आवश्यकता पड़ती है। यदि रचना परिवर्धित-संशोधित हुई है या उसके पाठान्तर प्राप्त होते हैं तो यह देखने की भी आवश्यकता होती है कि यह परिवर्धन या पाठान्तर रचनाकार के जीवनकाल में स्वयं उसके द्वारा किया गया है या उसके दिवंगत होने के बाद किसी और के द्वारा किया गया है। कहना होगा कि कृति की रचना के इतिहास का कृति पर पड़ने वाला यह प्रभाव समय के अन्तराल से काफी गहरा और महत्त्वपूर्ण होता जाता है। साहित्यिक कृतियों का पाठात्मक इतिहास ऐसे सभी तत्त्वों के प्रभाव को प्रतिबिम्बित करता है। यहाँ तक कि विशिष्ट पाठ उस इतिहास की अर्थवत्ता और साभिप्रायता को दर्श रूपाकार प्रदान करता है। ऐसे पाठों में इतिहास के कुछ विशिष्ट साँचे अपने परिपूर्ण रूप में यथावत् नियोजित रहते हैं। परिणामतः ऐसे साँचों का आलोचनात्मक विश्लेषण मानवीय तत्वों और सामाजिक तथा ऐतिहासिक साँचों के सर्वाधिक दुर्ग्राह्य प्ररूपों की समझ के लिए एक अमूल्य-चाबी बन जाता है। सभी साहित्यिक रचना का अपना विशिष्ट और विचित्र इतिहास होता है। इनमें से कुछ उसकी निर्वचनात्मक व्याख्या की दृष्टि से अधिक उपयोगी सिद्ध होते हैं और कुछ कम। एम मूर की एक कविता 'पोयट्री' के विषय में बताया गया है कि यह कविता अपनी आरम्भिक रचना और अपने आरम्भिक मुद्रण-प्रकाशन के आधार पर तीस पंक्तियों की कविता थी। इतना ही नहीं, यह अपने कई आवर्ती मुद्रण-प्रकाशन में भी मूर की—

'सिलेक्टिड पोयम्ज' और 'कॅलेक्टिड पोयम्ज' जैसे संकलनों में भी तीस पंक्तियों के अपने पूरे रूपाकार में ही प्रकाशित होती रही। पर जब मूर का 'कम्पलीट पोयम्ज़' नाम का संकलन 1967 में प्रकाशित हुआ तब यह कविता केवल तीन पंक्तियों वाले पाठ के रूप में सामने आयी। यहाँ काव्य-रचना के इस इतिहास के उद्घाटन से दो भिन्न पाठ वाली कविताओं के भिन्न-भिन्न अर्थों के उद्घाटन की विशेषता ही सामने नहीं आती है, बल्कि इनमें से किसी एक पाठ की समझ को इसका दूसरा पाठ प्रभावित तक करता दीखता है। साथ ही यहाँ एक तीसरे प्रकार के पाठकीय मुकाबले की स्थिति भी सामने आती है, जिसमें दोनों पाठों वाला अन्तर-पाठ पाठकों के वाचन-अनुभव और अवबोध-क्षमता के केन्द्र में होता है। हिन्दी में सुमित्रानन्दन पन्त की कविता 'भारतमाता ग्रामवासिनी' का जो पाठ 'ग्राम्या' में कविता के प्रथम पाठ के बतौर प्राप्त होता है वही पाठ 'रश्मिबन्ध' में प्रकाशित उक्त कविता का पाठ नहीं है, बल्कि यह उसका संशोधित पाठ है। ऐसे में जो पाठक इन दोनों पाठों को देख गये हैं उनके सामने इनमें से भले ही कोई एक ही पाठ क्यों न लाया जाए, पर उनके वाचन-अनुभव और अवबोध-क्षमता में निहित इनका वह अन्तर-पाठ भी उपस्थित हो जाएगा, जो एक तीसरे प्रकार की पाठ-प्रकृति को उपस्थित करने वाला होगा। इस प्रकार रचना को जो लोग काल और स्थान-सापेक्ष मानते हैं उनके लिए ऐतिहासिक आलोचन-विश्लेषण अत्यन्त अनिवार्य है। ऐसा आलोचन-विश्लेषण किसी भी प्रकार की व्यावहारिक आलोचना के लिए एक अपेक्षित प्रकार्य के बतौर सामने आता है। वास्तव में आलोचना की ऐतिहासिक प्रविधि अपनी प्रकृति में बराबर तुलनात्मक और द्वन्द्वात्मक होती है। साहित्यालोचन में इस प्रविधि की विशेषता रचना को सही सन्दर्भ प्रदान करने की है जिसके जरिये उसे एक विश्लेषणात्मक संरचना मुहैया की जा सके और जिससे स्वतः रचना के विशिष्ट अभिलक्षण उजागर हो सकें।

ऐतिहासिक आलोचना की प्रविधि लागू करने वालों के लिए न केवल यह ध्यान देने योग्य होता है कि प्रत्येक रचना काल और स्थान-सापेक्ष होती है, बल्कि यह भी कि प्रत्येक पाठक काल और स्थल-सापेक्ष होता है। ऐसे में ऐतिहासिक आलोचना का प्रकार्य—समीचीन रूप में अवबोधित और सम्पादित प्रकार्य—सम्पूर्ण सौन्दर्यपरक विषय की ऐतिहासिक विशेषताओं को स्पष्ट करना होता है, चाहे इसे मूल कृति के नुक़्ते से आरम्भ किया जाय या कृति के पाठक के नुक़्ते से। ऐसे में विचारधारा और चेतनता का संघर्ष भी सामने आता है।

कविता का पाठात्मक इतिहास सभी प्रकार की कविता की ऐतिहासिक तौर पर सुनिश्चित विशेषता का प्रातिमानिक उदाहरण हैं। अतः ऐतिहासिक प्रविधि की आलोचना में विशेष आलोचना-शक्ति की वकालत भी की गयी है।

इस आलोचना-प्रणाली के पक्षधरों का कहना है कि केवल रूपात्मक या भाषिक तत्त्वों के आधार पर कविता में अन्तर्हित कथ्य, चिन्तन और मूल्यों का उद्घाटन नहीं किया जा सकता है। ऐतिहासिक आलोचना कविता और उसके विभिन्न पाठों तथा कवि के विभिन्न सर्जनात्मक सन्दर्भों को आमने-सामने रखते हुए उसे परिभाषित-व्याख्यायित करने का प्रयास करती है, जो किसी भी कविता का सबसे अधिक विशिष्ट और महत्त्वपूर्ण अंश होता है। इस प्रकार यह प्रयास कविता के 'शाब्दिक कला' होने की मान्यता से आगे निकल जाता है और उसे विशेष प्रकार का सम्प्रेषण-विषय मानते हुए उसका विश्लेषण करता है। कविता की यह नयी समझ आत्मचेतन के वर्तमान में उपस्थित हो रहे आलोचन-कर्म के कारण सक्रिय होती है, जो अतीत में रची गयी कविता को स्थिर वस्तु के रूप में नहीं लेकर अतीत के विशिष्ट मानवानुभवों के केन्द्र-स्थल के बतौर ग्रहण करती है। इनमें से कुछ का कविताओं में नाटकीकरण हो जाता है, जबकि इनमें से कुछ काव्यात्मक कृतियों के द्वारा संरक्षित रहते हैं, जो कविता के साथ बहुतेरे मानवानुभवों को मूर्त रूप देते हैं। इनमें कवि या रचनाकार का आत्मानुभव भी शरीक होता है। इस रूप में ऐतिहासिक आलोचना कविता को रूपात्मक संरचना या तात्कालिक विषय के रूप में निरूपित नहीं करती है, बल्कि उसे अनवरत रूप में चल रही मानव-प्रक्रिया के रूप में निर्धारित करती है। निर्धारण का यह कर्म साहित्य की आलोचना का बुनियादी तथ्य है।

ऐतिहासिक आलोचना के विषय में नवीन तथ्य यह भी है कि यह अपने 'रै-करण' (Reification) का व्यवस्थित तौर पर विरोध करती है। परिभाषा का एक कुलक होने के बजाय परिभाषा का कर्म बनने वाली ऐतिहासिक आलोचना सबसे पहले अपने अमूर्तन के काल-केन्द्रित और निर्वचनात्मक वैशिष्ट्य की ओर अभिमुख होती है। यह आलोचना सदैव प्रयोजनमूलक होती है, क्योंकि यह सदैव मानव-मूल्यों को निर्धारित और संरक्षित करती है। ऐतिहासिक आलोचना के विशेष मूल्यों में एक मूल्य रचना की विवादात्मक स्थितियों को निर्दिष्ट करने और उसकी जांच करने की इसकी उत्सुक क्रियाशीलता में निहित है। ऐतिहासिक प्रविधि का यह आत्मलोचनपरक पक्ष इसकी बुनियादी प्रविधि का एक प्रत्यक्ष प्रकार्य प्रतीत होता है, क्योंकि हम अपने अतीत और वर्तमान के बीच जो एक अन्तराल बना चुके होते हैं, यह उसके ऐतिहासिक अन्तर और अन्तस्सम्बन्ध को निर्दिष्ट करता है। यही वह अन्तराल है जो हमें अतीत को आलोचित और मूल्यांकित करने के योग्य बनाता है, पर यह अन्तराल समान रूप में अतीत को भी, जो अपनी उपलब्धि में समृद्ध है, इस योग्य बनाता है कि वह हमें आलोचित और मूल्यांकित करे।

किसी साहित्यिक रचना का अर्थ उस रचना-विशेष का प्रकार्य-मात्र नहीं

होता है, बल्कि उस रचना के पाठकों और व्याख्याकारों के साथ रचना की ऐतिहासिक नातेदारी के इतिहास से भी जुड़ा होता है। इसलिए ऐतिहासिक आलोचना रचना की ग्रहणशीलता के बिन्दु पर रचना की निर्वचनात्मकता के इतिहास को भी रेखांकित करने पर जोर देती है। अंग्रेजी में कॉलरिज की 'द राइम ऑव द एंशिएंट मैरिनर' शीर्षक प्रसिद्ध कविता, जो 'लिरिकल बैलेड' संकलन में पहले स्थान पर छपी थी, पाठकों की ग्रहणशीलता और उनके द्वारा प्रस्तुत की गयी उसकी अवबोधकीयता की दृष्टि से इसका महत्त्वपूर्ण उदाहरण है। इसके प्रकाशन के बाद दो दशकों तक कविता की अर्थवत्ता और उसमें अन्तर्हित मूल्यवत्ता के विषय में कोई सर्वमान्य स्थापना सामने नहीं आ सकी। इस विषय में मत-वैभिन्न्य लगातार बना रहा। यह कविता अपनी अवबोधकीयता में विचित्र, रहस्यवादी, और दुर्बोध बनी रही। पर इस प्रकार की प्रतिक्रिया भी दो शिविरों में बँटी हुई थी। एक ओर इसके चार्ल्स लैम्ब जैसे पाठक थे, जिसने कविता को 'विस्मय की शान्त स्थिति में मस्तिष्क को ले जाने की क्षमता से ओत-प्रोत' माना और दूसरी ओर वे थे जिन्होंने इसकी तुलना 'उन्मादी जर्मन कवि की उच्छृंखलता' से की। डॉ० चार्ल्स बर्नी की टिप्पणी की विरोधी प्रकृति पूरी तरह इस दूसरी स्थिति की प्रतिनिधिता करने वाली है :

"रचयिता की पहली रचना, 'राइम ऑव द एंशिएंट मैरिनर', जो पुराने कवियों की भाव और शैली की अनुकृति में रची गयी है, मुर्गे और साँड़ की एक ऐसी विचित्रतम कहानी है, जिसे हमने कभी अखबार में देखा था। यद्यपि यह परस्पर असक्त और समझ में नहीं आने वाली निरंकुश गाथा प्रतीत होती है तथापि इसमें उत्तम कोटि का काव्यात्मक संस्पर्श विद्यमान है।"

कॉलरिज की इस कविता के प्रति ऐसी पाठकीय और समीक्ष्य प्रतिक्रिया से वर्ड्स्वर्थ तक को ठेस लगी और उसे विवश होकर यह चिन्तित अभिव्यक्ति करनी पड़ी :

"मैं जो-कुछ समझ सका हूँ उससे यह प्रतीत होता है कि कुल मिलाकर 'एंशिएंट मैरिनर' (कविता) इस संकलन के लिए हानिकारक सिद्ध हुई है। मेरा मतलब है कि इसकी पुरानी शब्दावली और विचित्रताओं ने पाठकों को अपने आतंकवश आगे बढ़ने से रोक दिया है। यदि इस संकलन का दूसरा संस्करण प्रकाशित हुआ तो मैं इसकी जगह कोई दूसरी छोटी चीज़ रखना चाहूँगा जो अधिक-से-अधिक सामान्य पाठकीय अभिरुचि के अनुकूल हो सकेगा।"

पर अपने दूसरे संस्करण में भी यह कविता बदली नहीं जा सकी। हाँ, संकलन में इसका स्थान अवश्य परिवर्तित कर दिया गया। इसके शीर्षक को भी बदला गया और इसकी पुरानी शैली को प्रबलता से आधुनिक बना गया। यह सारा-कुछ वर्ड्स्वर्थ के आग्रह पर ही किया गया। पर इस परि-

णाम से भी सभी पाठक प्रसन्न नहीं हो सके। लैम्ब निराश हुआ, क्योंकि इस हेरफेर से कविता की विलक्षण सुन्दरता को विवेकसंगत बनाने का कृत्रिम प्रभाव सामने आया।

कॉलरिज के जीवन-काल में इस कविता को बौद्धिक और अन्योक्तिपरक अभिप्राय के लिए महत्त्व दिया गया। जे० जी० लॉकहार्ट ने अपने आलेख में इसे धार्मिक या स्वप्नदर्शी साभिप्रायता के बतौर भी रेखांकित किया। उन्नीसवीं शताब्दी के मध्य तक इस कविता के विषय में यह प्रभाव अपरिपक्व-सा ही रहा जब तक कि आलोचकों ने स्पष्ट तौर पर इसकी प्रतीकात्मक और अन्योक्ति-परक व्याख्या को विकसित करना आरम्भ नहीं किया। वास्तव में मध्य विक्टोरियन वाचनों ने ही इसके निर्वचनात्मक प्रतिमान तैयार किये। ये प्रति-मान इस कविता के परवर्ती निर्वचनात्मक इतिहास पर छाये रहे। यद्यपि ब्योरे और दबाव परिवर्तित-अन्तरित होते रहे और भाष्य भी और अधिक विकसित होता गया, पर इसके बुनियादी निर्वचनात्मक पहलू में उस समय से साभिप्राय रूप में कोई हेरफेर संभव नहीं हुआ। हाँ, जिन्होंने इस विशेष निर्वचन से अपनी दिशा अलग करली उन्होंने निर्वचनात्मक प्रतिमानों में हेर-फेर या परिवर्तन करते हुए ऐसा नहीं किया, बल्कि अधिक बुनियादी स्तरों पर उस निर्वचनात्मक अभिगम को खारिज करते हुए ही ऐसा किया। इस दृष्टि से ई० ई० स्टॉल और ऐलिजाबेथ श्नाइडर ने साफ़ तौर पर यह इनकार किया कि कॉलरिज ने कभी इस कविता को प्रतीकात्मक या अन्योक्तिपरक रूप में पढ़ने का निर्देश किया था। इसी तरह इरविन बैबिट (Irvin Babbit), विलियन एम्पसन (William Empson) और डेविड पीरी (David Pirie) ने ईसाई प्रतीक की सम्पूर्ण रूपरेखा को ही खारिज कर दिया न केवल इसलिए कि यह भी 'अनिर्दिष्ट' थी, बल्कि इसलिए कि यह तुच्छ और घिसी-पिटी थी। इनमें बैबिट ने इस कविता को सीधे खारिज कर दिया था, पर एम्पसन और पीरी ने कविता के एक पाठ से दूसरे पाठ को प्रतिस्थापित करते हुए इस समस्या का समाधान ढूंढ़ने की कोशिश की और उन दोनों ने इस कविता के 1817 के पाठ की जगह इसके 1798 वाले पाठ के वाचन की आवश्यकता पर बल दिया। इस प्रकार इस कविता के आधुनिक निर्वचन उन्नीसवीं शती की निर्वचन-परम्परा के विकल्प बनकर उपस्थित नहीं हो पाते, बल्कि उससे भिन्नता दिखाते हुए पाठकों के सामने आते हैं।

हिन्दी में पाठकीय ग्रहणशीलता के बिन्दु पर 'निराला' की 'जुही की कली' कविता का ऐतिहासिक बोध-विकास द्रष्टव्य है, जिसके तीन बिन्दु हैं : (1) शृंगारिक कविता, (2) वेदान्ती कविता और (3) वैष्णवी कविता। जब यह कविता कवि के द्वारा 'सरस्वती' पत्रिका में प्रकाशनार्थ भेजी गयी थी तब

इसे 'सरस्वती' के तत्कालीन सम्पादक आचार्य महावीर प्रसाद द्विवेदी ने इसलिए वापस कर दिया था कि यह घोर श्रृंगारिक कविता है। इसमें उन्हें मर्यादाहीनता और अश्लीलता की गंध तक लगी थी। यह पाठकीय ग्रहणशीलता का पहला चरण है। पर यही कविता 'सरस्वती' से लौटा दिये जाने के बाद बाबू महादेव प्रसाद सेठ के संरक्षण में निकलने वाली 'मतवाला' पत्रिका में प्रकाशित हुई, जिसके सम्पादक स्वयं 'निराला' थे। 'जुही की कली' के आरंभिक पाठकों ने पूरी कविता की संरचना में निहित समासोक्ति अलंकार को रेखांकित करते हुए इसे नर-नारी के प्रेम-व्यापार की कविता के रूप में ग्रहण किया। पर स्वयं 'निराला' ने 'मेरे गीत मेरी कला' में इसकी आध्यात्मिक व्याख्या की। वेदान्ती व्याख्या का यह सन्दर्भ इसकी पाठकीय ग्रहणशीलता का दूसरा चरण है। 'निराला' यहाँ केवल कवि-रूप में नहीं, बल्कि भावक के रूप में भी इसकी व्याख्या करते हैं। "कली की सुप्ति—आत्मविस्मृति—मन के अन्धकार के बाद है जागरण—आत्म-परिचय—प्रिय-साक्षात्कार—मन का प्रकाश—खिलना। कली सोते से जगी हुई, प्रिय से मिली हुई। खिली हुई पूर्ण मुक्ति के रूप में, सर्वोच्च दार्शनिक व्याख्या-सी सामने आती है या नहीं, देखें। कोई आलोचक यदि इसका एक अंश उद्धृत करके संतुष्ट रहे और दूसरों को संतोष दे तो इसके साथ न्याय होता है या अन्याय, यह भी समझें। मैं इसे ही परिणति कहता हूँ और उत्कृष्ट कला का एक उदाहरण 'तमसो मा ज्योतिर्गमय' की काव्य में उतारी हुई यह तस्वीर है या नहीं, परीक्षा करें। यहाँ 'सुप्ति' तम और 'प्रिय-परिचय' ज्योति है।" (प्रबंध-प्रतिमा, पृ० 215) यह आलेख पहले 'माधुरी' के वार्षिकांक में प्रकाशित हुआ, पुन. 'प्रबंध-प्रतिमा' में संकलित हुआ।

अब तक 'जुही की कली' में जिस प्राकृतिक, मानवीय और आध्यात्मिक श्रृंगार की व्याख्या की गयी उसे सहसा इस शताब्दी के नवें दशक के आरंभ में हिन्दी के श्रेष्ठ चिंतक और ललित निबंधकार कुबेरनाथ राय ने अपने पाठकीय अभिमत में नकार दिया और 'जुही की कली' की अन्तर्मुख व्याख्या उपस्थित की। उनकी अभिमत में वैष्णवी व्याख्या का यह संदर्भ इस कविता की पाठकीय ग्रहणशीलता का तीसरा चरण है। श्री राय के शब्दों में "मुझे विशेष रूप में स्मरण आती है 'निराला' की रचना 'जुही की कली'। छायावाद के आमुखकाल में यह कविता लिखी गयी थी, परन्तु प्रत्यक्ष, सुन्दर अर्थ पर एक वेदान्ती, नीरस अर्थ कवि ने ही स्वयं आरोपित कर दिया था। संभवतः 'सरस्वती' के तत्कालीन आर्यसमाजी वेदान्ती पहरेदारों को फुसलाने के लिए। अन्यथा उनके 'स्थूल हवालेपन' से यह बेचारी जड़-समेत उखड़ जाती। पर जब मैं इस शुक्लाभिसारिका-जैसी, शुक्ला-प्रेमिका-जैसी, चन्द्र-ज्योत्स्ना के साथ एकांत में बैठकर बात करता हूँ तो 'विजन वल्लरी पर' से प्रारम्भ होकर अन्तिम पंक्ति तक कविता का मधु-कोष दल-

प्रति-दल, पाँखुरी-दर-पाँखुरी खुलने लगता है और तब मैं अनुभव करता हूँ कि अपने असल अर्थ में यह कविता मोक्ष-बोध की नहीं, काम-बोध की कविता है। बालिका-वधू का कामबोध। वह जुही की कली भीतर-ही-भीतर तरुण हो चली है, पर यौवन-बोध अभी वयःसंधि-द्वार को लाँघ ही पाया है। वह 'अमल-कोमल-तनु' है। 'दृग बन्द किये शिथिल पत्रांक' में सोयी है। संभवतः अपने विकसित हुए आन्तरिक व्यक्तित्व के प्रति स्वयं सचेत नहीं। चेहरे पर विमलता-अबोधता-पवित्रता के भाव अंकित हैं। और इसी समय 'मलयानिल' अर्थात् कामबोध उस सोयी हुई (अर्थात् अपने इस नये व्यक्तित्व के प्रति अचेत) जुही की कली को आकर झकझोर जाता है: यौवन का तीव्र, सचेत बोध दे जाता है भीतर के स्नायुमंडल को जगाकर। 'निराला' भले ही कहें कि वह मलयानिल 'उपवन, सर-सरित, गहन गिरिकानन कुंज-लता-पुंजों को पार कर' दूर देश से आता है, परन्तु मैं तो ऐसा अर्थ प्राप्त करता हूँ कि सारी प्रक्रिया भीतर होती है, वह मलयानिल भीतर जाता है, वह 'वन-उपवन सर-सरित गहन गिरि-कानन' सब-कुछ मन के अवचेतन और स्नायु-चक्रों में है, और वह अन्तर का मलयानिल अनेक स्नायु-चक्रों को निर्ममतापूर्वक जगा देता है जो वयः संधि के बाद सक्रिय होते हैं। कविता की भाषा रूपक या 'एलेगरी' होती है। अतः जो व्यापार भीतर घटित होता है, उसको बाह्य नाट्य और यहाँ पर प्रतीकों के आधार पर प्रस्तुत किया जाता है। इसी से मलयानिल, जो भीतर की कामचेतना है, बाहर दूर देशों से आते मलयानिल का रूपक धारण कर प्रत्यक्ष होता है। वह 'जुही की कली' इस प्रकार भीतर-भीतर काम-चैतन्य का पूर्ण जागरण पाकर सृष्टि-व्यापी प्रकृति-पुरुष की काम-लीला का प्रतीक बन जाती है, न कि आत्मा-परमात्मा के मोक्षमार्गी महामिलन की। वह वेदान्ती नहीं, वैष्णवी कविता है।···मेरा विश्वास है कि सही अर्थ यही है। इस कविता को वेदान्ती मानना इसके काव्यत्व को हीन करना है। यह शुद्ध और स्वस्थ कामबोध की कविता है। यह स्वास्थ्य-दीप्त कामबोध है। वसंत में इस बोध को उद्दीपन प्राप्त होता है और भीतर के बोधचक्र, भीतर की रक्तशिरा और स्नायु-प्रवाह जग जाते हैं।···'जुही की कली' रस से भावित कामबोध की कविता है।' (किरात नदी में चन्द्रमधु, पृष्ठ-19, 20 और 21)

इस प्रकार की विभिन्न पाठकीय ग्रहणशीलता 'निराला' की 'राम की शक्ति-पूजा' के संदर्भ में भी देखी जा सकती है। अपनी आरंभिक पाठकीय ग्रहणशीलता में जहाँ यह कविता पौराणिक-मात्र प्रतीत होती है, वहीं डॉ० रामविलास शर्मा को कविता के नायक राम की वेदना — 'धिक् जीवन जो सहता ही आया है विरोध, धिक् साधन जिसके लिए सदा ही किया शोध'—में स्वयं 'निराला' की आत्मवेदना प्रतिबिंबित दीखती है। पर 1966-67 में एक साथ

विद्यालय के हिन्दी-विभाग के एक साप्ताहिक सेमिनार में इस दृष्टि से राम से गाँधी का अर्थ ग्रहण करते हैं और डॉ० निर्मला जैन उन्हीं दिनों 'साप्ताहिक हिन्दुस्तान' में प्रकाशित अपने आलेख में इसकी राष्ट्रीयता का उल्लेख करती हैं। बाद में अन्य पाठकों के द्वारा इसकी बहुस्तरीय पौराणिक, वैयक्तिक, सामाजिक और राष्ट्रीय व्याख्या की जाती है, जिनमें इन पंक्तियों का लेखक भी सम्मिलित है। इसी प्रकार 'राम की शक्ति पूजा' की 'है अमानिशा उगलता गगन-घन अन्धकार' वाली उपप्रोक्ति की अंश-प्रोक्ति—'भूधर जो ध्यानमग्न केवल जलती मशाल'— में 'मशाल' के प्रतीकार्थ को विभिन्न पाठकों ने अपनी-अपनी दृष्टि से ग्रहण किया है। डॉ० नगेन्द्र इस 'मशाल' को 'सीता' के रूप में देखते हैं, तो डॉ० निर्मला जैन इसे 'राम' के रूप में, डॉ० रमेश कुंतल मेघ इसे राम की 'चिति' (Psyche) के रूप में और डॉ० 'शीतांशु' अन्य स्थापनाओं को खंडित करते हुए इसे केवल 'हनुमान' के रूप में।

'निराला' की 'कुकुरमुत्ता' कविता भी पाठकीय अनुभावन-आलोचन की विभिन्नता की दृष्टि से महत्त्वपूर्ण है। इस कविता का पहला निर्वचन समाज-राजनीतिक है। यहाँ गुलाब को अभिजात और 'कुकुरमुत्ता' को सर्वहारा वर्ग का प्रतीकार्थ प्रदान किया गया गया है। डॉ० रामविलास शर्मा इस निर्वचनात्मकता के पक्षधर हैं। 'निराला' के परवर्ती काव्य पर विचार करने वाले अन्य अनेक आलोचकों ने भी इस निर्वचन को स्वीकार किया है। पर इस कविता के निर्वचन में पहला मोड़ तब उपस्थित होता है जब इसके इस प्रचलित अर्थ की जगह 'निराला' के निधनोपरांत इसे एक सर्वथा वैयक्तिक अर्थ प्रदान किया जाता है। 'कुकुरमुत्ता' का यह अर्थायन सातवें दशक में डॉ० हरिवंशराय बच्चन अपने 'यह मतवाला निराला' शीर्षक आलेख में करते हैं। उनके अनुसार इस कविता में 'कुकुरमुत्ता' स्वयं 'निराला' हैं—'निराला का प्रतीक कुकुरमुत्ता था। निराला ही कुकुरमुता थे।' और गुलाब पंत हैं। अतः उनकी दृष्टि में कुकुरमुत्ता की ओर से गुलाब को दी गयी गाली 'निराला' की ओर से 'पंत' को दी गयी गाली है। इतना ही नहीं, उन्हें यह भी प्रतीत होता है कि 'कुकुरमुत्ता' के बहाने 'निराला' आत्म-प्रशंसा करते हुए अपने को न केवल पंत से, बल्कि वाल्मीकि, व्यास, कालिदास— सबसे श्रेष्ठ मानते हैं। इस प्रकार वे इस कविता को 'निराला' द्वारा पंत के विरोध में लिखी एक कविता मानते हैं और इसकी अर्थवत्ता को वैयक्तिक विद्वेष के धरातल पर उतार कर इसका अवमूल्यन कर डालते हैं।

आठवें दशक में इस कविता की निर्वचनात्मकता को दूसरा मोड़ डॉ० राजकुमार गुप्त देते हैं। यह मोड़ 'कुकुरमुत्ता' के अर्थ-विकास का तीसरा चरण है। वे 'कुकुरमुत्ता' की शाक्त / तांत्रिक व्याख्या करते हुए 'निराला' की

बिहार के डॉ० कामेश्वर शर्मा और दिल्ली की डॉ० निर्मला जैन—दोनों इस कविता की राष्ट्रीय व्याख्या करने लग जाते हैं। डॉ० शर्मा बिहार विश्व-प्रतीक-परिकल्पना को इस प्रकार स्पष्ट करते हैं :

नव्वाब = ईश्वर तत्त्व
बाग़ = इदम् का विश्व
गुलाब = माया
बहार = अविद्या शक्ति
मालिन = मालिनी शक्ति
गोली = विद्या शक्ति
कुकुरमुत्ता = 1. 'अकुल' भूमिका में स्वयं भू-तत्त्व
2. 'कुल' भूमिका में शुद्ध 'इदम्' या ऐश्वर्य

डॉ० गुप्त के शब्दों में " 'निराला' 'कुकुरमुत्ता' का प्रारम्भ उन्नीलन-क्रम से करते हैं और नव्वाब को ईश्वर तत्त्व की भूमिका में कल्पित कर लेते हैं। मूलतः वह परम तत्त्व 'एक' होता है और उस 'एक' की भूमिका में 'अस्ति' भी नहीं होती है। वह केवल 'अहम्' मात्र होता है। फिर उसमें 'अस्ति' आती है। इसके बाद 'इदम्' (विश्व) ऐश्वर्य विकसित होता है। यही ईश्वर तत्त्व की स्थिति है। तत्त्व-क्रम में यह चतुर्थ भूमिका होती है। इससे पूर्व सदाशिव तत्त्व की भूमिका आती है। वहीं उसे अपने में अपूर्णता का अनुभव होता है और वह 'इदम्' का विकास कर ईश्वर तत्त्व बन जाता है। इस 'इदम्' में भी जब अभाव परिलक्षित होता है तो 'माया' को बुलाता है। मूलतः वही एक तत्त्व नाना भूमिकाओं में विकसित होता है। विभिन्न नाम तो उसकी नाना स्थितियों के लिए परिकल्पित हैं। 'निराला' इस पृष्ठभूमि में कविता आरम्भ करते हैं।" ('कुकुरमुत्ता में शाक्त-तत्त्व', निराला साहित्य : एक नया आयाम, पृ०-69) इस प्रकार डा० गुप्त ने विस्तार-पूर्वक 'कुकुरमुत्ता' का शाक्त/तांत्रिक मूल्यांकन करते हुए उसे उच्चतर साभिप्रायता प्रदान की है।

'निराला' की कविता के संदर्भ में पाठकीय ग्रहणशीलता का इस प्रकार का इतिहास अत्यंत महत्त्वपूर्ण है। ग्रहणशीलता का यह वैविध्य कहीं ग़लत हो सकता है, और कहीं सही और कहीं अपने वैशिष्ट्य के बावजूद एकाधिक स्तरों पर स्वीकार्य भी। पर यहाँ यह तथ्य अधिक ध्यान देने योग्य है कि किसी भी काव्य-कृति का सामयिक या चालू निर्वचन उस कृति की अर्थवत्ता के पुराने इतिहास से निर्गत होता है। आलोचना का एक प्रकार्य उसकी सीमाओं में उन अर्थों को व्याख्यायित करते हुए रचना का मूल्यांकन करना है। ऐसा करना रचना की अर्थवत्ता के इतिहास में विभेदकों और सातत्यकों की संरचना को परिकलित करता है। प्राक्कलना को सामान्यतः इतिहासवाद (Historicism)

कहा जाता है। यह निर्वचन के तात्कालिक कर्म में आलोचनात्मक दृष्टिकोण को गतिशील करने वाली निर्वचनात्मक प्रविधि है। आलोचनात्मक निर्वचन निर्वचनात्मक विभेदकों के कुलक को स्थापित करता है, जिसके द्वारा कलात्मक अनुभव का मौलिक अर्थ जाना जा पाता और निर्णीत हो पाता है। कहना न होगा कि यह अर्थ के सहसंबंधित और विरोधी कुलक को भी विकसित करता है।

हिन्दी में बीसवीं शती के चौथे दशक के उत्तरार्ध से नवें दशकतक 'गोदान' को मुख्यतः ऋण की समस्या और किसानों के शोषण की समस्या को उद्घाटित करने वाले उपन्यास के रूप में मूल्यांकित किया गया है। डॉ० रामविलास शर्मा से डॉ० रविभूषण तक हिन्दी आलोचकों की लम्बी पंक्ति 'गोदान' की इसी निर्वचनात्मकता को स्वीकार करती है तथा होरी की मृत्यु को एक समझौतावादी की, एक विरोध नहीं कर सकने वाले शोषित की अनिवार्य मृत्यु के रूप में रेखांकित करती है। इनके लिए 'गो-दान' सिर्फ होरी की नाटकीय स्थिति का उद्घाटक बनकर उपस्थित होता है। कहाँ तो होरी की गो पालने की लालसा उसके जीते-जी पूरी नहीं हो सकी और कहाँ समाज उससे 'गो-दान' की कर्मकांडी रीति पूरी करवाता है। पर बीसवीं शती के अन्तिम दशक के आरम्भ में डॉ० 'शीतांशु' 'गोदान' में 'गो-दान' की निर्वचनात्मकता को अनेकोन्मुख 'त्याग' के रूप में ग्रहण करते हुए उसे उपन्यास की ग्राम्य और नागर—दोनों ही कथाओं के प्रमुख और गौण पात्रों के संदर्भ में पहली बार रेखांकित करते हैं। यहाँ 'गोदान' की निर्वचनात्मकता के परम्परित-स्वीकृत स्वर की पृष्ठभूमि में 'त्याग' की अनेकमुखी निर्वचनात्मकता अग्रप्रस्तुत रूप में उजागर होती दीखती है।

डॉ० 'शीतांशु' के शब्दों में, 'गो' ग्राम्य कथा में जिह्वा-सुख (रोटी, भोजन का सुख) तथा इन्द्रिय-सुख (काम, शरीर-सुख) का वाचक है। होरी पूरे उपन्यास में अपने जिह्वा-सुख का—रोटी की नियमित आवश्यकता तक का—त्याग और दान करता है। वह किसी प्रकार का आस्वाद-सुख नहीं जानता। 'होरी' के सन्दर्भ में 'गो' शब्द 'रोटी' और 'गोरस' दोनों को ही संकेतित करता है। यहाँ 'रोटी' और 'गोरस'—दोनों में तनाव सृजित होता है, एक द्वंद्वात्मकता उभरती है। होरी जहाँ 'रोटी' का त्याग करता चलता है (मर्यादा का पक्षधर-समर्थक होने के कारण, फलतः मर्यादा की चक्की में पिसते जाने के कारण) वही 'गोरस'—गाय का दूध (अपने बेटे, पोते के लिए) पाने की और इसके लिए गाय पालने की बड़ी बलवती इच्छा भी रखता है। इसके लिए वह अपने शरीर का बिल्कुल ध्यान नहीं रखता हुआ कठोरतम श्रम तक करने लग जाता है। अतः होरी के संदर्भ में 'गो-दान' की निर्वचनात्मकता केवल कर्मकांडी 'गो-दान' की न रहकर विविधोन्मुखी हो उठती है :

1. मर्यादा की रक्षा के लिए दो जून की नियमित रोटी (अनिवार्य आहार) तक का त्याग, उसका दान ! (गो = जिह्वा — बुभुक्षा + दान) आस्वाद-सुख का भी दान ! (गो = जिह्वा — आस्वाद + दान) ।

2. 'गो' पालने की लालसा के लिए, अपनी भविष्यत् पीढ़ी के आस्वाद-सुख के लिए कठोरतम श्रम करता हुआ अपने शरीर-सुख तक का त्याग, उसका दान ! (गो = इन्द्रिय) ।

3. 'गोदान' में लक्ष्यार्थ में 'गो' स्वयं होरी भी है। प्रेमचन्द ने 'गऊ' का प्रयोग 'साध्यवसाना लक्षणा' और 'प्रतीक' — दोनों रूपों में किया है। गोबर कहता है, 'इधर गोई खो बैठे हैं, उधर डेढ़ सौ रुपये डाँड़ के भरे। यह है गऊ होने का फल।' (पृष्ठ-202) होरी 'गऊ' ही है, ऐसा 'गऊ रूप', जिसके प्रति संकेत करता रामसेवक भी कहता है, "संसार में गऊ बनने से काम नहीं चलता …अपना हक और न्याय के लिए नहीं लड़ना उससे भी बड़ा पाप है।" (पृ० 234) अतः 'गोदान' का अर्थ इस 'गऊ' का आत्मदान भी है, मरजाद, बिरादरी और ऋण के पाश में जकड़े इस होरी का आत्मदान अर्थात् उसका आत्महनन । (गो + दान = होरी + दान)

4 होरी वर्ग-विशेष का प्रतिनिधि चरित्र भी है। अतः उसका 'गो' रूप उस पूरे वर्ग को भी 'गोरूप' में उपस्थित करता है। इस दृष्टि से 'गोदान' का अर्थ उस पूरे वर्ग का आत्मदान किंवा आत्महनन है। (गो = होरी = वर्ग-चरित्र + दान) ।

इसके अतिरिक्त डॉ० 'शीतांशु' ने 'गोदान' की लेखकीय पंक्तियों के आधार पर ही रूपा के सन्दर्भ में 'गोदान' का अर्थ 'कामसुख' का त्याग तथा जिह्वा-स्वाद-सुख का प्रदान, गोविन्दी के सन्दर्भ में 'प्रकाश' का 'दान', 'मातृत्व' का दान और उसका आत्मदान, मालती के सन्दर्भ में 'मातृत्व' का दान, 'काम-सुखेच्छा' का त्याग और मेहता के सन्दर्भ में 'विद्याप्राप्ति और जीवन को दिशा' प्रदान करने के लिए किया जाने वाला 'गुप्तदान' तथा 'कामेच्छा' का दान (त्याग) निर्दिष्ट किया है। कहना न होगा कि 'गोदान' की यह आलोचकीय-पाठकीय अर्थवत्ता उसके पचपन वर्षों के पाठकीय इतिहास में पहली बार निरूपित की गई है। (द्रष्टव्य : **'नई कहानी'** का **'गोदान पुनर्मूल्यांकन' विशेषांक**, इलाहाबाद : जन० 1992).

पाठकीय ग्रहणशीलता के इस बिन्दु के अतिरिक्त ऐतिहासिक आलोचना रचना के मूल उत्स की खोज पर भी बल देती है। जिस प्रकार कीट्स की 'टु ऑटम' कविता के उत्स को हैज़लिट के निबन्ध में व्यक्त विचारों और पोसिन तथा क्लॉड के चित्रों में रेखांकित किया गया है उसी प्रकार हिन्दी में भी 'भ्रमर-गीत' का उत्स श्रीमद्भागवत पुराण के दशमस्कंध में तथा 'निराला' की 'राम

की शक्ति पूजा' का उत्स 'देवी भागवत', 'शिवमहिम्नस्तोत्र' और बंगला की 'कृत्तिवासीय रामायण' में ढूँढ़ा गया है। तुलसीदास के 'रामचरितमानस' का उत्स 'वाल्मीकि रामायण' के अतिरिक्त अनेक अन्य रामायणों में भी प्राप्त है—'नाना पुराण निगमागम सम्मतं'। हजारीप्रसाद द्विवेदी के 'अनामदास का पोथा' नामक उपन्यास का उत्स 'छान्दोग्य उपनिषद्' में प्राप्त होता है।

रचना का मूल उत्स या अभिप्रेरक तत्त्व साहित्यपरक और साहित्येतर—दोनों प्रकार का हो सकता है। यह एक प्रकार से पाठ या रचना की ऐतिहासिकता का भी विन्दु है। यहाँ अन्तर-पाठीय (Inter-textual) सम्बन्ध कई रूपों में विचारणीय होता है। रचनाकार मूल उत्स से अभिप्रेरणा ग्रहण कर उसके प्रतीकों में नये अर्थ का सन्निवेश करता अपनी समसामयिकता को वाणी प्रदान कर सकता है अथवा कथ्य-विन्दु की बिल्कुल बिपरीत दिशा में जाकर 'एंटी थीसिस' के रूप में भी अपनी कृति की रचना कर सकता है। एक ओर हिन्दी काव्यविधा में 'कामायनी' और 'उर्वशी' तथा उपन्यास विधा में नरेन्द्र कोहली के रामकथा वाले तीनों उपन्यास उत्स की दृष्टि से पौराणिकता को ऐसी ही समसामयिक अर्थवत्ता प्रदान करते हैं, दूसरी ओर डॉ० लक्ष्मी नारायण लाल के नाटक 'एक और हरिश्चन्द्र', शंकर शेष के नाटक 'एक और द्रोणाचार्य' तथा विपिन कुमार अग्रवाल के उपन्यास 'बीती आप बीती आप' क्रमशः सत्य हरिश्चन्द्र तथा द्रोणाचार्य की कथा और 'कामायनी' की उपप्रोक्तियों की पृष्ठभूमि में विलोम साभिप्रायता उपस्थित करते दीखते हैं।

रचना के मूल उत्स की खोज के इस बिन्दु पर हिन्दी में 'निराला' की कविता—'शिवाजी का पत्र'—सम्यक् विचार की अपेक्षा रखती है। यह कविता, जो पहले 'मतवाला' के पाँच अंकों (3 अप्रैल, 24 अप्रैल, 5 जून, 12 जून और 10 जुलाई 1926) में प्रकाशित हुई, पुनः निराला की 'परिमल' पुस्तक में और कालान्तर में 'अपरा' में संकलित हुई, 'निराला' की मौलिक कविता नहीं है। डॉ० रामविलास शर्मा ने लिखा है कि "'श्रीकृष्ण सन्देश' नाम के पत्र में मिर्जा राजा जयसिंह के नाम शिवाजी के पत्र का गद्य में अनुवाद छपा। रवीन्द्रनाथ शिवाजी पर एक कविता लिख चुके थे। 'निराला' ने उस पत्र को पद्यबद्ध कर डाला, अपनी ओर से वेदांत के भाव जोड़े, हिन्दू समाज में शूद्रों पर अत्याचार का उल्लेख किया।" (निराला की साहित्य-साधना—1, नयी दिल्ली : राजकमल प्रकाशन, पेपर बैक, 1969, पृ० 106)

रामविलास जी के ही आधार पर 'कंक' (रतलाम) के मार्च '76 अंक में डॉ० रमेश कुंतल मेघ ने भी लिखा, "यदि रवीन्द्रनाथ ने शिवाजी पर कविता लिखी तो 'निराला' ने भी 'पंचवटी प्रसंग' लिखने के बाद वर्णिक मुक्त छन्द में 'महाराज शिवाजी का पत्र' लिख डाला, जो 'श्रीकृष्ण सन्देश' नामक पत्र में

मिर्जा राजा जयसिंह के नाम शिवाजी के पत्र का भावानुवाद ही है।"

1976 में ही डॉ० 'शीतांशु' ने अपनी पुस्तक 'निराला का अलक्षित अर्थ-गौरव' में लिखा, **"यह** तथ्य सहसा चौंका देता है कि 'निराला' की महाराज शिवाजी का पत्र' नामक प्रसिद्ध कविता शिवाजी के द्वारा औरंगजेब को लिखे गये मूलपत्र के फारसी काव्य-रूपांतरण का हिन्दी अनुवाद है। फारसी का वह मूल पत्र औरंगजेबकालीन अखबारात में प्राप्त है। 'शिवकालीन पत्र सार-संग्रह' खण्ड -- 1 (सम्पादक न० चि० केलकर एवं दत्तात्रय विष्णु आप्टे, प्रकाशक : शिवचरित्र कार्यालय, पुणे) में भी इसका पूरा विवरण प्राप्त होता है।" (निराला का अलक्षित अर्थ-गौरव, इलाहाबाद : सरस्वती प्रेस, 1976, पृ० 130)

पर सत्य क्या इतना संक्षिप्त है ? नहीं। 'निराला' ने जिसका अनुवाद किया वह मूलतः फारसी कविता में लिखा गया पत्र है। यह वह मूल पत्र है जिसे शिवाजी ने 10 मई 1665 को रघुनाथ पन्त को देकर मिर्जा राजा जयसिंह के पास भेजा। इस पत्र को सबसे पहले हिन्दीजगत् के सामने बाबू जगन्नाथ दास 'रत्नाकर' ने प्रस्तुत किया। उसके बाद ही इसका अंग्रेजी अनुवाद 'प्रिंसली इंडिया' नामक पत्रिका में छपा था। 1926 में श्रीकृष्ण बलदेव वर्मा ने इस मूल फारसी पत्र का हिन्दी में पद्यानुवाद किया था तथा इसे कलकत्ता से निकलने वाले 'हिन्दू पंच' नामक साप्ताहिक में उन्हीं दिनों प्रकाशित करवाया था। इस पत्र का उर्दू अनुवाद पं० योगराज जी नजर सोहानवी ने किया था, जिसे भाई परमानन्द जी एम० एस० ने अपने उर्दू पत्र 'हिन्दू' (लाहौर) के 28 मई 192 के अंक में प्रकाशित किया था।

1890-92 ई० के बीच इस मूल फारसी पत्र की गुरुमुखी प्रति पटना के हरमन्दिर साहेब के महंत बाबा सुमेर सिंह के पास सुरक्षित थी। उनसे बाबू जगन्नाथ दास 'रत्नाकर' ने यह पत्र प्राप्त किया। उन्होंने 'नागरी प्रचारिणी पत्रिका' (वाराणसी) के खण्ड-3, अंक-1-4, संवत् 1979 अर्थात् ई० 1922 में इस मूल फारसी काव्य-पत्र को फारसी लिपि तथा नागरी लिपि—दोनों में लिखते हुए इसके हिन्दी अनुवाद तथा अपनी टिप्पणियों-सहित 'महाराज शिवाजी का एक नया पत्र' शीर्षक से प्रकाशित करवाया। यह पत्र इस पत्रिका के उक्त अंक में 141 से 163 पृष्ठ तक प्रकाशित है।

'रत्नाकर' जी ने इस मूल काव्य-पत्र के पहले अपनी ओर से इसकी एक लम्बी प्रस्तावना भी लिखी। इसमें इस पत्र को प्राप्त करने के उत्स, पत्र के गुरुमुखी से नागरीकरण किये जाने की प्रक्रिया, तथा इसकी ऐतिहासिक प्रामाणिकता और अप्रामाणिकता पर भी विचार किया। 'निराला' की कविता के संदर्भ में 'रत्नाकर' जी की यह महत्त्वपूर्ण प्रस्तावना कई दृष्टियों से विचारणीय है :

'तीस-बत्तीस बरस बीते होंगे कि मैंने फारसी भाषा के दो छंदोबद्ध ऐतिहासिक पत्र स्वर्गीय श्री बाबा सुमेर सिंह जी साहेबजादे के पास गुरुमुखी अक्षरों में लिखे हुए देखे थे। उक्त बाबा जी उस समय पटने में सिक्खों की हरमंदिर नामक संगत के महंत थे। उन दोनों पत्रों में से एक तो श्री गुरु गोबिन्द सिंह जी का पत्र था जो उन्होंने बादशाह औरंगजेब को लिखा था और दूसरा पत्र श्री छत्रपति महाराज शिवाजी का मिर्जा राजा जयशाह अर्थात् जयसिंह के नाम था।

जब उक्त महंत जी ने वे पत्र मुझे सुनाये तो उनकी भाषा इत्यादि कुछ ऐसी रोचक ज्ञात हुई कि मैंने उनसे उनको लिखा देने की प्रार्थना की और उक्त बाबा जी ने सहर्ष उनको मुझे लिखा दिया। उक्त बाबाजी पढ़ते जाते थे और मैं उनको फारसी अक्षरों में लिखता जाता था। घर लाकर मैंने वे दोनों पत्र किसी पुस्तक में रख दिये और फिर बहुत दिनों तक उनका कुछ ध्यान भी नहीं रहा।

इधर थोड़े दिनों से मैं बिहारी की सतसई पर एक टीका करने का उद्योग कर रहा हूँ और उनके निमित्त जहाँ-तहाँ से जो सामग्रियाँ हाथ आयीं एकत्र की हैं। इन्हीं सामग्रियों की खोज में मेरा ध्यान उन पत्रों की ओर भी गया, क्योंकि उनमें से एक पत्र राजा जयसिंह के नाम था, अतः यह धारणा हुई कि कदाचित् उस पत्र से भी कुछ सहायता राजा जयशाह तथा बिहारी के वृत्तांत के विषय में मिले। यह विचारकर मैंने उनकी खोज की। पर मेरे बहुत दिनों से काशी में न रहने के कारण मेरी पुस्तकें कुछ ऐसी अस्त-व्यस्त हो गयी हैं कि उन पत्रों का पता लगाना बड़ा कठिन हुआ। यद्यपि इस बीच में कई बार मेरा जाना काशी हुआ, पर अवकाश के अभाव से पूरा अनुसन्धान न हो सका थोड़ी-बहुत खोज जो हो सकी उससे सफलता न हुई और उनकी प्राप्ति से निराशा-सी प्रतीत होने लगी।''

इसके तुरत बाद 'रत्नाकर' जी ने उस पत्र की प्राप्ति के लिए अपनी ओर से किये जाने वाले उद्यम का उल्लेख किया है जिसमें उन्हें सफलता प्राप्त नहीं हो सकी। यह वांछित पत्र उन्हें मिला तो अवश्य, पर यह उन्हीं की पुस्तक में दबा था और वहीं से उन्हें प्राप्त हो पाया—

''शिवाजी की चिट्ठी के कुछ पद मुझे स्मरण थे। अपने कई एक मित्रों को उसको सुनाकर इस बात की भी चेष्टा की कि यदि वे पत्र किसी और के पास भी हों तो वहीं से प्राप्त हो जाएँ। मिस्टर आर० बर्न साहेब, सी० एस० आई० के पास भी, जो कि फारसी भाषा के बड़े विद्वान् और ऐतिहासिक विषयों के संग्रहकर्ता हैं, मैंने शिवाजी के पत्र के वे शे'र जो मुझे याद थे लिखकर इस

आशा से भेजे कि कदाचित् उनके संग्रह में उस पत्र का पता लगे। पर उनसे भी पता न लगा।

इस बीच मेरे एक मित्र श्रीयुत पण्डित राधावल्लभ जी मिश्र, जो आजकल पटने में डिप्टी कलक्टर हैं, श्री अयोध्या ज़ी आये। उनसे मैंने उक्त पत्रों का वृत्तान्त कहकर प्रार्थना की कि वे कृपाकर हरमन्दिर से उनके प्रतिलेख प्राप्त करके मेरे पास भेज दें। कुछ दिनों के पश्चात् उक्त डिप्टी साहिब ने मुझे लिखा कि श्री बाबा सुमेर सिंह जी का देहान्त पंजाब में हुआ। उनकी पुस्तकें इत्यादि उन्हीं के साथ थीं। सब इधर-उधर हो गयीं। हरमंदिर में उन पत्रों का कोई पता नहीं चलता। एक मनुष्य के पास फारसी भाषा के एक ऐतिहासिक पत्र का पता लगा है। उनसे लेकर भेजने का उद्योग करूँगा। कुछ दिनों के पश्चात् उन्होंने फारसी भाषा का एक छन्दोबद्ध पत्र गुरुमुखी अक्षरों में लीथो का छपा हुआ मेरे पास भेजा। वह पत्र श्री गुरु गोविन्द सिंह जी का बादशाह औरंगजेब के नाम है और जफरनामा कहलाता है। पर यह पत्र श्री गुरु गोविन्द सिंह जी का वह पत्र नहीं निकला जिसका प्रतिलेख मैंने स्वर्गीय श्री बाबा सुमेर सिंह जी से प्राप्त किया था। इस पत्र में आठ-नौ सौ शे'र हैं, पर उस पत्र में, जहाँ तक मुझे स्मरण है, सौ शे'र से अधिक नहीं थे। इसके अतिरिक्त उसमें का एक शे'र जो मुझे स्मरण है वह भी इस पत्र में नहीं मिलता। वह शे'र यह है—

तुअजु नाजो नेमत् समर खुर्दई। जे जंगी जवानान बरखुर्दई॥

'रत्नाकर' ज़ी ने आगे लिखा है कि "इस प्रकार से खोज-खोजकर उन पत्रों की प्राप्ति से मैं निराश हो गया था। पर फिर एक दिन मेरी ही पुस्तकों में से उनमें से एक पत्र निकल आया। यह वह पत्र है जो शिवाजी ने राजा जयशाह को लिखा था। कागज तो वह अवश्य मिला जिस पर उस पत्र के शे'र लिखे थे, पर इतने दिनों से रक्खे रहने के कारण तथा फूलस्केप कागज होने की महिमा से ऐसा जर्जर और प्रति गोड़ पर से छिन्न-भिन्न हो गया था कि शे'रों का पढ़ा जाना बड़ी कठिन समस्या उपस्थित हुई। किसी-न-किसी प्रकार से जोड़-जाड़ कर पढ़ने का उपयोग किया। मैं बड़े श्रम से उन्हें पढ़ पाया। फिर यह सन्देह अवश्य है कि कदाचित् बीच-बीच के दो-एक शे'र न मिले हों तो कोई आश्चर्य नहीं। यह भी संभावना है कि दो-चार शे'रों के क्रम कुछ उलट-पुलट गये हों तथा दो-चार शब्द भी बदल गये हों, क्योंकि कई-एक शे'रों में कोई-कोई शब्द सर्वथा अनुमान ही से पढ़े गये हैं। उस पत्र को यथाशक्ति पूरा करने के पश्चात् मैंने उसको श्रीयुत मिर्जा मुहम्मद हसन साहब (फायज) बनारसी को भी, जो कि इस समय हिन्दू विश्वविद्यालय में फारसी के अध्यापक तथा फारसी भाषा के प्रसिद्ध विद्वान और कवि हैं, दिखलाया। उन्होंने भी दो-

चार शब्द जहाँ-तहाँ अनुमान से बैठाये और बदले। इस प्रकार से यथासंभव यह पत्र पूर्ण हुआ।

बिहारी की सतसई के सम्पादन में तो इस पत्र से कोई विशेष सहायता नहीं प्राप्त होती तथापि एक ऐतिहासिक घटना के सम्बन्ध से यह सुरक्षित रहने का अधिकारी अवश्य प्रतीत होता है। इसी विचार से इसको प्रकाशित कर देना भी उचित जान पड़ता है और इस विषय में हमारे कई एक मित्रों ने भी, विशेषतः बाबू श्याम सुन्दर दास, बी० ए० ने आग्रह किया। अतः उक्त पत्र उसके नागरी प्रतिलेख तथा भाषा-अनुवाद सहित नागरी प्रचारिणी पत्रिका द्वारा प्रकाशित किया जाता है।"

इसके बाद अपनी प्रस्तावना में रत्नाकर जी ने पत्र की ऐतिहासिक प्रामाणिकता-अप्रामाणिकता पर विचार किया है—"इस पत्र के विषय में हमारे दो-एक मित्रों की धारणा है कि संभवतः वह कृत्रिम हो सकता है। इस विषय में भी मैंने उक्त मिर्जा साहेब महाशय से सम्मति ली। उनका कथन है कि इसकी भाषा ऐसी प्रौढ़ एवं प्रभावशालिनी है कि सौ-डेढ़ सौ वर्ष के भीतर का लिखा यह प्रतीत नहीं होता, क्योंकि मुसलमानों के राज्य के उठ जाने के कारण फारसी भाषा का पठन-पाठन तथा उसमें प्रौढ़ता का अभ्यास भारतवर्ष में दिन-प्रतिदिन न्यून होता जाता है। इस कथन पर एक यह अनुमान भी हो सकता है कि जब मुसलमानों में ही फारसी विद्या का अभ्यास अवनत होता जाता है तब हिन्दुओं में तो और भी इसके ह्रास की संभावना है। अतः जिस समय मुसलमानों के लिए पत्र का लिखना कठिन माना जाए उस समय हिन्दुओं के लिए तो असंभव ही है। इस पत्र का लिखने वाला अनुमान से कोई हिन्दू ही प्रतीत होता है अथवा शिवाजी का आश्रित कोई मुसलमान मुंशी, क्योंकि इसमें कई एक शे'र ऐसे हैं कि जिनको कोई मुसलमान शायर कदाचित् अपनी लेखनी से सहर्ष न लिखता। नीचे लिखे हुए ये दो शे'र द्रष्टव्य हैं—

बहम कुश्त ओ खस्तः शेरां शबन्द।
शिगालां हिजब्रे नवस्तां शवन्द॥

× × ×

बि बायद कि - बर दुश्मने दीं जनीं।
बुनी बेख इस्लाम राबर कुनीं॥

एक यह बात इस पत्र के बनावटी होने की ओर चित्त को आकर्षित करती है कि—

शुबीदम् कि वर क़स्दे मन आमदी।
बफतहे दयारे दकन आमदी॥

इस शे'र से यह प्रतीत होता है कि जयशाह के दक्खिन पहुँचने के थोड़े ही दिनों के पश्चात् यह पत्र लिखा गया और फिर—

चुखुर्शीद फ़र्दा कशद रू वशाम ।
हिलालम नमाम अफगनद बस्सलाम ।।

इस शे'र से ज्ञात होता है कि यदि इस पत्र पर जयशाह एवं शिवाजी से भेंट हुई होती तो जयशाह के दक्खिन पहुँचने के थोड़े ही दिन भीतर होती। पर इतिहास से ज्ञात होता है कि ऐसा नहीं हुआ। प्रत्युत जयशाह के शाहजादा मोअज्जम तथा दिलेर खाँ के साथ दक्खिन पहुँचने के अनुमानतः दो वर्ष के पश्चात् कई एक लड़ाइयाँ हो चुकने पर शिवाजी जयशाह के पास गये थे ।

इससे एकाएक तो यही प्रतीत होता है कि वास्तव में यह पत्र उस समय का लिखा हुआ नहीं है, प्रत्युत पीछे से किसी ऐसे व्यक्ति ने बनाया है जो इतिहास से अनभिज्ञ था । (मुंशी देवी प्रसाद जी की सम्मति है कि संभवतः पीछे से किसी हिन्दू कवि ने शिवाजी का इतिहास फारसी कविता में लिखा हो उसी का यह अंश हो ।) पर कुछ ध्यान देने से दो-चार बातें ऐसी ऐतिहासिक मर्म की इसमें पायी जाती हैं जिनसे लेखक का या तो औरंगजेब का समकालीन अथवा इतिहास का पूर्ण ज्ञाता सिद्ध होना सिद्ध होता है। वे बातें ये हैं। अफजल खाँ का नाश तथा शाइस्ता खाँ की दुर्दशा, जसवंत सिंह को जयशाह का बहकाकर दारा शिकोह की सहायता न करने देना तथा जसवंत सिंह तथा महाराणा का का भीतर-भीतर औरंगजेब के विरुद्ध होना, जुझार सिंह तथा बालक छत्रसाल के साथ औरंगजेब का दुष्ट बर्ताव, जयशाह का शाहजहाँ के विरुद्ध औरंगजेब की सहायता करना, औरंगजेब की हिन्दुओं के साथ गोटियाचाली से मिलने आना । इनके अतिरिक्त शिवाजी का शाइस्ता खाँ की जेब से कुछ ऐसे गुप्त पत्र प्राप्त करना, जिनमें जयशाह के विषय में कुछ हानिकारक बातें लिखी हुई थीं, भी वास्तविक घटना प्रतीत होती है, यद्यपि इसका वर्णन इतिहास में नहीं है । औरंगजेब भीतर-भीतर जयशाह के प्राणों का परम शत्रु था यह बात तो इसी से सिद्ध है कि उसने उनको दक्खिन से लौटने के समय उन्हीं के लड़के कीर्तिसिंह को मिलाकर विष दिलवा दिया। फिर क्या आश्चर्य है कि उसने शाइस्ता खाँ को कोई बात पत्रों में जयशाह को हानि पहुँचाने के निमित्त लिखी हो । ऊपर लिखी हुई सभी बातें इतिहास से समर्थित होती हैं जैसा कि शे'रों पर की टिप्पणियों से प्रकट होगा । फिर जिस पत्र के लिखने वाले को उस समय के इतिहास के ऐसे मर्म ज्ञात रहे हों उसके विषय में यह शंका करना कि उसको यह नहीं ज्ञात था कि जयशाह के दक्खिन पहुँचने के कितने दिनों के पश्चात् शिवाजी उनसे मिले, सर्वथा असंगत ही प्रतीत होता है। अब रह गयी यह बात

कि इस पत्र से जो शिवाजी के जयशाह से मिलने का समय प्रतीत होता है तथा जो इतिहास से सिद्ध होता है—इन दोनों के विरोध का कारण क्या है ? सम्भवतः विरोध का कारण यह हो सकता है कि इस पत्र को पाकर जयशाह ने किसी कारण से शिवाजी को यथेष्ट उत्तर नहीं दिया जिससे उस समय भेंट नहीं हुई और लड़ाई आरम्भ हो गयी। फिर कुछ दिनों के बीतने पर कई एक लड़ाइयों के पश्चात् किसी अवसर पर या तो जयशाह के बुलाने पर अथवा स्वयं शिवाजी उसके पास जा उपस्थित हुए।

मैं इतिहास का मर्मज्ञ नहीं हूँ। अतः इस पत्र के वास्तविक अथवा बनावटी होने के विषय में दृढ़तापूर्वक विशेष मीमांसा करना अनुचित समझता हूँ। पर पत्र को रोचक तथा प्रभावशाली समझ कर ज्यों-का-त्यों प्रकाशित कर देता हूँ जिसमें कि इतिहास के ज्ञाताओं तथा अपर विद्वानों को इस पर मीमांसा करने का अवसर प्राप्त हो।"

अन्त में रत्नाकर जी ने इस पत्र पर की गयी ऐतिहासिक टिप्पणियों के सन्दर्भ में बाबू ब्रजरत्नदास से मिली सहायता के प्रति कृतज्ञता ज्ञापित की है तथा पत्र के संदिग्ध शब्दों को कोष्ठक में लिखे जाने का उल्लेख किया है—

"इस पत्र पर ऐतिहासिक टिप्पणियों को लिखने में मुझको स्वर्गीय श्री भारतेंदु जी के दौहित्र बाबू ब्रजरत्नदास से बड़ी सहायता मिली है अतः मैं उनका कृतज्ञ हूँ।

इस पत्र में जिन शब्दों में सन्देह है वे फारसी मूल में ब्राकेट के भीतर लिखे गये हैं।"

'पत्रिका' में प्रकाशित इस महत्त्वपूर्ण पत्र की पूरी जानकारी के बाद यह मानना असंभव प्रतीत होता है कि 'निराला' जी जैसे प्रमुख साहित्यकार और जागरूक सम्पादक की आँखों के सामने से 1922 ई० में प्रकाशित 'नागरी प्रचारिणी पत्रिका' के खण्ड-3 का अंक 1-4 नहीं गुज़र सका हो। 'निराला' जी ने निश्चय ही उसे वहाँ पढ़ा होगा। वास्तव में हिन्दी साहित्य-जगत् में यह पत्र अपने इसी मूल उत्स के ज़रिये कई-कई रूपों में कई-कई जगहों पर प्रकाशित हुआ। कालांतर में यहीं से इसका गद्यानुवाद 'श्रीकृष्ण सन्देश' नामक पत्र में भी प्रकाशित हुआ। ठाकुर अमरसिंह जी उपदेशक ने 'शिवाजी का पत्र जयसिंह के नाम' शीर्षक मूल फारसी काव्यपत्र को नागरी में लिखते हुए उसका गद्यानुवाद तो किया ही, साथ ही 'राधेश्याम रामायण' की शैली में इसका पूरा गेय हिन्दी अनुवाद भी किया। श्री उपदेशक ने स्वीकार किया है कि "इस पत्र को मैंने भारत के प्रमुख-प्रमुख नगरों के उत्सवों पर अपने व्याख्यानों में सुनाया, प्रायः सर्वत्र इसको मुझसे लिखने के लिए अनेक सज्जन आते रहे। लिखने-लिखाने में बहुत समय लगता था। इसलिए मैंने इसको सुनाना छोड़ दिया,

फिर जिन्होंने पहिले सुना था वह इसको छपाने का आग्रह किया करते थे।··· परम स्वाध्यायशील श्री ठाकुर रामसिंह जी (पूर्व एम० एल० सी०) रईस, घंटरा, जिला कांगड़ा (पंजाब) ने इसको बहुत पसन्द किया और इसको छपाने की प्रेरणा दी। सज्जनों के आग्रह से आग्रहीत होकर मैंने मननोपदेशकों तथा कथावाचकों के गाने योग्य पद्यानुवाद सब इकट्ठा लिख दिया।" (पृ०-4) यह पुस्तिका प्रेम पुस्तक भंडार, बिहारीपुर, बरेली से प्रकाशित हुई। इसके गेय अनुवाद का एक उदाहरण द्रष्टव्य है :

"हे वयोवृद्ध राजाधिराज जयसिंह मानमय गुणधारी।
श्रीराम वंश अवतंश यशोनिधि शत्रु-निसूदन बलकारी॥
महाराज, आपके गुण-गौरव से छत्रिय शोभा पाते हैं,
जब नाम आपका आता हैं तब सिर ऊँचे हो जाते हैं।"

इसी तरह की एक और पुस्तिका मूल फारसी काव्य-पत्र और उसके हिन्दी गद्यानुवाद के साथ 'श्री छत्रपति शिवाजी महाराज का राजा जयसिंह को पत्र' नाम से श्री वसन्त सातवलेकर, बी० ए० ने भी स्वाध्याय मडल, आनन्दाश्रम पारडी (सूरत) से प्रकाशित की।

जैसा डॉ० शीतांशु ने 'निराला का अलक्षित अर्थगौरव' में लिखा है इसका एक दूसरा स्रोत 'शिवकालीन पत्र सार-संग्रह', खण्ड-1 है, जहाँ इस फारसी काव्य-पत्र का मूल रूप तो प्राप्त होता ही है, साथ में इसका मराठी अनुवाद भी मिलता है। (सम्पादक : न. चि० केलकर एवं दत्तात्रय विष्णु आप्टे, प्रकाशक शिवचरित्र कार्यालय, पुणे) इस संग्रह के प्रकाशन के मूल में भारत इतिहास संशोधक मण्डल, पुणे की उस सक्रियता का भी महत्त्व स्वीकार करना पड़ेगा, जिसने मराठा राज के प्रवर्तक छत्रपति शिवाजी के जीवन और कृतित्व से सम्बन्धित कागज़ात को प्रकाशित करने का संकल्प और उद्यम किया। इस पत्र के मराठी अनुवाद की बानगी निम्नलिखित है :

"हे श्रेष्ठ सरदारा, तुभयामुले राजपुतांची मान उन्नत आहे, तुभयामुले बाबर वशाची राज्यलक्ष्मी अधिक प्रबल झाली असून तुझे सहा-चग्सिा मिलत आहे, हे प्रबल व प्रौढ़ जयशाहा! सेवाय (शिवाजी चा) प्रणाम व आशीर्वाद स्वीकार।"

इन सबको देखने से निम्नलिखित निष्कर्ष निकलते हैं :

1. 'छत्रपति शिवाजी का पत्र' कविता के मूल उत्स दो हैं। एक ओर यह काव्यात्मक पत्र मराठी परम्परा में प्राप्त रहा है। वहाँ इसे शिवकालीन पत्र सार-संग्रह, खण्ड-1, में संचित किया गया है। दूसरी ओर यह मूल फारसी काव्यपत्र बाबा सुमेर सिंह (महंथ, हरमन्दिर साहेब, पटना) के यहाँ गुरुमुखी लिपि में लिखित रूप में सुरक्षित रहा है। हिन्दी को यह मूल काव्यात्मक पत्र

बाबा सुमेर सिंह के स्रोत से ही 1890-92 के बीच प्राप्त हुआ।

2. इस मूल काव्य-पत्र को प्राप्त करने और उसे हिन्दी में गद्यानुवाद सहित 'नागरी प्रचारिणी पत्रिका' में प्रकाशित कराने का श्रेय स्वनामधन्य साहित्यकार बाबू जगन्नाथ दास 'रत्नाकर', बी० ए० को जाता है। उन्होंने ही गुरुमुखी से इसकी फारसी प्रतिलिपि तथा नागरी प्रतिलिपि की। इसका फारसी से हिन्दी गद्यानुवाद भी उन्होंने ही किन्हीं सुमीत बाबू के सहयोग से सम्पन्न किया। बाबू श्याम सुन्दर दास इस पत्र के प्रकाशन के अभिप्रेरक रहे।

3. 'नागरी प्रचारिणी पत्रिका' में प्रकाशित होने के बाद ही इसका अनुवाद उर्दू गद्य में, अंग्रेजी गद्य में तथा हिन्दी पद्य में किया गया, जो क्रमशः 'हिन्दू' 'प्रिंसली इंडिया' और 'हिन्दू पंच' में प्रकाशित हुआ।

4. इस महत्त्वपूर्ण काव्य-पत्र की राष्ट्रीयता से प्रेरित होकर ही 'श्रीकृष्ण सन्देश' ने भी इसका गद्यानुवाद प्रकाशित किया।

5. इसकी राष्ट्रीय भावना ने ही विभिन्न व्यक्तियों को इस मूल फारसी काव्यपत्र को गद्यानुवाद-सहित विभिन्न समारोहों में पढ़ने-सुनाने को अभिप्रेरित किया। फलतः प्रचार-प्रसार की दृष्टि से श्री बसन्त सातवलेकर ने इसे हिन्दी गद्यानुवाद-सहित स्वतन्त्र पुस्तिका के रूप में प्रकाशित किया और ठाकुर अमर सिंह जी 'उपदेशक' ने 'राधेश्याम रामायण' की कथावाचकी-गायकी शैली में हिन्दी में इसका सरस पद्यानुवाद प्रस्तुत किया। इनके अतिरिक्त पण्डित पिंडीदास सरवरी ने गुरु गोबिन्द सिंह के 'फतहनामे' के साथ 'छत्रपति शिवाजी का पत्र' का उर्दू कविता में अनुवाद प्रस्तुत किया। इस पुस्तक की भूमिका डी० ए० वी० कालेज, जालंधर के स्नातकोत्तर हिन्दी-विभाग में इतिहास के प्राध्यापक डॉ० कृष्णलाल सचदेवा ने लिखी।

6. 'निराला' जैसे जागरूक कवि-सम्पादक ने निश्चय ही इस मूल फारसी कविता को इसके हिन्दी गद्यानुवाद-सहित सर्वप्रथम काशी से निकलने वाली त्रैमासिकी 'नागरी प्रचारिणी पत्रिका' के संवत् 1979 तदनुसार ई० 1922 के खण्ड-तीन, अंक 1-4 में पढ़ा होगा। यह ध्यान देने योग्य है कि उन दिनों 'निराला' जी का कार्य-क्षेत्र कलकत्ता ही था। अतः उन्होंने कलकत्ते से निकलने वाले साप्ताहिक 'हिन्दू पंच' में भी इसका पद्यानुवाद पढ़ा होगा और अन्ततः 'श्रीकृष्ण सन्देश' में पुनः इसका गद्यानुवाद देखा होगा। बार-बार इसके सामने आने पर इसके जोरदार कथ्य और राष्ट्रीय महत्त्व से प्रभावित होकर ही उन्हें वर्णिक मुक्त छन्द में इसका भावानुवाद करने की प्रेरणा प्राप्त हुई होगी। पर 'मतवाला' (कलकत्ता) के 3 अप्रैल 1926 के अंक में उन्होंने स्वयं अपनी इस कविता के आरम्भिक अंश के ठीक पहले जो टिप्पणी प्रस्तुत की है उसमें 'नागरीप्रचारिणी पत्रिका' और 'हिन्दू पंच' का कोई उल्लेख नहीं है। केवल

'श्रीकृष्ण सन्देश' का उल्लेख किया है :

"श्रीकृष्ण सन्देश में 'शिवाजी के पत्र' का गद्य में छपा हुआ अनुवाद पढकर उसे स्वच्छन्द छन्द में पद्यबद्ध करने की मुझे लालसा हुई। पत्र के भावों पर मैंने स्वयं भी अर्थों के अनुसार कल्पना की है। इससे आकार कुछ बढ़ गया है।" पर कई कारणों से यह विश्वसनीय नहीं लगता कि 'निराला' ने 'नागरी प्रचारिणी पत्रिका' में प्रकाशित मूल और अनुवाद को नहीं देखा होगा। इनमें एक प्रमुख तथ्यपरक कारण पत्रिका में प्रकाशित 'रत्नाकर' जी की प्रस्तावना का यह अंश है, "इनके अतिरिक्त शिवाजी का शाइस्ता खाँ की जेब से कुछ ऐसे गुप्त पत्र प्राप्त करना, जिनमें जयशाह के विषय में कुछ हानिकारक बातें लिखी हुई थीं, भी वास्तविक घटना प्रतीत होती है यद्यपि इसका वर्णन इतिहास में नहीं है।" (पृ० 145) ध्यान देने योग्य है कि 'निराला' ने अपनी कविता 'महाराज शिवाजी का पत्र' में मूल पत्र के निम्नलिखित अंश को स्थान नहीं दिया है, क्योंकि रत्नाकर जी ने इसे वास्तविक प्रतीत होते हुए भी इतिहास-वर्णित नहीं माना था :

"नुमायम बतो नामः हाए निहाँ।
कि बगिर फूतम अज़ जेबे शयस्तः खाँ।"

अर्थात् "मैं तुझको वे गुप्त पत्र दिखाऊँ जो कि मैंने शाइस्त : खाँ की जेब से निकाले थे।" यदि 'निराला' ने केवल 'कृष्ण-सन्देश' में छपे पत्र के गद्यानुवाद को पढ़कर यह कविता लिखी होती तो उनकी कविता में यह अंश भी अवश्य होता। पर इसे तो उन्होंने इसलिए स्थान नहीं दिया, क्योंकि 'रत्नाकर' जी के अनुसार इतिहास में इसका उल्लेख नहीं मिल पाता है। स्वाभाविक था कि वे अपनी कविता में वर्णित तथ्य को 'अनैतिहासिक' जैसे आरोप से बचाना चाहते थे। और यह जानकारी 'रत्नाकर' जी की 'प्रस्तावना' से ही प्राप्त हो पाती है। ऐसे में 'निराला' की उक्त टिप्पणी में मूल उत्स की ओर से पाठकों की दृष्टि हटा देने वाली अथवा उस ओर दृष्टि नहीं जाने देने वाली सामान्य, सर्जकीय मानसिकता क्रियाशील है, जिस कारण 'पत्रिका' का उल्लेख-स्वीकार उन्होंने जान-बूझकर नहीं किया। 'निराला' की ऐसी मानसिकता का परिचय उनके 'परिमल' संकलन (जहाँ यह कविता पहली बार संकलित हुई) की भूमिका के इस दावे में भी प्राप्त किया जा सकता है, "मेरी तमाम रचनाओं में दो-चार जगह दूसरों के भाव मुमकिन हैं, आ गये हों, पर अधिकांश कल्पना, 95 फीसदी मेरी अपनी है। आवश्यक होने पर इस सम्बन्ध में अन्यत्र लिखूंगा।" ('भूमिका', परिमल, लखनऊ; गंगा पुस्तक माला कार्यालय, दशमावृत्ति, 1966, पृ० 21) यहाँ यह पर्यवेक्षणीय है कि जहाँ चार-पाँच-छह

जगहों पर ही 'निराला' की 'महाराज शिवाजी का पत्र' कविता में उनकी विशिष्ट मौलिकता प्रदर्शित हो पायी है वहाँ उस कविता को 'परिमल' में संकलित करते हुए भी उन्होंने न तो इसके मूल उत्स का संकेत देना अपेक्षित समझा, न ही इसके भावानुवाद होने के तथ्य का ही उल्लेख किया। ऊपर से पंचानवे फी-सदी अपनी कल्पना के होने की गर्वोक्ति भी की। साथ में इतना अवकाश भी रखा कि यदि कोई इस कविता के मूल उत्स की ओर इंगित कर सके और उन्हें उत्तर देने की आवश्यकता पड़े तो वे इस सम्बन्ध में अन्यत्र लिखेंगे।

7. 'निराला की साहित्य-साधना' भाग-1 (जीवनी खण्ड) में जहाँ डॉ० रामविलास शर्मा ने यह उल्लेख किया था कि "श्रीकृष्ण सन्देश' में छपे गद्यात्मक पत्र को 'निराला' ने पद्यबद्ध कर डाला; अपनी ओर से वेदान्त के भाव जोड़े तथा हिन्दू समाज में शूद्रों का उल्लेख किया", वहाँ ठीक इसके बिपरीत 'निराला की साहित्य-साधना', भाग-2 में इस कविता के विषय में उन्होंने अपना अभिमत इस तरह व्यक्त किया मानो यह 'निराला' की मौलिक कविता हो। यहाँ उन्होंने न तो इसके भावानुवाद होने का ही कोई उल्लेख किया, न ही इसके किसी अन्य उत्स से प्रभावित होने की ही जानकारी पाठकों को दी। इससे यह प्रतीत होता है कि स्वयं उन्होंने किसी भी स्रोत से मूल फारसी काव्य-पत्र और उसके हिन्दी अनुवाद को नहीं देखा। इस तरह उन्होंने इस कविता की मौलिकता की परीक्षा करने के महत्त्वपूर्ण दायित्व से अपने-आपको बचा लिया, "शिवाजी के इस पत्र में देशवासियों की निष्क्रियता, पराधीनता से समझौता, आत्म सम्मान के अभाव के प्रति रोष और ग्लानि के भाव सजग हैं···निराला के शिवाजी मानव हैं, अतिमानव नहीं। द्विधा का कारण यह है कि यदि वह राजा जयसिंह से मिल जाएँ तो उनके शत्रु कहेंगे कि डरकर मिल गया है, यदि युद्ध करेंगे तो दोनों ओर हिन्दुओं का खून बहेगा।···जिस योद्धा को जनता के दुःख की अनुभूति नहीं, उसकी वीरता क्रूरता है, वीरता का प्रदर्शन-मात्र है। रीतिवादी कवियों के वीर रस में इस दुःखात्मक अनुभूति का अभाव है, निराला के उदात्त करुणामिश्रित, ओजपूर्ण काव्य और इस शास्त्रानुमोदित परम्परागत वीर काव्य में यही अन्तर है। शिवाजी राजपूत वीर जयसिंह को सीख देते हैं : "तपा तलवार/सन्ताप से निज जन्म भू के/दुःखियों के आँसुओं से/उस पर तुम पानी दो।" (पृ० 162) पर वास्तविकता यह है कि डॉ० शर्मा ने यहाँ 'निराला' की इस कविता की जिन-जिन विशेषताओं का उल्लेख किया है वे सभी विशेषताएँ मूल फारसी काव्य-पत्र की ही विशेषताएँ हैं, 'निराला' की नहीं;

"न मर्दी बुब्द गर बसाजम क्तो।···
वगर-चार : साजम ब्रतेगो तवर।
दो जानिब रसद हिंदुआँ रा जहर।"

अर्थात् 'यदि मैं तुमसे मिल जाऊँ तो यह मर्दी (पुरुषत्व) नहीं है। और अगर मैं तलवार तथा कुठार से काम लेता हूँ तो दोनों और हिन्दुओं को ही हानि पहुँचती है।" पुनः,

"जे सोजे वतन तेग़ रा ताब् देह। जे अश्के सितम दीदःगाँ आब देह।"

अर्थात् "तू अपनी जन्मभूमि के संताप से तलवार को तपावे तथा अत्याचार से दुखियों के आँसू से उस पर पानी दे।"

8. 'निराला' की 'महाराज शिवाजी का पत्र' कविता के मूल उत्स फारसी काव्य-पत्र को न तो डॉ० रामविलास शर्मा ने ही खोजने-देखने का प्रयत्न किया, न हीं डॉ० रमेश कुंतल मेघ ने। 'निराला' की कविता के सन्दर्भ में इस मूल फारसी काव्य-पत्र को सबसे पहले डॉ० 'शीतांशु' ने खोजा और दोनों की तुलना करते हुए 1975 में निम्नलिखित निष्कर्ष दिये—"फारसी काव्यपत्र के विपरीत 'निराला' की 'महाराजा शिवाजी का पत्र' कविता छन्दोबद्ध न होकर मुक्त छन्द की रचना है। यह कविता 472 पंक्तियों में पूरी हुई है और उनके 'परिमल' संग्रह में संकलित है। स्थूल कलेवर और कथा-संचयन की दृष्टि से यह उस मूल फारसी काव्यपत्र पर ही आधारित है, किन्तु मर्म-स्फुरण की दृष्टि से 'निराला' ने यहाँ दो मौलिक उद्भावनाएँ प्रस्तुत की हैं: 1. उन्होंने मूल कविता की साम्प्रदायिक गन्ध को मिटाने का सार्थक प्रयत्न किया है और 2. उन्होंने अपने समकालीन राष्ट्रवाद के स्वर उच्चरित किये हैं। फारसी में लिखी गयी मूल कविता के आधार पर 'निराला' द्वारा लिखी गयी इस कविता में जो दो नये दृष्टिकोण उपस्थित हुए हैं, स्पष्ट ही इन दोनों में इनके रचनाकारों के अलग-अलग व्यक्तित्व एवं इनके रचनाकाल का महत्त्वपूर्ण अन्तर झाँक रहा है।" ('मर्म-स्फुरण', निराला का अलक्षित अर्थगौरव, इलाहाबाद एवं दिल्ली: सरस्वती प्रेस, 1976, पृ० 131) डॉ० 'शीतांशु' ने अपनी इस पुस्तक की पांडुलिपि में मूल फारसी काव्य-पत्र को भी 'परिशिष्ट' रूप में सम्मिलित किया। पर सरस्वती प्रेस के संचालक श्री श्रीपत राय ने इस महत्त्वपूर्ण फारसी काव्य-पत्र के मुद्रित हो जाने के बाद भी इसे अपनी पारिवारिक 'सेक्यूलर' मान्यताओं के कारण प्रकाशित करना उचित नहीं समझा और इसे पुस्तक में नहीं जाने दिया। अतः 1975 में हिन्दी-जगत् के सामने इसे प्रस्तुत करने का प्रयास सार्थक नहीं हो पाया। इसी उलझाव में 'निराला' का 'अलक्षित अर्थ-गौरव' का प्रकाशन भी विलम्बित हुआ और अन्ततः 1976 में जाकर विना उस मूल फारसी काव्यपत्र के 'परिशिष्ट' के ही इसका प्रकाशन संभव हो सका। फिर भी डॉ० 'शीतांशु' ने उस पुस्तक के 'मर्म-स्फुरण' नामक अध्याय में 'निराला' की इस कविता के मूल उत्स पर प्रकाश डाला और इसके आलोक में दूधनाथ सिंह द्वारा 'आत्महंता आस्था निराला' में 'निराला' की इस कविता पर लगाये

गये साम्प्रदायिक आरोप तथा इस एतराज का कि "आज के एक हिन्दुस्तानी कवि को इस कथावस्तु को इस धरातल से नहीं उठाना चाहिए"—प्रमाण और तर्क के आधार पर खंडन किया, "दूधनाथ सिंह का आरोप दो भ्रांत कारणों से है। पहले तो उन्होंने इसे 'निराला' की मौलिक कविता मान लिया है। दूसरे, उन्होंने इसके रचनाकाल पर भी विचार नहीं किया है। वस्तुस्थिति यह है कि यह मूल फारसी काव्यपत्र का हिन्दी अनुवाद है और इसका रचनाकाल स्वतन्त्र भारतवर्ष नहीं होकर जुझारू भारतवर्ष की परतन्त्रता का काल है। फिर भी 'निराला' ने मूल कथ्य-संचयन को लेते हुए कथावस्तु को ऐसे स्वरूपित किया है कि उसका धरातल मूल की तरह छिछला न रहकर ऊँचा उठ गया है। यही कौशल उनके मर्म-स्फुरण का संस्कार है, जिसे बिना तुलनात्मक अध्ययन किये परखा नहीं जा सकता।" (निराला का अलक्षित अर्थगौरव, पृ० 133)

9. पाँच वर्षों बाद 1981 में 'निराला' की 'असंकलित कविताएँ' सम्पादित करने वाले डॉ० नन्द किशोर 'नवल' ने रत्नाकर जी द्वारा प्रस्तुत 'महाराज शिवाजी का एक नया पत्र' को परिशिष्ट 'ख' में प्रकाशित किया। पर उन्होंने इस मूल काव्य-पत्र की प्रस्तुति के पूर्व 'रत्नाकर' जी द्वारा दी गयी प्रस्तावना' के उन सात आरम्भिक अनुच्छेदों को, जो पत्रिका के चर्चित अंक के पृ० 141, 142, 143 और 144 पृष्ठों पर मुद्रित थे, छोड़ दिया। कहना न होगा कि ये सातों आरम्भिक अनुच्छेद **ऐतिहासिक आलोचना** की दृष्टि से महत्त्वपूर्ण हैं, क्योंकि इनसे ही इस मूल कविता की प्राप्ति के स्रोत तथा इसकी प्राप्ति के लिए किये गये उद्यम का पता चल पाता है। इसके बिना न तो इस मूल काव्य-पत्र की प्राप्ति में बाबा सुमेर सिंह के महत्त्व को जाना जा सकता है और न ही बाबू जगन्नाथ दास 'रत्नाकर' द्वारा इसकी प्राप्ति के लिए किये गये उद्यम को ही। 'पत्रिका' में मूल फारसी काव्य-पत्र को फारसी लिपि में भी प्रकाशित किया गया था। पर डॉ० नवल ने इसे केवल देवनागरी लिप्यंतर में ही प्रकाशित किया। हाँ, डॉ० नवल ने अपनी भूमिका में इस पत्र का उल्लेख करते हुए यह अवश्य स्वीकार किया कि 'निराला' ने फारसी काव्य-पत्र के साम्प्रदायिक अंश को अपनी कविता में नहीं लिया है।

10. 'निराला' की 'छत्रपति शिवाजी का पत्र' कविता के मूल उत्स—फारसी के काव्य-पत्र—का महत्त्व कई दृष्टियों से है। यदि बाबा सुमेर सिंह के पास यह मूल काव्य-पत्र संचित-सुरक्षित नहीं रहा होता और बाबू जगन्नाथ दास 'रत्नाकर' ने इसे 1922 में **नागरी प्रचारिणी पत्रिका** में हिन्दी गद्यानुवाद-सहित प्रकाशित नहीं करवाया होता, तो निश्चय ही 'निराला' को 'छत्रपति शिवाजी का पत्र' लिखने की प्रेरणा प्राप्त नहीं होती, क्योंकि 'हिन्दू पंच', 'हिन्दू', 'प्रिंसली इंडिया', 'श्रीकृष्णसन्देश'-जैसी पत्र-पत्रिकाओं में यह मूल कव्य-

पत्र अथवा इसके हिन्दी, उर्दू, अंग्रेजी अनुवाद इसी स्रोत से आये । इस मूल के ऐसे कई रूपान्तर 'निराला' की उक्त कविता लिखने के पूर्व किये जा चुके थे और कई उनके द्वारा कविता लिखे जाने के बाद भी किये जाते रहे । पर कहना न होगा कि इन सभी रूपान्तरों में सबसे महत्त्वपूर्ण और प्रासंगिक रूपान्तर 'निराला' की ही कविता है ।

दूसरे, 'निराला' की रूपांतरित कविता के सन्दर्भ में यह मूल फ़ारसी काव्य-पत्र ही उनकी मौलिकता, कल्पनाशीलता और विवेक-सम्पन्नता का प्रमाण उपस्थित करता है; क्योंकि मूल फारसी काव्य-पत्र के निम्नलिखित अंशों को जो कालभेद से अधिकाधिक साम्प्रदायिक बन उठते हैं, **'निराला' ने अपनी कविता में स्थान नहीं दिया है :**

(i)···बड़ा खेद तो यह है कि मुसलमानों के खून पीने के अतिरिक्त किसी अन्य कार्य के निमित्त मेरी तलवार को म्यान से निकलना पड़े ।

(ii)···तुझको चाहिए कि धर्म के शत्रु पर आक्रमण करे (एवं) इस्लाम की जड़-मूल खोद डाले ।

(iii) ···मेघों की भाँति गरजने वाली सेना से मुसलमानों पर तलवार का पानी बरसाऊँ ।

(iv) दक्षिण देश के पटल पर से एक सिरे से दूसरे सिरे तक इसलाम का नाम तथा चिह्न धो डालूँ ।

इसके अतिरिक्त 'निराला' ने अपनी कविता में मूल फारसी काव्य-पत्र में आयी 'औरंगजेब' के प्रति निम्नलिखित कटूक्तियों को भी स्थान नहीं दिया है—

(i) उस सांप (औरंगजेब) के सिर को पत्थर के नीचे दबा दो ।

(ii) उस (औरंगजेब) के नाम में न 'औरंग' (राजसिंहासन) रहे न 'जेब' (शोभा) रहे ।

(iii) ···न्याय-परायण प्राणों के उत्पन्न करने वाले (ईश्वर) की सहायता से हम लोग उसका स्थान पृथ्वी के नीचे (कब्र में) बना दें ।

हाँ, 'निराला' ने अपनी कविता में औरंगजेब को शिवाजी की लेखनी से इतिहास-सिद्ध आक्रामक, भेद-बुद्धि-समर्थक, न्यायधर्म-वंचित, पापी और राक्षस के रूप में अवश्य निरूपित करवाया है । कहना न होगा कि मूल फारसी काव्य-पत्र में आयी औरंगजेब-विषयक कटूक्तियाँ साम्प्रदायिक गन्ध से तो भरी हैं ही, साथ ही वे कटूक्तियाँ कविता को सन्दर्भ-बद्ध कर उसकी अर्थवत्ता को सीमित कर देती हैं । अतः ऐसी कटूक्तियों को अपनी कविता में स्थान नहीं देकर 'निराला' ने न केवल अपनी कविता को साम्प्रदायिक जैसे अनपेक्षित तत्त्व से मुक्ति प्रदान की है, बल्कि यहाँ कालातिक्रमण कर इसे समसामयिक साभिप्रायता

प्रदान करने में भी सफलता प्राप्त की है।

अतः जब तक 'निराला' की इस कविता की तुलना फारसी काव्य-पत्र के ऐसे अंशों से नहीं की जाएगी तब तक 'निराला' की धर्म-निरपेक्ष, साम्प्रदायिकता-मुक्त मानसिकता को रेखांकित नहीं किया जा सकेगा और दूधनाथ सिंह जैसे लोग उनकी इस कविता के साम्प्रदायिक होने का आरोप करते रहेंगे और यह लिखते रहेंगे कि "इस नजरिये से यह कविता अटल बिहारी वाजपेयी के लिए राष्ट्रीय स्वयं सेवक संघ के जलसों में सार्वजनिक पाठ के लिए उपयुक्त हो सकती है।" (आत्महंता आस्था निराला, पृष्ठ-127-128)

ऐतिहासिक आलोचना में मूल उत्स का महत्त्व ऐसी अन्तर-पाठकीय तुलना की दृष्टि से भी है। इससे यहाँ यह स्पष्ट हो जाता है कि "मूल कविता में साम्प्रदायिक तत्त्व को द्योतित करने वाली एवं इस्लाम के विरोध में उभरने वाली जो भी पंक्तियाँ वर्तमान थीं उन्होंने (निराला ने) उसका संवेदन-स्तर सर्वथा परिवर्तित कर दिया है।" (निराला का अलक्षित अर्थगौरव, पृष्ठ 135) वस्तुतः रचना या पाठ में रचनाकार के द्वारा किये जाने वाले संशोधना को भी ऐतिहासिक आलोचना में महत्त्वपूर्ण माना जाता है। यद्यपि अपनी तद्कालीनता में इस मूल फारसी कविता में शिवाजी के आग्रह-भरे कथ्य का सार जयसिंह के लिए इतना ही है कि 'एक ओर हिन्दू एक ओर मुसलमान हों', पर 'निराला' ने 1945 में 'अपरा' संकलन में अपनी इस कविता को संकलित करते हुए कविता से यह पूरी पंक्ति ही हटा दी है, जो उनकी समकालीन राष्ट्रीयता और धर्मनिरपेक्ष सामाजिक संवेदनशीलता का साक्ष्य है। ऐतिहासिक आलोचना के इन सूत्रों के अभाव में रचना के मूल्यांकन-क्रम में तथ्यों की ऐसी पकड़ संभव नहीं हो पाती है। यदि 'निराला' की मानसिकता किसी हिन्दूवादी साम्प्रदायिक संघटन की होती, तो 1945 में वे अपनी कविता से इस पंक्ति को कभी नहीं हटाते। यहाँ यह ध्यातव्य है कि स्वर्गीय महादेवी वर्मा के अनुसार 'अपरा' की कविताओं के सारे पाठांतर उन्होंने स्वयं किये थे।

मूल फारसी काव्य-पत्र से तुलना करने के क्रम में यह भी स्पष्ट हो पाता है कि 'निराला' की इस कविता का मूल स्वर स्वतन्त्रता-प्राप्ति की प्रत्याशा है, भारत की गयी ज्योति को पुनः प्रतिष्ठापित करने की लालसा है, माता का दामन धोने की अभिलाषा है और साम्राज्यवादियों (औरंगजेब और फिरंगियों दोनों की सल्तनत) के तरंगित विचारों को नष्ट करने की दृढ़ संकल्पिता है— "आएगी भाल पर/भारत की गयी ज्योति/हिन्दुस्तान मुक्त होगा घोर अपमान से/दासता के पाश कट जाएंगे"···"धो सके यदि एक भी तुम माँ का दाग/कितना अनुराग देशवासियों का पाओगे"···"जितने विचार आज/मारते तरंगें हैं/साम्राज्यवादियों की भोगवासनाओं में/नष्ट होंगे चिरकाल के लिए।" 'निराला' की

'छत्रपति शिवाजी का पत्र' कविता में शिवाजी के कर्त्तव्य और उद्देश्य का केन्द्र 'देश' है, 'क्षात्रधर्म का उद्‌बोधन' है, 'मातृभूमि की रक्षा' है, 'ऊँच-नीच के भेद-व्यवहार' का उन्मूलन है, व्यक्तिगत 'भेद' का 'मेल' में रूपान्तरण है, 'विकर्षण पर कर्षण की संप्रभुता' है, 'मातृभूमि के लिए बलिदान की माँग' है और है 'मातृ-भूमि की स्वतन्त्रता !' मूल फारसी काव्य-पत्र में शिवाजी की ओर से जयसिंह को बातचीत करने का निवेदन है, इस सम्बन्ध में जयसिंह द्वारा बुलाये जाने पर शिवाजी के चले आने की पूर्व स्वीकृति है, अफजल खाँ को मार डालने की शिवाजी की ओर से दी जाने वाली सफाई है, शाइस्ता खाँ की जेब से निकाले गये पत्र को दिखाने का प्रलोभन है, हिन्दू, हिन्दुत्व और हिन्दुस्तान की रक्षा के लिए हिन्दुओं से मिलकर औरंगजेब के खिलाफ लड़ने का प्रबोधन है और है पत्र का आग्रह नहीं मानने पर अपनी ओर से युद्ध करने की अवश्यंभावी पूर्व सूचना । इस प्रकार यहाँ मूल फारसी काव्यपत्र की संवेदना विकल्पात्मक सिद्ध होती है। जयसिंह के सामने दोनों ही विकल्प हैं : आग्रह मानने और न मानने के विकल्प। पर इसके ठीक विपरीत 'निराला' की कविता की संवेदना केवल संकल्पात्मक है । यहाँ जयसिंह से मातृभूमि की रक्षा और स्वाधीनता के लिए क्षत्रियों से मिलने का शिवाजी का संकल्पात्मक आग्रह भर है और है तदर्थ उनकी युयुत्सा-भरी बलिदानी संकल्प वाली उत्कट मानसिकता !

ऐतिहासिक आलोचना में रचना के मूल उत्स की जानकारी प्राप्त करने पर मूल उत्स और उसके अन्तर-पाठ के बीच प्रभावक-प्रभावित सम्बन्ध की दृष्टि से भी अध्ययन किया जाता है। इस दृष्टि से 'शिवाजी द्वारा लिखित मूल फारसी काव्य-पत्र का 'निराला' की छत्रपति शिवाजी का पत्र कविता पर प्रभाव' शीर्षक के अन्तर्गत भी अध्ययन सम्भव है । हिन्दी में 'विद्यापति की कविता पर पूर्ववर्त्ती कवियों का प्रभाव' और 'विद्यापति की कविता का परवर्ती हिन्दी कवियों पर प्रभाव' जैसे विषय भी ऐतिहासिक आलोचना के अन्तर्गत आते हैं ।

ऐतिहासिक आलोचना रचना का ऐतिहासिक उत्स प्राप्त हो जाने पर उसके आधार पर रचना की प्रामाणिक ऐतिहासिकता पर भी विचार करती है । इस दृष्टि से 'पृथ्वीराजरासो की ऐतिहासिकता', 'चन्द्रगुप्त नाटक की ऐतिहासिकता' अथवा 'छत्रपति शिवाजी का पत्र' की ऐतिहासिकता जैसे विषय भी ऐतिहासिक आलोचना के विवेच्य के बतौर उपस्थित होते हैं ।

'निराला' की 'छत्रपति शिवाजी का पत्र' एक ऐतिहासिक घटना पर आधारित कविता है । पर 'निराला' ने इस ऐतिहासिक घटना की प्रामाणिकता की अपनी ओर से पूरी तरह छान-बीन कर इस कविता की रचना नहीं की है । वस्तुस्थिति यह है कि इसकी ऐतिहासिकता फारसी काव्य-पत्र की ऐतिहासिकता पर ही आधारित है। 'निराला' का उद्देश्य तो ऐसी काव्य-रचना करना है जिससे इस

उपलब्ध ऐतिहासिकता को समसामयिक प्रासंगिकता प्रदान की जा सके। जहाँ तक मूल फारसी काव्य-पत्र की ऐतिहासिकता का प्रश्न है शिवाजी, जयसिंह और औरंगजेब से सम्बन्धित किसी भी इतिहास-पुस्तक में इसका विवरण प्राप्त नहीं हो पाता है। सर जदुनाव सरकार और डाक्टर रघुवीर सिंह ने अपनी पुस्तक 'राजस्थानी रेकॅर्ड ऑन शिवाजीज़ विजिट टु औरंगजेब ऐट आगरा' में जून 1665 में मिर्जा राजा जयसिंह द्वारा औरंगजेब को लिखे गये उस पत्र का पाठ तो दिया है जिसमें जयसिंह ने शिवाजी के विरुद्ध अपने द्वारा किये गये कारनामे का लेखा-जोखा प्रस्तुत किया है, पर शिवाजी द्वारा जयसिंह को लिखे गये इस फारसी पत्र के पाठ का वहाँ कोई उल्लेख नहीं है। सर जदुनाथ सरकार ने अपनी पुस्तक 'शिवाजी ऐंड हिज टाइम्ज' में शिवाजी द्वारा जयसिंह को भेजे गये पत्रों के सम्बन्ध में जयसिंह की स्वीकारोक्ति उद्‌धृत की है : "They had brought two letters from him. But I gave no answer and sent them back in disappointment...Then he sent a long Hindi letter with a trustful servant named Karmaji. who repeatedly entreated me to read the contents only once." (शिवाजी ऐंड हिज टाइम्ज, कलकत्ता : एम० सी० सरकार ऐंड संज, 1919, पृष्ठ 149) जयसिंह के इस कथन में जिन पत्रों का उल्लेख है वे पत्र 'खतूत-ए-शिवाजी' आर० ए० एस० मैनुस्क्रिप्ट्स, संख्या 39 तथा बनारस मैनुस्क्रिप्ट्स– 54 के तहत द्रष्टव्य हैं। पर यहाँ भी मूल फारसी काव्य-पत्र का पाठ प्राप्त नहीं होता है। ऐसे में इसकी ऐतिहासिकता के सम्बन्ध में तीन संभावनाएँ उभरती हैं :

1. शिवाजी के द्वारा लिखा गया मूल पत्र फारसी काव्यपत्र हो सकता है।
2. शिवाजी के द्वारा लिखा गया मूल पत्र फारसी गद्य-पत्र हो सकता है, जिसका बाद में काव्यानुवाद किया गया हो।
3. शिवाजी के द्वारा लिखा गया मूल पत्र हिन्दी गद्य-पत्र हो सकता है, जिसका उन्हीं दिनों फारसी काव्यांतरण किया गया हो।

यद्यपि ऐतिहासिक रूप में यह पत्र शिवकालीन पत्र-सार संग्रह, खण्ड-1 (पुणे) में संकलित है तथापि इसकी ऐतिहासिक प्रामाणिकता के लिए अभी और अनुसंधान अपेक्षित है।

ऐतिहासिक आलोचना रचना के उद्‌भव-विन्दु पर रचनाकार के व्यक्तित्व को महत्त्व देती है। यहाँ रचनाकार की जीवन-वृत्तीय सूचनाएँ सार्थकता प्रदान करती हैं। ये सूचनाएँ रचनाकार द्वारा लिखी गयी आत्मकथा, उसकी डायरी, उसके पत्र आदि स्रोतों से अथवा किसी और व्यक्ति के द्वारा लिखी गयी उसकी प्रामाणिक जीवनी के आधार पर प्राप्त की जाती हैं। ऐसी सूचनाओं से रचना-

विशेष के विषय में प्रेरक-प्रभावक तत्त्व तो उपलब्ध होते ही हैं, इसके अतिरिक्त रचनाकार के समग्र सर्जनात्मक लेखन पर पड़ने वाले प्रभाव का भी सम्यक् रेखांकन सम्भव हो पाता है। एफ० डब्ल्यू० डूवी ने अपनी 'हेनरी जेम्स' पुस्तक में यह स्पष्ट किया है कि किस प्रकार साहित्यिक जीवनी अपने उत्तम रूप में तथ्यगत विवरणों को उसकी मनोवैज्ञानिक साभिप्रायता से जोड़ती रचनाकार के सर्जनात्मक लेखन पर उसके समग्र प्रभाव का रेखांकन करती है। डुपी ने विस्तार से यह स्पष्ट किया है कि किस प्रकार कठिन काम और कठिन, गहन चिन्तन के लिए अदम्य उत्साह ने जेम्स के परिवार को प्रभावित किया। पिता की माँगों से उत्पन्न लगातार तनाव ने एलाइस और विलियम दोनों में 'नर्वस ब्रेकडाउन'—स्नायविक खराबी—पैदा की और भाई हेनरी के लिए समय निकालने पर मजबूर किया। बहुत बाद में विलियम जेम्स की पत्नी के नाम लिखे एक नोट में हेनरी ने उसे नैतिक-आध्यात्मिक 'प्रिआकुपेशन'—पूर्वाधिकार या तन्मयता—के विरुद्ध सावधान किया तथा लिखा कि, "हम लोग (पिता के पुत्र) उस प्रकार के एकमात्र तनाव के प्रति बलि चढ़ाये गये। डुपी के अनुसार हेनरी जेम्स ने अपने पिता की कठोरता के लिए अपने परिवार और मित्रों से अलगाव और मनमुटाव किया। जब उसने 1855 से 1860 के दौरान यूरोप में अपने पारिवारिक निवास में 'आर्ट गैलेरीज ऑव पेरिस' की खोज की तभी वह पिता की इस कठोरता से अपने को मुक्त अनुभव कर सका और केवल कला में वह अपनी शक्ति और निस्तार का रहस्य भी प्राप्त कर सका। उसकी पीठ पर लगे घाव और उसके कारण 'यूनियन आर्मी' से उसे खारिज किये जाने की घटना ने उसके सर्जक मानस को पुनः प्रभावित किया। डुपी के अनुसार इस व्रण ने उसे आश्चर्यजनक क्षतिपूरक शक्ति प्रदान की। इसने उसे उसके विधेयात्मक और निषेधात्मक अनुभव को एकीकृत करने के आहत होने के अनुभव के, उसके नागरिक होने की स्थिति पर अनुताप-पश्चात्ताप करने के अनुभव के और साहित्यिक सर्जनात्मक रचना के मनोवेग के अनुभव के—एक शक्ति-ऊर्जा के रूप में उपयोग करने वाले—उपाय बताये। जेम्स की कृतियों में कई कथ्य उसके जीवनवृत्तीय तथ्यों से प्रसूत हैं। उसने उन्मुक्तता को अनुमत करने वाली धन-सम्पत्ति की भूमिका को और इसाबेल आर्थर और डैजी मिलर के चरित्रों में प्राप्त होने वाली धृष्ठता जैसी विशेषताओं को अपने जीवन में जाना था तथा पारिवारिक सम्पत्तिशाली जोड़ीदारों को अभिजातों के रूप में देखा था। न्यूपोर्ट शहर के समुद्रतटीय आवास ने युवा हेनरी को अमरीकी आभिजात्य से परिचित कराया। इससे भी प्रमुख तथ्य यह है कि इसने न्यूपोर्ट में जिन लड़कियों को देखा वे सभी उसके अपने बहुतेरे कथा-चरित्र के लिए आदर्श बने—कोमल, तेजस्वी, भोली, नैसर्गिक और ढीठ! हेनरी की कृति 'द विंग्ज ऑव द डोव' में मिली के लिए उपन्यास-

कार की अभिप्रेरणा जेम्स की बड़ी बहन की दिवंगता बेटी को माना जाता है, जो जेम्स के लिए सभी प्रकार की खोयी, प्रिय और सुन्दर वस्तुओं का प्रतीक बन गयी थी, साथ ही जो स्वयं में अविनश्वरता का प्रतीक भी हो सकी थी। एडमंड विल्सन ने अपने निवन्ध 'द किलिंग दैट नो बॉडी रीड्स' में दिखाया है कि एडवर्ड किपलिंग का सारा सर्जन किस प्रकार उस घृणा से अभिप्रेरित है जो उसके बचपन के बिताये गये उन छह वर्षों से सीधे प्रसूत हैं जिन्हें उसने और उसकी बहन ने इंगलैंड में सम्बन्धियों के यहाँ गुजारा था—जिन्होंने उन लोगों को को मारा-पीटा, सताया तथा संतप्त किया था—और ये लोग यह नहीं समझ सके थे कि इनके माता-पिता, जो तब भारत में थे, उन्होंने क्यों इन्हें वहाँ छोड़ दिया था।

हिन्दी में रचनाकार की जीवनवृत्तीय सूचनाओं के आधार पर उसके साहित्य की साभिप्राय व्याख्या करने का प्रशंसनीय प्रयास डॉ० रमेश कुंतल मेघ, डॉ० रामविलास शर्मा और डॉ० नामवर सिंह ने किया है। डॉ० मेघ का प्रयास जयशंकर प्रसाद के कृतित्व के सन्दर्भ में किया गया है। उन्होंने 'प्रसाद' के सामंतीय परिवेश को, उनके धनी घराने को, पशुओं, रत्नों और प्राकृतिक वस्तुओं के विषय में उनकी अद्भुत पारखी प्रकृति को, जर्दा-किमाम के उनके प्रसिद्ध घरेलू व्यवसाय को, आयुर्वेद-विषयक उनके ज्ञान को, बनारस के रईसों, पण्डितों, नर्तकों, लावणीवाजों, गुंडों, गायिकाओं और फक्कड़ों के विषय में उनके द्वारा सुनाये जाने वाले अनेक किस्सों को उनकी कहानियों के सामन्तीय उपनिवेश और उनकी कविताओं के मादक, उत्तेजक ऐन्द्रिय बिम्ब के स्रोत के रूप में रेखांकित किया है। उनके शब्दों में, प्रसाद का "अधिकांश साहित्य उच्च वर्गों (सामन्तीय और बूर्ज्वा संस्कारों वाले पाठकों) को अपना लक्ष्य मानता है, उनके अधिकांश पात्र कुलीन (सामन्तीय और मध्यकालीन) मूल्य-चक्रों से उभरे हैं, उनके अधिकांश नायक भौतिक दृष्टि से सम्पन्न और चारित्रिक दृष्टि से परिपूर्ण जैसे हैं, तथा स्वयं उनकी (कवि की) प्रवृत्ति और अभिवृत्ति आभिजात्य और ऐश्वर्य के लक्षणों से जगमग हो रही है।"...."प्रसाद का यह सामन्तीय-उपनिवेशीय अनुभव-संसार उनकी कहानियों में सर्वाधिक उभरा है, क्योंकि (कुछ कहानियों को छोड़कर) उनमें पात्र और घटना के एक विभिन्न बिन्दु को नाटकीय तथा रोमांटिक भाववृत्त में शिल्पनीय बनाया जा सकता है और दार्शनिक अनुचिंतनों तथा अवगुंठित विचारों के बिना भी काम चल सकता है। उनके बिम्ब-संसार में भी इसीलिए सर्वाधिक मादक और उत्तेजक, ऐन्द्रियिक और मांसल रस-बिम्ब (मधु), गन्ध-बिम्ब और वर्ण-बिम्ब (नील) आये हैं। उदाहरण के लिए पांडेय शशिभूषण 'शीतांशु' ने बताया है कि अकेले 'कामायनी' में 'मधु' परिवार के शब्दों का प्रयोग 155 बार हुआ है तथा पांडेय रविभूषण प्रसाद ने बताया है

कि 'नील' प्रसाद का मनचीता रंग है और 'कामायनी' में 41 बार प्रयुक्त हुआ है। इस ऐन्द्रियिकता और मांसलता के संवेदन की उनकी अनादि वासना के स्रोत इत्र, किमाम, जर्दे तथा वस्त्र भी थे। ये उनके बिम्ब-विधान के भी उत्प्रेरक थे। ढाके की मलमल और मुर्शिदावादी सिल्क उन्हें अत्यन्त प्रिय थी ही।" (क्योंकि समय एक शब्द है, इलाहाबाद : लोकभारती प्रकाशन, 1976, पृष्ठ-349)

प्रसाद के जीवनवृत्त से पता चलता है कि उन्हें चाँदनी रातों में गंगा में नौका-विहार करने का बहुत शौक था। ऐसे अवसरों पर बजड़ों पर नृत्य-गान से लेकर साहित्यिक गोष्ठियों तक का आयोजन हुआ करता था। इनका ही रूपांतरण उनके नाटकों के शिविरों और शिविकाओं में तथा उनके साहित्य के नाविकों में हुआ है। शिवरात्रि के अवसर पर उनके गोवर्धन सराय वाले घर के सामने बगीची के शिवमन्दिर में उत्सव आयोजित होता था। फिर तो श्रृंगार, पूजा, नौबत, आरती नाच-गान और भंग-पान की मस्ती में ही रात गुजर जाती थी। यही कारण है कि प्रसाद अपने साहित्य में कुशल गायिकाओं और सुन्दर नर्तकियों का वर्णन कर सके हैं। उनके जीवन में आयी बनारस की गायिकाएँ और नर्तकियाँ ही, डॉ० मेघ के अनुसार, "कल्पना में छलना, मालिनी, दामिनी, सुरमा, लीला, सुवासिनी होकर पुनरुज्जीवित हुई हैं। उनकी कला और विलास-गोष्ठियों का नाटकों में सौन्दर्य-चर्या और मधुचर्या और प्रणय-चर्या के द्वारा कायाकल्प हो गया है। माधवी रातों, मदिर रातों, चाँदनी रातों के उत्सवों से उनकी सम्पूर्ण कविता सम्मोहित है। 'कामायनी' में विश्व-सुन्दरी का लास-रास और (आनन्द सर्ग की) महाशिवरात्रि का दर्शन, देवताओं की भोग-विलास-क्रीड़ादि कवि की आभिजात परम्पराओं के उदात्तीकरण तथा सांस्कृतिकीकरण हैं, जिन्हें 'शक्ति' और 'आनन्द' के दार्शनिक एवं सामंतीय ध्रुवों से स्पंदित कर दिया गया है।" (वही, पृ०-350)

डॉ० मेघ ने प्रसाद के एकाधिक वैवाहिक जीवन के आधार पर यह निष्कर्ष निकाला है कि "जहाँ-जहाँ विवाहित दम्पत्ति हैं, वहाँ प्रसाद ने वैषम्य कुछ ज्यादा दिखाया है, जैसे ध्रुवस्वामिनी-रामगुप्त, मागंधी-उदयन, राज्यश्री-गृहवर्मा। उन्होंने रूढ़ गृहस्थी की गढ़ना लड़खड़ा दी है। यह एक गूढ़ और गुह्य बात है जो संभवतः उनके तीन विवाहों वाले जीवन से प्रक्षेपित हो रही है। इसके लिए वे 'प्रेम' की मधुधुरी स्वीकार करते हैं। इसीलिए वे नारी के युवती-रूप को—'चिरंतन नारीत्व' (इटर्नल फेमिनिन) के आर्केटाइपल दर्पण में देखते हैं और उसे दार्शनिक 'शक्ति'-तत्त्व के वृत्त में श्रद्धा और सौन्दर्य से अभिप्रेरित कर लिया करते हैं।" (वही, पृष्ठ-362)

डॉ० मेघ ने प्रसाद के साहित्य में अवतरित होने वाली सौन्दर्यगर्विता

रमणियों, नृत्यगायन प्रणय-प्रगल्भा युवतियों तथा दुर्भेद्य और कठिन कर्मों में फँसी हुई नारियों को उनके वास्तविक जीवन की प्रत्यभिज्ञा के रूप में रेखांकित किया है। उनका दृढ़ मत है कि "नारी के सम्बन्ध में प्रसाद की जीवन-दृष्टियों का पहला स्रोत तो उनका व्यक्ति-अनुभव है, जो (उन्हें) उनके परिवार, समाज और गली-मुहल्लों के लोगों से प्राप्त हुआ है।" डॉ० मेघ ने भगवती नाम की खूबसूरत वेश्या के प्रसाद पर रीझने और दस-पन्द्रह हजार के आभूषण लेकर उनके सामने समर्पित हो सकने का भी उल्लेख किया है तथा उनके जीवन की इस घटना की 'स्कन्दगुप्त' में आये विजया के समानान्तर प्रसंग से तुलना की है। ऐसे बहुतेरे जीवन-साक्ष्यों के आधार पर ही वे यह निष्कर्ष देते हैं कि "स्कन्दगुप्त और चन्द्रगुप्त में प्रसाद की नारियों के रचना-स्रोत पूरी तरह खुल-खुल पड़ते हैं। ये सौन्दर्यगर्विता किशोरियाँ आधुनिक युवतियों की तरह एक लम्बे समय तक अविवाहित रहती हैं और जीवन के खेल खेलती हैं। प्रसाद का नारी-लोक मूलत: एक काल्पनिक सृष्टि भी है और उनके वर्तमान परिवेश से प्रस्फुटित (भी) हुआ है।" (वही, पृष्ठ-372)

डॉ० मेघ ने प्रसाद के काव्य में मदिरा से मत्त प्रथम यौवन का और 'आँसू' में बार-बार आने वाली 'श्यामा' का रहस्य भी प्रसाद के जीवन-वृत्त से प्राप्त सूत्रों के आधार पर सुलझाया है। विनोदशंकर व्यास के अनुसार प्रसाद के यहाँ 'रजवन्ती' नाम की गौन्हारिन के साथ 'श्यामा' नाम की कथकिन भी आती थी। वह दुबली, पतली सँवलिया रंग की थी। उसकी बड़ी-बड़ी आँखें थीं। लम्बा कद था।··· प्रसाद बड़े हँसमुख और दिल्लगी-पसन्द थे। मजाक में ही वह सम्बन्ध बढ़ता गया। श्यामा हरमोनियम बजाकर गाती थी। उसकी आवाज जोरों से लड़ती थी।··· वह हाव-भाव प्रदर्शन करने में कुशल थी। डॉ० मेघ ने 'श्यामा' के इस जीवन-सूत्र को रेखांकित करते हुए बहुत सही टिप्पणी की है कि यही प्रसाद के "प्रथम यौवन का प्रेम है: मादक और उच्छृंखल! कवि को उसके दुर्भेद्य रमणी-हृदय में विश्व-प्रहेलिका का रहस्य-बीज मिला था। उसका आलिंगन में आते-आते भागना, उसका खिलखिलाकर हँसते हुए बात करना, उसकी रसीली ध्वनि आदि कवि के प्रतीक-बीज हो गये। उस मुख पर वह मुस्कान ही सारे रहस्य-बीज अंकुरित करती है।" इस श्यामा में ही प्रसाद ने 'दुर्भेद्य नारी हृदय' और 'दुर्बल रमणी हृदय'—दोनों की झाँकियाँ प्राप्त कीं और अपने साहित्य में 'अनन्त देवी' तथा 'विजयादेवी' के रूप में इन्हें निरूपित भी किया। 'श्यामा' ही उनके सुन्दर दिनों और संसृति के सुन्दरतम क्षणों की मादकता है। डॉ० मेघ के शब्दों में, "तब वह प्रथम यौवन की मदिरा से मत्त होकर प्रेम करने की परवाह करता था। कवि उसी आलिंगन और तरल हँसी से जीवन-पर्यन्त बिंधा रहा और उसकी गागर रीती रही।

कवि जीवन-भर सुख-स्वप्न को स्वप्न-सुख में विपर्यस्त करता रहा। उसकी जीवन-गागर को रीती करने वाला 'तुम' (ओ मेरे प्रेम बता दे, तू नारी है कि पुरुष है) था। वह कोमल नारी अपनी क्रीड़ाओं में पुरुष थी। संभवतः वह 'श्यामा' थी।" (वही, पृष्ठ-370)

इसके अतिरिक्त डॉ० मेघ ने प्रसाद के जीवन-यथार्थ से उनके साहित्य में होने वाले अनेक रूपान्तरणों को भी स्पष्ट किया है। ये रूपांतरण स्थलपरक से लेकर क्रिया-व्यापारमूलक तक हैं। उनके अनुसार गोवर्धनसराय में कवि के घर के सामने के 'शिवमन्दिर' और 'तालाब' का (स्थलपरक) रूपान्तरण 'प्रेम-पथिक' की 'प्रेम पयोनिधि' और 'कामायनी' के 'मानसरोवर' में हो जाता है। इसी तरह शिवरात्रि को काषाय वसन पहनकर की जाने वाली पूजा और काशी की कुशल गायिका के गायन का (क्रिया-व्यापारमूलक) रूपान्तरण 'कामायनी' के आनन्द सर्ग के 'मांसल प्रकृति के विह्वल लास-रास' और 'सरसता के परिवेश' में हो जाता है।

हिन्दी में प्रसाद के अतिरिक्त 'निराला' की जीवनवृत्तीय सूचनाओं के आधार पर भी उनकी रचना की पृष्ठभूमि को उजागर करने का सार्थक प्रयत्न किया गया है। डॉ० रामविलास शर्मा ने 'निराला' के जीवनवृत्तीय साक्ष्य के आधार पर उनकी प्रसिद्ध कविता 'राम की शक्ति पूजा' की रचना की मानसिकता को रोगशय्या पर पड़े प्रेमचन्द से जोड़ा है। रुग्ण प्रेमचन्द को देखने 'निराला' का बार-बार जाना, उनका प्रेमचन्द पर 'हिन्दी के गर्व और गौरव प्रेमचन्द जी' शीर्षक लेख लिखना, उनका अपने भाग्य को प्रेमचन्द के भाग्य से जोड़ना —वास्तव में यह इन सबसे बनी उनकी मानसिकता ही है, जिसके द्वारा राम की शक्ति पूजा' की सृष्टि संभव हो सकी। डा० शर्मा के शब्दों में "रोग-शय्या पर पड़े हुए निर्बल प्रेमचन्द ने 'निराला' की चेतना के उन स्तरों को छुआ जो अब तक सोये-से थे, जिनसे अभी तक 'निराला' के मन का तार न जुड़ा था। एक झटके से उन्हें अपने भूत, भविष्य, वर्तमान—तीनों काल का जैसे एक साथ साक्षात्कार हो गया। अन्धकार, केवल अन्धकार, आगे पहाड़, पीछे समुद्र, मनुष्य कहाँ जाए, कहाँ से शक्ति पाए, चारों ओर विरोध, कोलाहल, आकाश भी जैसे पराजित मनुष्य पर अट्टहास कर रहा हो! धिक्कार है इस जीवन को जिसमें पराजय ही हाथ लगी।…8 अक्तूबर 1936 को प्रेमचन्द के प्राण उनके जर्जर अस्थिपंजर को छोड़कर दूर कहीं उड़ गये। 10 अक्तूबर के 'भारत' में 'राम की शक्ति पूजा' प्रकाशित हुई।" (निराला की साहित्य-साधना, भाग-1, दिल्ली : राजकमल प्रकाशन, पेपर बैक, तृतीय संस्करण, 1979, पृ० 281-282) इसी प्रकार उन्होंने 'निराला' की 'देवी' कहानी के आलम्बन की भी सही जानकारी मुहैया की है, "हीवेट रोड पर भार्गव मैजेस्टिक होटल

के सामने फुटपाथ पर एक पगली भिखारिन बैठी रहती थी। साँवला रंग, मैले-कुचैले वस्त्र, गोद में एक बच्चा, उम्र 25-26 साल से ज्यादा न होगी, पर लगती थी चालीस की।···'निराला' ने पगली भिखारिन पर एक कहानी लिखी— 'देवी'। कहानी फरवरी सन् 34 की 'सुधा' में प्रकाशित हुई।" (वही, पृ० 192-193, 195)

रामविलास जी ने 'पन्त' और 'निराला' के जीवन-साक्ष्य के आधार पर—उनके आपसी कटु-मधु होते रहते सम्बन्धों के आधार पर—ही 'लोकायतन' के 'माधो' को निराला तथा युगकवि 'वंशी' को पन्त माना है तथा यह निष्कर्ष दिया है कि "पन्त के सम्बन्ध में ऊपर जो कुछ मैंने कहा है उसकी पुष्टि उनके महाकाव्य 'लोकायतन' से होती है। इसका रचनाकाल अक्तूबर सन् '59 से लेकर अक्तूबर सन् '63 तक है। निराला की मृत्यु से दो वर्ष पहले इसकी शुरुआत हुई और उनकी मृत्यु के दो वर्ष बाद उसकी समाप्ति हुई। 'लोकायतन' में 'माधो गुरु' निराला हैं, वह कीर्ति छीन रहे हैं युग कवि वंशी की। माधो के भीतर स्पर्धा का अन्धकार, जनता के मन में अज्ञान का अन्धकार। माधो ने संकेत किया कि वंशी को साहित्य में सुई बराबर जगह न मिले। शिष्यों के निरन्तर प्रचार से माधों की महत्ता वाला झूठ सत्य बन गया।···'लोकायतन' में माधो गुरु के चित्रण का आधार सन् 50-60 के निराला हैं। उनके दान की कथाएँ, नयी पीढ़ी पर उनका प्रभाव, उनकी कीर्ति के आगे वंशी का हतप्रभ होना—ये सब निराला-जीवन के अन्तिम दशक की बातें हैं। पन्त ने इस मनः स्थिति में सन् 34-37 के निराला को देखना शुरू किया। (निराला की साहित्य साधना-1, पृ० 505-506, 507)

डॉ० नामवर सिंह ने आचार्य हजारी प्रसाद द्विवेदी के व्यक्तित्व, जीवन-वृत्त और कृतित्व को आधार बनाकर अपनी पुस्तक 'दूसरी परम्परा की खोज' की रचना की है। यद्यपि रचनाकार ने स्वयं इस छोटी-सी पुस्तक को परम्परा के पड़ाव का अनुचिन्तन' कहना उचित समझा है, क्योंकि उसका मूल मन्तव्य इसे सामाजिक लोकपरकता के सन्दर्भ में उन्मीलित करना है, तथापि यह स्वीकार करना होगा कि युग-सन्दर्भों के अतिरिक्त यह द्विवेदी जी के जीवन-वृत्तीय साक्ष्य और उनके महत्वपूर्ण पत्रांशों के आधार पर उनकी कृतियों और उनकी साहित्यिक मान्यताओं को प्रस्थापित करने वाली ऐतिहासिक आलोचना की एक श्रेष्ठ पुस्तक भी है।

नामवर जी ने द्विवेदी जी द्वारा पं० बनारसीदास चतुर्वेदी को 19.9.45 के लिखे पत्र को उद्धृत किया है। इसका अन्तिम अंश इस प्रकार है: "मेरे एक मित्र थे। उन्होंने कोआथ में कथा बैठा दी। वे खुद आर्यसमाजी थे पर मेरी सहायता के लिए उन्होंने इस बात की परवाह नहीं की। कथा

सात दिन तक हुई। और आठवें दिन चढ़ावा चढ़ा। 35 रुपये की एक रजाई, कुछ साड़ियाँ, कुछ कपड़े, कुछ धोतियां और प्रचुर अन्न मुझे मिला। रजाई कोआथ के हकीम बन्धुओं ने दी थीं। मेरे जीवन में इससे बड़ी सहायता न कभी मिली और न मिलेगी। सो मैं इंटरमीडिएट की नदी पार कर गया। आचार्य पास करने के बाद मैंने एक बार और कथा बांची थी।" नामवर जी की टिप्पणी है. 'शौकिया नहीं, आजीविका के लिए, क्योंकि पढ़ाई खत्म हो चुकी थी और काशी में कोई नौकरी सुलभ नहीं थी। कथा न बाँचते तो क्या करते। प्रसंगवश पण्डित व्योमकेश शास्त्री को जो 'आत्मकथा' मिली थी उसमें बाणभट्ट भी अपनी जवानी के आरम्भिक बेकारी के दिनों में कथा बाँचता है और उसका भी क्षेत्र वही—काशी का पार्श्ववर्ती जनपद।" (दूसरी परम्परा की खोज, दिल्ली : राजकमल प्रकाशन, 1982, पृ० 25)

नामवर जी ने काशी से उनके निष्कासन की घटना का उल्लेख करते हुए उन दिनों की उनकी मानसिकता की अभिव्यक्ति उनके 'कुटज' में रेखांकित की है, "तीन वर्ष बाद काशी ने फिर फेंका। इस बार ठौर मिला---पश्चिमोत्तर दिशा में। शिव के त्रिशूल से गिरे तो शिव के अलिक— शिवालिक पर चण्डीगढ़। क्या फर्क पड़ता है? अपनी काशी छुटी तो चाहे जो शहर हो।

जब मैकदा छुटा तो फिर अब क्या जगह की क़ैद।
मसजिद हो मदरसा हो कोई ख़ानक़ाह हो॥

इस बार की पीड़ा ऐसी थी कि किसी के सामने व्यक्त नहीं की जा सकती थी। यह पीड़ा नहीं थी, यह अपमान था। न किसी को पत्र लिखा, न किसी पत्र में इसका जिक्र किया! किया हो तो मैं नहीं जानता। इस मनःस्थिति की पहली अभिव्यक्ति हुई 'कुटज' में, जिसके प्रथम दर्शन उसी पावस की 'कादम्बरी' में हुए। कहाँ 'अशोक के फूल' और कहा 'कुटज'! 'शापेनास्तंगमित महिमा' वाले यक्ष का अदना अर्घ्य फिर भी हेकड़ी ऐसी कि "कूटज क्या केवल जी रहा है? वह दूसरे के द्वार पर भीख माँगने नहीं जाता, अपनी उन्नति के लिए अफसरों का जूता नहीं चाटता, आत्मोन्नति के हेतु नीलम नहीं धारण करता। अंगूठियों की लड़ी नहीं पहनता, दाँत नहीं निपोरता, बगलें नहीं झाँकता।" ..."निरन्तर चोट-पर-चोट सहकर भी जी रहे हैं। सिर्फ जी ही नहीं रहे हैं, हँस भी रहे हैं। बेहया हैं क्या? या मस्तमौला हैं? कभी-कभी जो लोग ऊपर से बेहया दीखते हैं, उनकी जड़ें काफी गहरे पैठी रहती हैं।" (वही, पृष्ठ 34-35)

नामवर जी ने द्विवेदी जी के मनोवांछित विद्रोही कवि कबीर को द्विवेदी जी की कल्पसृष्टि कहा है। उन्होंने द्विवेदी जी की एक कविता भी उद्धृत की

है, जिसमें द्विवेदी जी ने अपने विषय में किसी फक्कड़ बाबा का चेला होने की काल्पनिकता के जरिये अपने फक्कड़ाना व्यक्तित्व को स्वीकार किया है—

"रजनी दिन नित्य चला ही किया मैं अनन्त की गोद में खेला हुआ,
चिरकाल न वास कहीं भी किया किसी आँधी से नित्य धकेला हुआ,
न थका, न रुका, न हटा, न झुका, किसी फक्कड़ बाबा का चेला हुआ,
मद चूता रहा, तन मस्त बना, अलबेला मैं ऐसा अकेला हुआ।"

बाद में नामवर जी ने उनके निबन्धों और उपन्यासों से उनके व्यक्तित्व के इस 'फक्कड़पन' और 'मस्ती' के रूपान्तरण के ढेरों प्रमाण भी दिये हैं। अशोक की मौज, देवदारु की मस्ती, आठों याम मस्त रहने वाला शिरीष, कबीर और कालिदास के व्यक्तित्व पर फक्कड़पने का आरोप, फक्कड़राम मेघ, बाणभट्ट का फक्कड़पन, सीदी मौला का विद्रोही फक्कड़ चरित्र, पुनर्नवा के दो-दो फक्कड़—माढव्य शर्मा और सुमेर काका, छान्दोग्य के एक-से-एक फक्कड़ों के बीच रैक्व का फक्कड़पन और इसी उपन्यास (अनामदास का पोथा) में छोटी जातियों के दो-दो फक्कड़-अक्खड़ साधु। इन सबका उल्लेख करते हुए नामवर जी निष्कर्ष देते हैं कि "बहरहाल अब यदि अशोक, शिरीष, देवदारु, कुटज आदि मस्ती में झूमते फूलों और बाणभट्ट, धावक, सीदी मौला, माढव्य, सुमेर काका, रैक्व, जटिल मुनि आदि फक्कड़ चरित्रों के आलोक में कबीर को देखें तो सन्देह की गुंजाइश नहीं रह जाती कि कबीर भी द्विवेदी जी की अन्य काव्य-सृष्टियों की ही शृंखला में एक कड़ी है—निश्चय ही आलोचना-क्षेत्र की एक विशिष्ट काव्य-सृष्टि।" (वही, पृष्ठ 53) यहाँ नामवर जी के द्वारा जुटाए गये ये सारे प्रमाण क्या इस तथ्य की स्पष्ट घोषणा नहीं करते कि मूलतः जो फक्कड़पन द्विवेदी जी के व्यक्तित्व की अपनी विशेषता है उसी की अभिव्यक्ति उनके लेखन में हुई है? मुक्तिबोध की मान्यता है कि लेखक "अपने सामाजिक वातावरण में साँस लेकर अपने परिवेश से प्रतिक्रिया करता है। उसे अपने परिवेश के भीतर जो कटु अनुभव प्राप्त हैं, उन कटु-अनुभवों की बारम्बारता उसमें सघन निविड़ कटुत्व का भाव उत्पन्न करती है और यह भाव स्थायी भाव भी बन सकता है। उसी प्रकार अन्य अनुभवों के सम्बन्ध में भी यह सच है। एक विशेष जीवनावस्था की विशेष परिस्थितियों में और उन परिस्थितियों की प्रायः नित्यता की स्थिति में, एक विशेष प्रकार की एक विशेष रूप-शैली की संवेदनात्मक प्रतिक्रियाएँ अपनी तीव्रतम बारम्बारता स्थापित कर लेती हैं। और ऐसी प्रतिक्रियाओं की तीव्रतम बारम्बारता जब प्रायः नित्यत्व में बदल जाती है, तो लेखक के हृदय में वे संवेदनात्मक प्रतिक्रियाएँ, क्रमशः अपनी अभिव्यक्ति के कलात्मक उपादानों का विकास करने लगती हैं और अन्त में एक कलाकृति

नहीं, कलाकृतियों में परिणत हो जाती हैं।" (समीक्षा की समस्याएँ, मुक्तिबोध रचनावली-5 सम्पा० नेमिचन्द्र जैन, दिल्ली : राजकमल प्रकाशन, विद्यार्थी संस्करण, पृष्ठ 141), वास्तव में फक्कड़पन द्विवेदी जी के व्यक्तित्व और साहित्य—दोनों ही का स्थायी वैशिष्ट्य है। अत: द्विवेदी जी ने इस फक्कड़पन के मूल और मूल्य—दोनों को ही केवल उनके युग की प्रासंगिकता में रेखांकित करने का प्रयास तब तक एकपक्षीय मात्र होगा जब तक इस तथ्य को उजागर नहीं किया जाए कि यह द्विवेदी जी का अपना फक्कड़ व्यक्तित्व भी है, जिसके कारण उनके साहित्य में इतने फक्कड़ चरित्रों की सृष्टि सम्भव हो सकी है। यहाँ अनेक स्रोतों से उनके फक्कड़ व्यक्तित्व का परिज्ञान उनके फक्कड़ चरित्रों को समझने में सहायता प्रदान करता है। इसलिए ऐतिहासिक आलोचना युगीन सन्दर्भ को समेटने के साथ ही ऐसे सार्थक जीवनवृत्तीय सन्दर्भों की कभी उपेक्षा नहीं कर पाती है।

द्विवेदी जी ने 'तुलसीदास का स्मरण' शीर्षक निबन्ध में लिखा है, "मुझे तुलसीदास का स्मरण करने में विशेष आनन्द आता है। परिस्थितियाँ बाल्यकाल में तुलसीदास के प्रतिकूल थीं—बहुत प्रतिकूल। और युवावस्था में···युवावस्था भी बहुत सुख की नहीं थी।···काशी में 'पंडितों' ने इन्हें बड़ा तंग किया था—गाली-गलौच, डाँट-फटकार।·· वृद्धावस्था में उनकी क्या अवस्था थी, कहना कठिन है। सम्मान थोड़ा मिलने लगा था। डॉ० माताप्रसाद जी ने खोज निकाला है कि उन्हें महंती भी मिल गयी थी कुछ दिनों के लिए—'तुलसी गुसाईं भयो भोंडे दिन भूल गयो।' लेकिन निभी नहीं ? निभ कैसे सकती हैं ? जलते अंगारे को आँचल में कैसे बाँधा जा सकता है ? महंती छूट गयी।" नामवर जी ने तुलसीदास पर लिखे गये द्विवेदी जी के इस निबन्ध में स्वयं द्विवेदी जी की जीवन-कथा के प्रतिबिम्बन को रेखांकित किया है और लिखा है, "जो द्विवेदी जी को निकट से जानता है वही जानता है कि तुलसीदास की यह दुखद जीवन-कथा बहुत-कुछ हजारी प्रसाद द्विवेदी की ही आत्मकथा है। बचपन की वही दरिद्रता, जवानी में काशी के 'पण्डितों' का वही घृणित विरोध और अन्त में थोड़े दिनों की महंती भी वैसी ही।" (वही, पृ० 23)

नामवर जी ने द्विवेदी जी के ऐतिहासिक रोमांस 'चारुचन्द्र लेख' के दो पात्रों—स्वामी नेहानन्द और घुंडकेश्वर स्वामी—को क्रमश: स्वयं द्विवेदी जी और काशी हिन्दू विश्वविद्यालय के तद्कालीन हिन्दी-विभाग के प्राध्यापक-विशेष के रूपान्तरण के बतौर भी रेखांकित किया है, जिससे विश्वविद्यालय के समकालीन परिवेश का पता चलता है। उनके शब्दों में, "दसवें परिच्छेद में सहसा स्वामी नेहनानानन्द प्रकट होते हैं जिन्हें प्रजा संक्षेप में नाना गोसाईं कहती है। ये नाना गोसाईं स्वयं द्विवेदी जी हैं। नाना इसलिए कि (वे) अपने

भाषणों में 'नाना' शब्द का प्रयोग प्रचुर मात्रा में करते हैं, जैसे—नाना देशों से नाना जातियाँ आयीं जिन्होंने नाना समय पर नाना आचार-पद्धतियों के द्वारा नाना प्रकार से आर्य संस्कृति को समृद्ध किया। एकाधिक बार उनके निकट के लोगों ने इस नाना-बहुलता की ओर डरते-डरते संकेत भी किया था। पंडित जी ने अपने विनोदप्रिय स्वभाव के अनुसार इसे चुपचाप ग्रहण करके नाना गोसाईं के रूप में अमर कर दिया। नेहानानानन्द का नानात्व इस बात में है कि उनके मठ में कई प्रकार के साधु रहते हैं। मठ में वे हाल ही में कहीं बाहर से आये हैं। उन्हीं का एक दुष्ट प्रतिद्वन्द्वी है। वह भी बाहर से आया है, किन्तु अब वह अपने को स्थानीय जन का ही अंग कहता है। उसके अनुयायी 'घुंडक' साधु हैं। ये लोग तप तो कम करते हैं, मठ में उत्पात अधिक करते हैं। इनका नेता ही 'घुंडकेश्वर स्वामी' कहलाता है। बहुत दिनों से वह नाना गोसाईं के स्थान पर अपने को प्रतिष्ठित करने के प्रभाव में है और इसके लिए राजशक्ति का सहारा लेने की कोशिश कर रहा है। अव मध्ययुगीन धार्मिक समुदायों के बारे में जितने शोध-ग्रन्थ सुलभ हैं उनमें से किसी में भी कहीं घुंडक साधुओं का उल्लेख तो मिलता नहीं, न उनके गुरु घुंडकेश्वर स्वामी का ही। इसलिए यही मानना पड़ेगा कि द्विवेदी जी की कल्प-सृष्टि है, और पण्डित जी की शब्द-रचना की वृत्ति से परिचित लोगों को यह बताने की जरूरत नहीं कि लोक-भाषा का गुंडा ही सुसंस्कृत होकर 'घुंडक' बन गया है और गुंडेश 'घुंडकेश्वर'। कहते हैं कि काशी हिन्दू विश्वविद्यालय में सचमुच ही इस नाम से जाने जाने वाले एक सज्जन उन दिनों हुआ करते थे।" (वही, पृ० 31)

नामवर जी की विवेच्य पुस्तक के 'व्योमकेश शास्त्री उर्फ हजारी प्रसाद द्विवेदी' शीर्षक अन्तिम अध्याय में ऐतिहासिक आलोचना की अच्छी हलचल दीख पड़ती है। रचनाकार ने हजारी प्रसाद द्विवेदी के व्यक्तित्व को रसज्ञता के 'सामाजिक निषेध से पीड़ित', फलतः 'अवगुंठन के तत्त्ववाद' में अपने को छिपाने वाला निर्दिष्ट किया है तथा इसी के जरिये कथा-विषयक उनकी कल्प-सृष्टि में उनके द्वारा 'पर्सोना (persona) या 'मास्क' (Mask) के प्रयोग के रहस्य को भी स्पष्ट किया है। उनके अनुसार 'बाणभट्ट की आत्मकथा' हो या 'चारुचन्द्रलेख'—दोनों के साथ व्योमकेश शास्त्री का नाम चिपका हुआ है। 'बाणभट्ट की आत्मकथा' में मिस कैथराइन और 'चारुचन्द्रलेख' में इनकी जगह अवधूत अघोरनाथ आ जाते हैं। 'पुनर्नवा' में यद्यपि ऊपर से यह अवगुंठन दूर हुआ लगता है, भीतर की वास्तविकता ऐसी नहीं दीखती। वहाँ चरित्रों के बीच छिपाव की प्रक्रिया चलने लगती है, चाहे लोरिक-संवरू हों या मंजुला-देवरात। इस सन्दर्भ में नामवर जी ने द्विवेदी जी के व्यक्तित्व की दूसरी बड़ी विशेषता को भी उद्घाटित किया है। वह है वैष्णव दर्शन के अनुरूप उनका

अपने को कर्ता नहीं मानना। इसीलिए अपनी कथासृष्टि में भी वे कर्तृत्व का दायित्व स्वयं नहीं ग्रहण कर किसी और को सौंप देते हैं। इतना ही नहीं नामवर जी 'अनामदास का पोथा' की 'अब मैं नाच्यो बहुत गोपाल' भूमिका से बहुत सार्थक तौर पर रचनाकार द्विवेदी जी की पहचान स्पष्ट करते दीखते हैं. "अपने-आपको द्विवेदी जी ने जितना इस 'भूमिका' में उद्घाटित किया है शायद ही कहीं अन्यत्र किया हो। भूमिका क्या है जैसे जीवन की सांध्य-वेला में सारे जीवन का सिंहावलोकन।" (वही, पृ० 113) कहना न होगा कि उनके व्यक्तित्व के इन पक्षों का उद्घाटन उनके उपन्यासों की रचना-प्रक्रिया को, उनकी तकनीक को तथा उनके चारित्रिक रूपान्तरों को समझने की दृष्टि से महत्त्वपूर्ण है। वास्तव में यहाँ नामवर जी ने द्विवेदी जी के व्यक्तित्व द्वारा प्रदीप्त उनकी औपन्यासिक संरचना का परीक्षण किया है।

द्विवेदी जी के सन्दर्भ में उनकी 'बाणभट्ट की आत्मकथा' कृति के विषय में रचना के उद्भव-बिन्दु पर डॉ० रमेश कुंतल मेघ ने भी नयी सूचनाएँ प्रस्तुत की हैं, जो ऐतिहासिक आलोचना की दृष्टि से महत्त्वपूर्ण और मूल्यवान् हैं। डॉ० मेघ के अनुसार "बाणभट्ट की आत्मकथा' के लिखे जाने की कहानी भी अजीब है। आचार्य द्विवेदी ने एक वराह-मूर्ति देखी थी जिसमें परम तेजोमय वराह नन्हीं-सी सलज्जा धरित्री का उद्धार कर रहे हैं। इस प्रतीक को उन्होंने चन्द्रगुप्त-रामगुप्त की चर्चा से जोड़ा। दूसरे, जब वे बी० ए० में 'रत्नावली' पढ़ाते थे, तब विवादग्रस्त मंगलाचरण को लेकर उनका मन बाणभट्ट की ओर गया। तीसरे, इसी बीच जब राहुल जी ने 'वोलगा से गंगा के बीच' में बाणभट्ट को नाच-गान-व्यसनी, लम्पट तथा शठ अंकित किया (यही बात सम्राट् हर्ष ने भी उसके बावत कही थी) तो आचार्य जी ने इसी तथ्य को रोमांटिक तथा प्रगीतात्मक परिवेश देने के लिए राहुल जी के दो अध्यायों से अधिक चार-पाँच अध्यायों में बाणभट्ट की एक जीवनी लिखने तथा अन्त में दीदी का पत्र छापने और हेवेलकृत 'कादम्बरी'-भूमिका का खण्डन करने के लिए एक निबन्ध लिखने का निश्चय किया। उन्होंने इसे उपन्यास के लिए नहीं लिखा था। किन्तु 'विशाल भारत' में पहली दो किस्तों के छपते ही सबसे पहले राहुल का प्रशंसात्मक पत्र और फिर चतुरसेन शास्त्री का पत्र मिला। बस पाँच अध्यायों में प्रस्तावित 'नावलेट' एक अप्रतिम उपन्यास बन गया।" (वाग्मी हो, लो ! जयपुर : पंचशील प्रकाशन, 1989, पृ० 160)

रचना के लेखन और प्रकाशन के बीच तथा पुनः प्रकाशन के बाद कालांतर में उसके किए गये सोद्देश्य पाठांतर के दृष्टिकोण से भी हिन्दी में ऐतिहासिक आलोचना क्रियाशील रही है। इस दृष्टि से डॉ० रमेश कुंतल मेघ ने 'कामायनी' की मूल पांडुलिपि और कामायनी की प्रकाशित पांडुलिपि के बीच तथा दूधनाथ

सिंह ने 'कुकुरमुत्ता' के प्रथम संस्करण तथा द्वितीय संस्करण के बीच के पाठान्तरों का रोचक अध्ययन प्रस्तुत किया है। पहला अन्तर जहाँ कलात्मकता की सिद्धि और प्रकरण के औचित्य को दर्शाने वाला है वहीं दूसरा अन्तर कलात्मकता के निषेध की दिशा में 'काव्य-आभिजात्य' से मुक्ति प्राप्त करते हुए 'सामान्य' को प्रतिष्ठित करने वाला है।

पश्चिम में लिटॅन स्ट्रेचे ने ऐतिहासिक आलोचना के अन्तर्गत सक्रिय जीवनवृत्तीय अभिगम की दिशा में 'एमिनेंट विक्टोरियन्स' (1918) नामक पुस्तक लिखी। इस पुस्तक के अब तक छह अध्ययन किये गये हैं। ये अध्ययन कार्डिनल मैनिंग, जॉन होरी न्यूमैन, फलोरेंस नाइटिंगल, डॉक्टर आर्नाल्ड ऑव रगबाई, जेनेरल गार्डेन और विलियम एवर्ट ग्लैडस्टोन द्वारा किये गये हैं। इस पुस्तक में स्ट्रेचे का उद्देश्य युगीन ऐतिहासिक प्रक्रिया से विलग इन्हें मुक्त व्यक्ति की ऐतिहासिक प्रक्रिया के रूप में मूल्यांकन करना है। उसने लिखा है कि "मनुष्य को अतीत के लक्षण-मात्र के रूप में निरूपित करना भी अत्यन्त महत्त्वपूर्ण है।" उसने यह माना है कि विक्टोरिअन युग को जानने की अपेक्षा उस युग के सर्जक की वैयक्तिक विशेषताओं को जानना अधिक महत्त्वपूर्ण तथ्य है। अपने द्वारा की गयी इन जीवनवृत्तीय तथ्यों की पड़ताल और इनके निरूपण में स्ट्रेचे की तटस्थ और निष्पक्ष भूमिका महत्त्वपूर्ण और प्रशंसनीय रही है। कहना न होगा कि स्ट्रेचे द्वारा इस बात पर बल देने से कि मानवीय व्यक्तित्व को अपने लिए अनुभूत किया जाना चाहिए—जीवनवृत्त और आलोचना—दोनों ही के सन्दर्भ में महत्त्वपूर्ण परिणाम सामने आ सके हैं।

पश्चिम में स्ट्रेचे, लुडविग, ब्रैडविग, ब्रैडफोर्ड और मोरो ने जीवनवृत्तीय अध्ययन को नयी सोद्देश्यता और शिल्प-दृष्टि दी है। इनकी विशेषता इस बात में है कि इन चारों ने बड़ी तेजी से जीवनवृत्तीय आलोचना में ठकुरसुहाती और चापलूसी के बाह्य निर्धारकों की पारम्परीण पद्धति का निर्मोह भंजन किया है तथा सही अवबोध और समर्थ अर्थायन के लिए अपेक्षित निगूढ़, मनोवैज्ञानिक विन्यास को जोरदार प्रश्रय दिया है। जीवनवृत्तीय आलोचना के इस सन्दर्भ में अन्तर्मुख गहन संघर्ष करने वाले इरविन और जैक लंडन के नाम भी उनके महत्त्वपूर्ण प्रदेय के लिए उल्लेखनीय हैं।

ऐतिहासिक आलोचना के जीवनवृत्तीय अभिगम की दृष्टि से हिन्दी साहित्य का रचना-संसार अभी खाली-खाली ही है। एक ओर रचना की ईमानदारी की कमी नजर आती है, तो दूसरी ओर सिसृक्षा का बेहद अभाव दीखता है। अमृतराय का 'कलम का सिपाही प्रेमचन्द', रामविलास शर्मा का 'निराला की साहित्य-साधना, भाग-1', 'सुधाराय' का 'मिला तेज से तेज' और एक सीमा तक नामवर सिंह का 'दूसरी परम्परा की खोज' हिन्दी में इस दिशा की

प्रारम्भिक, पर महत्त्वपूर्ण कृतियाँ हैं ।

ऐतिहासिक आलोचना पर आरोप भी किये हैं । इन आरोपकर्त्ताओं में जॉन एच० एलिस, टी० एस० एलियट, सी० डी० लिविस और ई० डब्ल्यू० टिलियार्ड के नाम प्रमुख हैं ।

जान एच० एलिस ऐतिहासिक आलोचना को नकारात्मक मानता है, क्योंकि यह आलोचना पाठकों को हमारे द्वारा पढ़ी जाने वाली उन कृतियों के विषय में विशेष सुविधाजनक संसूचना और पूर्वप्रस्तुत समाधान मुहैया करती दीखती है । एलिस के शब्दों में, "साहित्यिक पाठ अपनी स्वाभाविकता में चुनौतियों और उलझनों से भरा होता है । इसलिए आलोचक के लिए ऐसे पाठ की चाबी प्रस्तुत कर देने वाला और सम्बन्धित अनिवार्य सूचनाएँ मुहैया करने वाला रूप पाठक को उतना ही लुभाने वाला सिद्ध होता है जितना आलोचक को । यह सुविधा उन्हें जटिल कृतियों को कम-से-कम प्रयत्न से ही समझने का मोह-भ्रम प्रदान करती है ।" एलिस रचनाकार के जीवनवृत्तीय पक्ष को महत्त्व नहीं देना चाहता है । इसकी जगह वह व्यापक सामाजिक सन्दर्भ को महत्त्व देने का पक्षधर है । उसकी दृष्टि में साहित्यिक कृति का सन्दर्भ वह पूरा समाज होता है जिसके लिए वह साहित्य पाठ के बतौर उपस्थित होता है और जिससे उसे यह रूप मिला होता है । स्पष्ट रूप में इसका उद्देश्य समूचे समुदाय के जीवन के प्रति और उस जीवन के सम्बन्ध के प्रति तथा उसके उपयोग से होता है । अतः यदि हम साहित्यिक पाठ को प्राथमिक तौर पर इसकी रचना के सन्दर्भ और इसके रचयिता के जीवन और उसके सामाजिक सन्दर्भ से जोड़ने का आग्रह करते हैं तो हम इसे उस व्यापक जीवन-सन्दर्भ से काटने की कोशिश करते हैं, जो इससे अधिक प्रासंगिक है और इसे उससे प्रतिस्थापित करने का भी प्रयास करते हैं जो इस दृष्टि से प्रतिबन्धित है । एलिस के अनुसार इस प्रकार का जीवनवृत्तीय अभिगम साहित्य की सामाजिक महत्ता पर बल देने की जगह साहित्य की सामाजिक महत्ता को अवमूल्यित कर उठता है, क्योंकि रचयिता को केन्द्र में रखने के कारण यह अत्यन्त सीमित रूप में समाज से सरोकार बना पाता है । इसका परिणाम पाठ के मुद्दों के सरलीकरण के रूप में सामने आता है, जहाँ वैसी प्रासंगिकताओं के प्रति नीची नजर रखी जाती है जो केवल एक विशेष सामाजिक स्थिति की प्रासंगिकताएँ हैं । पर पाठ का साहित्यिक मूल्य स्पष्ट तौर पर इस तथ्य में निहित है कि इस सीमित सामाजिक स्थिति को 'अभिवर्धित' रूप में देखा जाए ।

एलियट के अनुसार भी संरचना में रचनाकार का ही मानस नहीं होता है, बल्कि उसके समग्र देशकाल का मानस होता है । उसके शब्दों में, "इस प्रवाह या परम्परा को यूरोप का मस्तिष्क या सर्जक के अपने देश का मानस कहा

जा सकता है । एक ऐसा मानस, जिसे कवि तलाशता और खोज निकालता है, जो उसके अपने मानस की अपेक्षा कहीं अधिक महत्त्वपूर्ण है ।" इस प्रकार एलियट भी रचनाकार के निजी व्यक्तित्व की अस्मिता का निषेध करता है ।

लिविस तर्क देता है कि "कविता किसी व्यक्ति, मनुष्य या व्यक्तित्व का बिल्कुल प्रतिनिधित्व नहीं करती । पाठक यद्यपि सर्जक से साँझ रखता है, उसमें हिस्सेदार होता है, पर वह रचनाकार की चेतना का अध्ययन नहीं करता । वह कलाकार-रचनाकार की आँखों के ज़रिये तो देखता है, पर उसे नहीं देखता है ।" लिविस के इस कथन का आशय यह है कि कविता में मुखर कविता का स्वर वास्तव में उसका निजी स्वर नहीं होता है, बल्कि कविता का स्वर होता है और यह स्वर 'वैयक्तिक' नहीं होकर 'सामाजिक' होता है कवि जो कुछ भी अभिव्यक्त करता है वह उसकी वैयक्तिक चेतना का अंग नहीं होकर वह अंश होता है जिसे कवि निर्बन्ध रूप में अपने जातीय पारावार से प्राप्त करता है । लिविस के लिए कवि वातायन की तरह है, जो माध्यम-भर है । वह साधन-मात्र है, साध्य नहीं है । अतः इस प्रकार का उदात्त लोकानुभव अवबोध के लिए रचनाकार के किसी भी प्रकार के जीवनवृत्तीय सन्दर्भ को बेतुका बना देता है । लिविस के अनुसार फिर तो ये तथ्य साफ बेमानी हो जाते हैं कि कवि ने क्या खाया-पिया या कि अपनी मृत्यु-शय्या पर उसने किससे क्या-क्या बातें कहीं ।

टिलयर्ड रचनाकार के 'मानस-पैटर्न' की बात करता है । वह रचनाकार के सतही जीवनवृत्तीय विवरणों को तो खारिज कर देता है, पर वह उस वैशिष्ट्य को स्वीकार करता है, जो एक 'कीट्स' को 'कीट्स', 'मिल्टन' को 'मिल्टन', 'निराला' को 'निराला' और 'प्रसाद' को 'प्रसाद' बनाता है । इस दृष्टि से उसका 'मानस-पैटर्न' विशिष्ट कवि का निजी व्यक्तित्व है । टिलयर्ड के अनुसार यदि जीवनवृत्तीय सूचनाएँ प्राप्त नहीं हों, तो भी कवि के शब्द और उसके उद्गार उसके 'मानस-पैटर्न' की अगुआई करते दीखते हैं, इस तथ्य से इन्कार नहीं किया जा सकता है ।

ऐतिहासिक आलोचना पर प्रायः जो आरोप लगाये गये हैं उनका सप्रमाण खण्डन भी किया गया है । मैक्गॅन ऐसे आरोप का खण्डन करता हुआ कहता है कि हम साहित्यिक कृतियों को वर्तमान में पढ़ते हैं, पर हमारे पास उन कृतियों की सीमाओं, उनकी स्थापनाओं, उनकी अनभिज्ञताओं जैसे अनुभवों को निर्णीत करने का कोई वस्तुनिष्ठ आधार नहीं होता है—एक निरपेक्ष और स्थिर अन्तर को निर्दिष्ट कर सकने वाला निकष, जो तात्कालिता के अन्तर्लयन और परि-चालन के प्रति समर्पित नहीं हो । उसके अनुसार यदि अतीत अपनी अतीतता में जीवन्त यथार्थ बनकर नहीं आता तो चाहे जीवन हो या कला—कहीं भी न कोई वर्तमान होगा और न कोई भविष्य । इसीलिए साहित्य को उसके उद्भव

के सन्दर्भ में और उसके परवर्ती ऐतिहासिक विकास के सन्दर्भ में पढ़ना पाठक को उसके वर्तमान की अनभिज्ञता से मुक्त कर देना है, उसे उसके 'स्व' से विलगाकर उसे एक ऐसा तीर्थयात्री बना देना है, जो भले ही पारलौकिक जीवन या शाश्वतता का तीर्थयात्री नहीं हो, पर वह कम-से-कम सभी उदात्त सजीव और सभी उदात्त दिवंगत से जुड़ा हुआ अवश्य होता है।

मैक्गॅन एलिस के द्वारा रचना के उद्‌भव-मूलक सन्दर्भ पर की गयी आपत्ति पर एतराज करता है। कुल मिलाकर वह समाज-विषयक उसकी पकड़ की रंकता और ऐतिहासिक आलोचना के विषय में उसकी भ्रान्त धारणा के मूल को रेखांकित करता है। उसकी मान्यता है कि हमें साहित्यिक कृतियों को केवल पुराने रूपों में पुनः संघटित करने की खोज नहीं करनी चाहिए, बल्कि अपनी वर्तमान स्थितियों की पूरी चेतना में साहित्य-कृतियों के अतीत जीवन को उभारना चाहिए, जिससे हमारे वर्तमान अनुभव की प्रकृति को उजागर और स्पष्ट किया जा सके। मैक्गॅन उभारने और स्पष्ट करने की इस प्रक्रिया को इसके सांतत्य और इसकी विरोधिता के गतिशील सम्बन्धों के साथ और उन सबके साथ जोड़ता है जिसे इसने अस्तित्व प्रदान करते हुए उपस्थित किया है।

ऐतिहासिक आलोचना की जीवनवृत्तीयता के विरोध में उत्तर-संरचनावादी माइकेल फूको भी अपने तरकश के तीर चलाता दीखता है। वह 'रचनाकार' (Author) और उसके 'व्यक्ति-नाम' (Proper Name) को एक मानने से इनकार करता है। वह इन दोनों के बीच विशेष प्रकार का सम्बन्ध तो स्वीकार करता है, पर इन दोनों को एक दूसरे का पर्याय नहीं मानता है। उसके लिए न तो ये दोनों समरूप (Isomorphic) हैं, न ही इनके प्रकार्य समरूप हैं। विपरीततः ये दोनों हुलिया या पहचान और पदनाम के दो छोरों के बीच स्थित हैं। उसके अनुसार इनके बीच अनेक भिन्नताएँ है, अनेक अन्तर हैं :

"The proper name and the author's name are situated between the two poles of description and designation : They must have a certain link with what they name, but one that is neither entirely in the mode of designation nor in that of description, it must be a specific link. However—and it is there that particular difficultics of the author's name arise—the links between the proper name and the individual named and between the author's name and what it names are not isomorphic and do not function in the same way. There are several differences."

उसकी दृष्टि में 'रचनाकार' (Author) शुद्धतः और मात्रतः किसी वास्त-

विक व्यक्ति को निर्दिष्ट नहीं करता है, क्योंकि वह एक साथ ही अनेक व्यक्तित्वों—अनेक व्यक्तियों और अनेक दृष्टिकोणों—को उभार सकता है, जो व्यक्तियों के विभिन्न वर्गों के द्वारा अधिकृत हो सकते हैं।

फूको खेद व्यक्त करता है कि आज भी आधुनिक साहित्यालोचन में रचनाकार को उसी पुराने अन्दाज में परिभाषित-व्याख्यायित किया जाता है। आज भी माना जाता है कि "रचनाकार अपने जीवन-वृत्त के द्वारा, अपने विशिष्ट सापेक्षिक महत्त्व के निर्धारण के द्वारा अपनी सामाजिक स्थिति के विश्लेषण के द्वारा और अपनी बुनियादी बनावट के द्वारा न केवल कृति में विद्यमान कुछ घटनाओं की व्याख्या के लिए, बल्कि उनके रूपांतरणों, विरूपणों और (उसमें किये गये) विभिन्न संशोधनों-परिष्करणों की समझ के लिए भी आधार मुहैया करता है। आज भी यह माना जाता है कि रचनाकार अपने लेखन की निश्चित एकता का आधारभूत कारण होता है। यहाँ सभी विभिन्नताएँ—भले ही वे अंश में ही क्यों न हों—क्रम-विकास, परिपक्वता और प्रभाव के सिद्धान्त के ज़रिये दूर हो पाती हैं। रचनाकार पाठों की श्रृंखला में उभरने वाले अन्तर्विरोधों को भी निष्प्रभावी कर देता है। उसके चिन्तन या उसकी इच्छा, उसके चेतन या उसके अचेतन—इनके किसी स्तर पर एक ऐसा बिन्दु अवश्य होता है जहाँ अन्तर्विरोध दूर हो जाते हैं और परस्पर विरोधी तत्त्व आखिर आपस में ग्रथित हो पाते हैं अथवा बुनियादी या उद्भूत हो रहे अन्तर्विरोध के चारों ओर संघटित हो जाते हैं। इस प्रकार रचनाकार को अपनी अभिव्यक्ति का विशिष्ट स्रोत माना जाता है, जो कमोवेश पूर्णरूप में अपनी कृतियों में, अपने शब्दचित्रों में, अपने पत्र-लेखन में और अपने खण्ड-लेखन में भी उसी रूप में और उसी तर्क-संगति से भली-भाँति अभिव्यक्त होता है।" (अनुवादक : शीतांशु, 'ह्वाट इज़ ऐन ऑथर' टेक्स्चुअल स्ट्रेटेजीज : प्रर्सपेक्टिव्ज इन पोस्ट-स्ट्रक्चॅरलिस्ट क्रिटिसिज्म, कॉर्नेल यूनिवर्सिटी प्रेस, 1979, पृष्ठ 141-160)

फूको पाठ और रचनाकार की नातेदारी पर विचार करता है। वह यह स्पष्ट करता है कि यह पाठ ही है, जो कम-से-कम उपस्थिति की दृष्टि से रचनाकार को रचना से बाहर निर्दिष्ट कर देता है। फलतः फूको रचनाकार को रचना से श्रेष्ठ या महत्त्वपूर्ण नहीं मान पाता है। (The author dose not precede the works) वह इस पक्ष की संगति के औचित्य की भी जाँच करता है जहाँ रचना की आलोचना करने के लिए केवल पाठ को महत्त्व दिया जाता है और रचनाकार का निषेध किया जाता है। अंततः वह रचनाकार के प्रकार्य की बात करता है। वह रचनाकार को एक 'प्रकार्यात्मक सिद्धान्त' मानता है जिसके द्वारा संस्कृति में सीमांकन, बहिष्करण, और चयन जैसे प्रकार्य सम्पादित होते हैं, संक्षेप में जिसके द्वारा हम कल्पना की मुक्त रचना, मुक्त विरचना और

मुक्त पुनः रचना, मुक्त वितरण, और मुक्त परिचालन को रोकते हैं। फूको के अनुसार हम यह मानने और कहने के पुराने अभ्यस्त हैं कि किसी भी कृति का सामाजिक रचयिता वह रचनाकार है, जो उस कृति में साभिप्रायता के अक्षय संसार को अपरिमित प्रचुरता और उदारता से निक्षिप्त कर देता है और इसके अभिव्यंजित होते ही अर्थ अपनी प्रचुरता में खुल-खुल पड़ता है। पर फूको की स्थिति यह है कि वह रचनाकार को इतना विशिष्ट नहीं मान सकता। उसका सत्य इस विशिष्टता के विपरीत है। वह रचनाकार को 'विचारधारात्मक उत्पादन' (Idiological Product) मानता है। वह रचनाकार की समाज-राजनीतिक प्रकृति की धारणा का समर्थक है। वह उसकी आत्मनिष्ठ धारणा को सन्दिग्धीकृत कर देता है। उसके अनुसार पाठ या रचना को कभी भी 'एकीकृत चेतना' (रचनाकार) का उत्पादन नहीं माना जा सकता है, क्योंकि इसका सृजन अनेक प्रकार से सामाजिक रूप में निर्धारित भूमिकाओं से होता है। इस प्रकार फूको अपनी उत्तर-संरचनावादी जमीन पर ऐतिहासिक आलोचना में क्रियाशील रचनाकार के जीवन-वृत्त और व्यक्तित्व वाले पक्ष के विरोध में खड़ा ताल ठोकता दीखता है।

फूको की अपनी जमीन उत्तर-संरचनावादी इतिहासवाद (Historicism) की जमीन है। पर ऐतिहासिक आलोचना के सन्दर्भ में उसका आरोप एकपक्षीय है। ऐतिहासिक आलोचना की मान्यता है कि रचनाकार को परिचालित करने वाला तत्त्व केवल समाज-राजनीतिक प्रभाव या दबाव में सीमित नहीं हो सकता है और न ही रचनाकार को केवल 'विचारधारात्मक उत्पादन' के रूप में सीमित किया जा सकता है। यह सही है कि ऐतिहासिक आलोचना रचनाकार के व्यक्तित्व को प्रेरित-प्रभावित करने वाले समाज-ऐतिहासिक सन्दर्भ को महत्त्व देती है और रचनाकार के छद्म जीवन-वृत्तीय विवरणों को नकारती भी है, पर ऐतिहासिक आलोचना रचनाकार की 'स्वहस्ताक्षरपरकता' (Signature) का कभी निषेध नहीं कर सकती है, क्योंकि रचनाकार की रचना में इसका सन्निवेश व्यक्ति-वैशिष्ट्य के रूप में होता रहता है। (Signature is the sum total of individuating factors at work.)

वास्तव में रचनाकार का व्यक्तित्व जहाँ 'समष्टि चेतन' से परिचालित-प्रभावित होता है, वहीं 'समष्टि अचेतन' से भी। 'समष्टि चेतन' यदि रचना के लिए सामाजिक, राजनीतिक तत्त्वों और स्थितियों से प्रभाव ग्रहण करता है, उसे विचारधारात्मक चिन्तनात्मकता और गतिशीलता प्रदान करता है, तो 'समष्टि अचेतन' आद्यप्ररूप और आद्यबिम्ब की सृष्टि करता रचना की मूल संवेदना को संहनित करता चलता है। इनके अतिरिक्त रचनाकार के व्यक्तित्व में उसके 'व्यष्टि चेतन' और 'व्यष्टि-अचेतन' की क्रियाशीलता भी होती है।

स्पष्ट है कि 'व्यष्टि-चेतन' और 'व्यष्टि अचेतन' की यह सक्रियता ही 'स्वहस्ताक्षर-परकता' (Signature) और 'निजता' (Individuality) को जन्म देती है। जहाँ रचनाकार के 'समष्टि चेतन' को केन्द्र में रखने से 'समाजशास्त्रीय' और 'मार्क्सवादी आलोचना' उपस्थित होती है, वहाँ 'समष्टि अचेतन' को केन्द्र में रखने से 'आद्यबिम्बात्मक-मिथकीय' आलोचना सामने आती है और 'व्यष्टि अचेतन' को केन्द्र में रखने से मनोविश्लेषणात्मक आलोचना सक्रिय होती है। ऐतिहासिक आलोचना में रचना और रचनाकार के बीच व्यक्तित्व के इन सभी पक्षों का सम्यक् रेखांकन-विश्लेषण संभव है। अतः ऐतिहासिक आलोचना के सन्दर्भ में, मुक्तिबोध की मान्यता के अनुरूप 'रचनाकार' के नाम से संवहित होने वाली उसकी जीवनवृत्तीय और व्यक्तित्वपरक साभिप्राय गुणात्मकता का महत्त्व निर्विवाद सिद्ध होता है, क्योंकि पृष्ठांकित पाठ और इसके अज्ञात पर अपेक्षित सन्दर्भ के बीच यही गुणात्मकता विशेष कड़ी बनकर पाठ को सन्दर्भित और साभिप्रायित करती है।

अन्त में यह ध्यान देने योग्य है कि ऐतिहासिक आलोचना रचना, रचनाकार और पाठक—तीनों ही की सक्रिय साझेदारी में स्वरूपित होती है। यह इनमें से किसी एक की भी उपेक्षा नहीं करती है। रचना के बिन्दु पर यह एक ओर रचना के मूल उत्स की खोज की दिशा में क्रियाशील रहती है तथा उत्स प्राप्त होते ही उसकी छान-बीनकर उसके तुलनात्मक, अन्तर-पाठकीय और प्रभावक-प्रभावित सम्बन्ध को रेखांकित-व्याख्यायित करती चलती है, तो दूसरी ओर रचना के लेखन-काल, प्रकाशन-काल, प्रकाशन की परिस्थिति और प्रविधि-प्रक्रिया, रचना के विभिन्न पाठ और पाठान्तर, उसकी कलात्मक, समाज-सांस्कृतिक और राजनीतिक सोद्देश्यता आदि का साभिप्राय उद्घाटन भी प्रस्तुत करती है। रचनाकार के बिन्दु पर यह रचनाकार के जीवन-वृत्त और व्यक्तित्व की सार्थक विशेषताओं को रचना से जोड़ती तथा उसके स्वरूपित होने की सर्जकीय स्थिति, योजना और प्रक्रिया की सार्थकता को भी स्पष्ट करती है। इस बिन्दु पर यह रचनाकार की रचनात्मक क्षमता के कालक्रमिक विकास-ह्रास का भी विवेचन करती दीखती है। पाठक की ग्रहणशीलता के तीसरे बिन्दु पर इसका विवेच्य पाठकीय ग्रहणशीलता का शृंखल इतिहास प्रस्तुत करना होता है। यहाँ ऐतिहासिक आलोचना निर्वचन के रूप में उपस्थित होती है, जिससे निर्वचन का तात्कालिक कर्म ऐतिहासिक दृष्टिकोण से गतिशील हो उठता है। इस प्रकार एक प्रबुद्ध ऐतिहासिक आलोचक से यह अपेक्षा की जाती है कि वह इन तीनों ही बिन्दुओं पर अपनी सक्रियता दिखाए।

●●

प्रबोधन

मार्क्सवादी आलोचना

1. इवानोव, ई० : मार्क्सिस्ट-लेनिनिनिस्ट फिलॉसफि, मस्क्वा : प्रोग्रेस पब्लिशर्ज, 1987.

2. ईगल्टन, टेरी. : मार्क्सिज़्म ऐंड लिटॅरॅरि क्रिटिसिज़्म, बर्कले : यूनिवर्सिटि अॅव कैलिफोर्निया प्रेस, 1976.

3. .... : क्रिटिसिज्म ऐंड आइडिऑलॅजि, लण्डन : रेडवूड बर्न लि०, वर्सो संस्करण, तृतीय मुद्रण, 1982.

4. .... : लिटॅरॅरि थीअॅरि : ऐन इंट्रोडक्शन, मिन्नि-आपोलिस : यूनिवर्सिटि अॅव मिन्निसोटा प्रेस, 1983.

5. एडोर्नो, थियोडोर डब्ल्यू० : प्रिज्म्ज, कैम्ब्रिज : एम० आइ० टी० प्रेस, 1983.

6. ऐपेरेयान, वी० : मैनपावर रिसोर्सिज ऐंड पोपुलेशन अण्डर सोशलिज़्म, मस्क्वा : प्रोग्रेस पब्लिशर्ज, 1979.

7. कुलिकोव, आइ० और ए० ज़िस० : मार्क्सिस्ट-लेनिनिनिस्ट एस्थेटिक्स ऐंड लाइफ, मस्क्वा : प्रोग्रेस पब्लिशर्ज, 1976.

8. क्रिस्तिवा, जूलिया. : लॅ रिवोलूशन द पोयतीक, पेरिस, 1974.

9. खरीन, यू० ए० : फंडामेंटल्ज अॅव डायलेक्टिक्स, मस्क्वा : प्रोग्रेस पब्लिशर्ज, 1981.

10. गोल्डमान, लूसिएं. द हिडेन गॉड, न्यूयार्क : ह्यूमैनिटिज प्रेस, 1976.

11. जिस, अवनेर. : फाउंडेशंज अॅव मार्क्सिस्ट एस्थेटिक्स मस्क्वा : प्रोग्रेस पब्लिशर्ज, 1977.

12. जिस. अवनेर, टी० लुबिमोवा और एम० ओब्स्यानिकोव (संक०) : प्रोब्लेम्ज अॅव कम्टेम्पॅरॅरि एस्थेटिक्स, मस्क्वा : रादुगा पब्लिशर्ज, 1984.
13. जेमेसन, फ्रेडरिक. : मार्क्सिज़्म ऐंड फ़ार्म : ट्वेंटीएथ सेंचुरि डायलेक्टिकल थीअॅरिज अॅव लिटॅरिचॅ, प्रिंक्टन : प्रिंक्टन यूनिवर्सिटी प्रेस, 1971.
14. जै, मार्टिन. : द डायलेक्टिकल इमैजिनेशन : अ हिस्ट्री अॅव द फ्रैंकफुर्त स्कूल, बोस्टन : लिटॅल ब्राउन, 1973.
15. त्रपेज्निकोव, एस० : ऐट द टर्निंग पोयंट्स अॅव हिस्ट्री, मस्क्वा : प्रोग्रेस पब्लिशर्ज, 1972.
16. नोविकोव, वेसिली. : आर्टिस्टिक ट्रुथ ऐंड डायलेक्टिक्स अॅव क्रिएटिव वर्क्स, मस्क्वा, : प्रोग्रेस पब्लिशर्ज, 1981.
17. प्लेखानोव, जी० वी० : आर्ट ऐंड सोशल लाइफ, मस्क्वा : प्रोग्रेस पब्लिशर्ज, द्वितीय मुद्रण.
18. .... : फंडामेंटल प्रोब्लेम्ज अॅव मार्क्सिज़्म, मस्क्वा: प्रोग्रेस पब्लिशर्ज, तृतीय मुद्रण, 1977.
19. .... : सिलेक्टिड फिलसॉफिकल वर्क्स, 5, मस्क्वा : प्रोग्रेस पब्लिशर्ज, 1981.
20. फ्लोर्स, एंगेल. (सम्पा०) : लिटॅरिचॅ ऐंड मार्क्सिज़्म, न्यूयार्क : क्रिटिक्स ग्रुप, 1938
21. बख्तिन, मिखाइल. : 'द वर्बल टेक्स्चर अॅव द नॉवॅल', एस्थेटिक्स ऐंड 'द डेवलेपमेंट अॅव लिटॅरिचॅ, प्रोब्लेम अॅव द कंटेम्पॅरॅरि वर्ल्ड सीरीज,-65, सम्पा० गेरासिमोव और मास्लोव, मस्क्वा : अं० अनुवाद, द्वितीय सं०, 1980.
22. .... : प्रोब्लेम्ज अॅव दस्तोएव्स्कीज पोयटिक्स, मिख : ऐन आर्बर, अंग्रेजी अनुवाद, 1973.
23. बुएवा, एल० पी० डेनिसोव, नोविकोव और प्लेत्निकोव, : सिविलिजेशन ऐंड द हिस्टॉरिकॅल प्रॉसेस, मस्क्वा : प्रोग्रेस पब्लिशर्ज, 1983.
24. बेंजामिन, वाल्टर. : इल्यूमिनेशंस, न्यूयार्क : शोकेन, 1970.

25. बेनेट, टॉनी : फार्मेलिज्म ऐंड मार्क्सिज्म, लंडन : मैथुइन ऐंड कं०, प्रथम संस्करण.

26. बेलसी, कैथेराइन, : क्रिटिकल प्रैक्टिस, लंडन : मैथुइन ऐंड कं०, 1980.

27. बेलीएव, अल्बर्ट. : द आइडिअॅलॉजिकल स्ट्रग्ल ऐंड लिटॅरिचॅ, मस्क्वा : प्रोग्रेस पब्लिशर्ज, 1978.

28. बेलीवर, एटीने और पी० मशरे. : 'ऑन लिटॅरिचॅ ऐज ऐन आइडिअॅलॉजिकल फार्म', अनटाइंग द टेक्स्ट, सम्पा० रोबर्ट यंग, बोस्टन : रूटलेज, 1981.

29. मार्क्स, कार्ल, : ग्रंडरिस्से, हार्मोड्स्वर्थ : मिडिक्स, 1973.

30. .... : कैपिटल-1, हार्मोड्स्वर्थ : मिडिक्स, 1976.

31. मार्क्स, कार्ल और फ्रेडरिख ऐंगल्स : सिलेक्टिड कॉरिसपॅन्डेंसिज, मस्क्वा, 1956.

32. मार्क्स, कार्ल और फ्रेडरिक ऐंगल्स : सिलेक्टिड वर्क्स, 1, मस्क्वा, 1962.

33. मशरे, पी० : अॅ थीअॅरि अॅव लिटॅरॅरि प्रोडक्शन, लंडन : रूटलेज ऐंड कीगॅन पॉल, 1978.

34. मोराव्स्की और बक्सेन्डल (सम्पा०) : मार्क्स ऐंड ऐंगल्स : ऑन लिटॅरिचॅ ऐंड : आर्ट, न्यूयार्क, 1973.

35. लूकाच, ग्योर्ग. : राइटर ऐंड क्रिटिक ऐंड अदर एस्सेज, अनुवादक, आर्थर काह्न, लंडन : मर्लिन प्रेस, 1978.

36. .... : रियलिज्म इन आवर टाइम, न्यूयार्क : हार्पर टार्च बुक्स, 1971.

37. लूनाचरस्की० ए० : 'थीसिस ऑन द प्रोब्लेम्ज अॅव मार्क्सिस्ट क्रिटिसिज़्म,' ऑन लिटॅरिचॅ ऐंड आर्ट, मस्क्वा : प्रोग्रेस पब्लिशर्ज, द्वितीय मुद्रण, 1972.

38. विलियम्ज रेमंड. : मार्क्सिज्म ऐंड लिटॅरिचॅ, न्यूयार्क : शोकेन, 1977.

39. सेल्डन, रमन० : अ रीडर्स गाइड टु कंटेम्पॅरॅरि लिटॅरॅरि थीअॅरि, लंडन : हार्वेस्टर प्रेस, 1985.

40. सैफुलिन, मुराद और : डिक्शनॅरि अॅव फिलॉसफि, मस्क्वा, प्रोग्रेस

रिचर्ड आर० डिक्सन. (सम्पा०) पब्लिशर्ज, द्वितीय संशोधित संस्करण, 1984.

41. सोलोमन, मेनार्ड. : मार्क्सिज्म ऐंड आर्ट : एस्सेज क्लासिक ऐंड कंटेम्पॅरॅरि, ससेक्स : हार्वेस्टर प्रेस लि०, 1979.

42. स्टीनर, जॉर्ज. : 'मार्क्सिज्म ऐंड लिटॅरॅरि क्रिटिक', एन-काउंटर, अंक-11, 1958, संकलित, लैंग्वेज ऐंड साइलेंस, हार्मोंड्स्वर्थ : पेंगुइन बुक्स लि०, सं० सं०, 1969.

समाजशास्त्रीय आलोचना

1. अलब्रेख्ट, मिल्टन सी० : 'द रिलेशनशिप ॲव लिटॅरिचॅ ऐंड सॅसाइटि', **अमेरिकन जर्नल ॲव सोसिॲलॉजि**, 1954.

2. एस्वरपिट, रॉबर्ट. : सोसिॲलॉजि ॲव लिटॅरिचॅ, लंडन : फेन-केस ऐंड कं० लि०, 1972.

3. कालवर्टन, वी, एफ० : 'सोसिॲलॉजिकल क्रिटिसिज्म ॲव लिटॅरिचॅ' **द न्यू स्पिरिट**, न्यूयार्क : बोनी ऐंड लाइवराइट, 1928.

4. केर्न, अलेक्जेंडर. : 'द सोसिॲलॉजि ॲव नॉलिज इन द स्टडी लिटॅरिचॅ, **द सिवानी रिव्यू**, 1942.

5. कोजर, एल० ए० : सोसिॲलॉजि थ्रू लिटॅरिचॅ, पेरिस हॉल : ऐंगल वूड क्लिफ्स, 1963.

6. टार्ड, ग्रैबिल. : ऑन कम्यूनिकेशन ऐंड सोशल इन्फ्लूएंस, शिकागो : शिकागो यूनिवर्सिटि प्रेस, 1969.

7. टिमाशेफ, निकोलॅस एस० : सोसिॲलॉजिकल थीॲरि : इट्स नेचर ऐंड ग्रोथ, न्यूयार्क : डाबुलडे ऐंड कं०, 1958.

8. ट्रिलिङ्, लायोनल. : द लिबॅरल इमेजिनेशन : एस्सेज ऑन लिटॅरिचॅ ऐंड सॅसाइटि, न्यूयार्क : डाबुलडे 1954.

9. डंकन, एच० डी० : लैंग्वेज ऐंड लिटॅरिचॅ इन सॅसाइटि, शिकागो : यूनिवर्सिटि अॅव शिकागो प्रेस, 1953

10. तेन, एच० : हिस्त्वायर द लॅ लितेरात्यूर ऐंग्लाइज, खंड-1, पेरिस : लेख्त ऐंड सी, 1873

11. दुर्वेजर, एम० : मेथड्ज डी साइंसेज सोशेल, पेरिस, 1904

12. पेरेटो, वी० : द माइंड ऐंड सॅसाइटि, खंड-1, न्यूयार्क : हार्कोट ब्रास, 1935

13. फिडलर, लेसली. : टुअर्ड ऐन इमेच्यूर क्रिटिसिज्म, केन्यन-रिव्यू, अंक 12, 1950

14. बाटोमोर, टी० बी० : सोसिअॅलॉजि : अ गाइड टु प्रोब्लेम्ज ऐंड लिटॅरिचॅ, लंडन : जार्ज ऐलेन ऐंड अनविन लि०, 1962

15. मॉरिस, चार्ल्स. : सिग्निफिकेशन ऐंड सिग्निफिकेंस, कैम्ब्रिज : द एम० आई० टी० प्रेस, 1970

16. रास, मैस्कॉम, मैकंजी. : 'एलिजाबेथन सॅसाइटि ऐंड लेटर्ज', : यूनिवर्सिटॅ अॅव टोरांटो क्वॉ:टॅलि, अंक-12, 1943

17. विल्सन, एडमंड. : 'द हिस्टोरिकल इंटरप्रिटेशॅन अॅव लिटॅरिचॅ', द इंटेंट अॅव क्रिटिक, सम्पादक डोनाल्ड ए० स्टॉफर, प्रिंक्टन : प्रिंक्टन यूनिवर्सिटि प्रेस, 1941

18. विल्सन, एडवर्ड ओ० : सोसिअॅबाइऑलॅजि : द न्यू सिंथेसिस, कैम्ब्रिज : हार्वर्ड यूनिवर्सिटि प्रेस, 1975

19. समनर, डब्ल्यू० जी० : फोक्वेज : अ स्टडी अॅव द सोसिअॅलॉजिकल इम्पॉर्टेंस अॅव यूसेजिज, मैनर्ज, कस्टम्ज मोर्स ऐंड मोरल्ज, न्यूयार्क : डोवर पब्लिकेशंज, 1959

20. सोरोकिन, पी० ए० : सॅसाइटि, कल्चर ऐंड पॅर्सनैलिटि, न्यूयार्क : हार्पर ऐंड ब्रदर्ज, 1948

21. स्पेंसर, हर्बर्ट. : द स्टड-इ अॅव सोसिअॅलॉजि, लंडन : हेनरी एस किंग ऐंड कम्पनी, 1895

22. .... : द प्रिंसिपुल्ज अॅव सोसिअॅलॉजि, लंडन :

विलियम्ज ऐंड नार्गेट, 1885
23. स्लाटे, बर्निस : (सम्पा०) : लिटॅरिचॅ ऐंड सॅसाइटि, लिकान नेब : यूनिवर्सिटि अॅव नेब्रास्का प्रेस, 1964
24. हॉल, जॉन. : सोसिअॅलॉजि अॅव लिटॅरिचॅ, लंडन : लांगमैन, 1979
25. हॉल्ट, टी० एफ० : डिक्शनॅरि अॅव मॉडर्न सोसिअॅलॉजि, टोटावा : लिट्लफील्ड ऐड कं०, 1969

साहित्येतिहास बनाम ऐतिहासिक आलोचना

1. एलियट, टी० एस० : ट्रेडिशन ऐंड इंडिविड्युअॅल टेलेंट, सिलेक्टिड ऍस्सेज, न्यूयार्क : हार्कोट, 1960
2. कोहीन, राल्फ. (सम्पा०) : न्यू डिरेक्शंज इन लिटॅरॅरि हिस्ट्री, लंडन : रूटलेज ऐंड कीगेन पॉल, 1974
3. गार्डनर, हेलेन. : 'द हिस्टॉरिकॅल एप्रोच', द बिजनेस अॅव क्रिटिसिज्म, लंडन : ऑक्सफोर्ड यूनिवर्सिटि प्रेस, 1959
4. गुप्त, गणपति चन्द्र. : 'साहित्येतिहास-विषयक शोध का आधार-भूत दृष्टिकोण : विकास-सिद्धान्त', संभावना, शोध-तन्त्र विशेषांक, कुरुक्षेत्र : कुरुक्षेत्र विश्वविद्यालय, वर्ष-3, अंक 5-6
5. जोंस, हॉवर्ड ममफोर्ड. : द थीअॅरि अॅव अमेरिकन लिटॅरिचॅ, इथाका : कार्नेल यूनिवर्सिटि प्रेस, 1948
6. ट्रिलिङ्० लॉयनल. : 'द सेंस अॅव द पास्ट', द लिबॅरॅल इमैजिनेशन, न्यूयार्क : डाबुलडे, 1954
7. ट्रेंट, डब्ल्यू, पी० (सम्पा०) : कैम्ब्रिज हिस्ट्री अॅव अमेरिकन लिटॅरिचॅ, न्यूयार्क : पुटनम, 1917-21
8 डेमॅन, फिलिप. : लिटॅरॅरि क्रिटिसिज्म ऐंड हिस्टॉरिकॅल अंडरस्टैंडिंग, न्यूयार्क : कोलम्बिया यूनिवर्सिटि प्रेस, 1967
9. थॉर्प, विलार्ड. : 'द प्रोब्लेम अॅव ग्रेटनेस इन राईटिंग हिस्ट्री', इंग्लिश इंस्टीच्यूट ऐनुअल, न्यूयार्क :

कोलम्बिया यूनिवर्सिटि प्रेस, 1941

10. पेरिंगटॅन, वर्नन लुईस. : मेन करेंट्स इन अमेरिकन थॉट (1,2,3) न्यूयार्क : हार्कोट, 1927, 30

11. फाइफ रॉबर्ट हर्न्डन. : 'द बेसिस अॅव लिटॅरॅरि हिस्ट्री', **पी०एम० एल० ए०** फरवरी, 1951

12. लेविशॉन, लुडविग. : एक्सप्रेशन इन अमेरिका, न्यूयार्क : हार्पर ऐंड को०, 1932

13. वेलेक, रेने : पीरियड्ज ऐंड मूवमेंट्स इन लिटॅरॅरि हिस्ट्री, **इंगलिश इंस्टीट्यूट जर्नल**, न्यूयार्क : कोलंबिया यूनिवर्सिटि प्रेस, 1941

14. शीतांशु, पाण्डेय शशिभूषण. : 'साहित्येतिहास बनाम ऐतिहासिक आलोचना', **दस्तावेज**, सम्पा० विश्वनाथ प्रसाद तिवारी, गोरखपुर : बेतिया हाता, अंक-4, जुलाई 1979

15. शुक्ल, रामचन्द्र. : हिन्दी साहित्य का इतिहास, काशी : नागरी प्रचारिणी सभा, 1940

16. सहाय, रघुवीर. (सम्पा०) : 'इतिहास का हाथी और जनवादी चिंता', **दिनमान**, दिल्ली : टाइम्ज अॅव इंडिया प्रकाशन, अप्रैल 1-7, 1979

17. स्पिलर, रॉबर्ट. ई० : 'लिटॅरॅरि हिस्ट्री', द ऐम्ज ऐंड मेथड्ज़ अॅव स्कॉलरशिप इन मॉडर्न लैंग्विजिज ऐंड लिटॅरिचॅर्स, सम्पा० थार्प, न्यूयार्क : मॉडर्न लैंग्विज ऐसोशिएशन, 1963

18. .... : द टास्क अॅव हिस्टॉरिअन अॅव अमेरिकन लिटॅरिचॅ : द सिवानी रिव्यू, XLIII, 1935

19. सैंडर्स, चौंसी. : ऐन इंट्रोडक्शन टु रिसर्च इन इंग्लिश हिस्ट्री न्यूयार्क : मैक्मिलन, 1952

20. हेलमैन, रॉबर्ट बी० : 'फुटनोट्स ऑन लिटॅरॅरि हिस्ट्री', **सदर्न रिव्यू**, बसन्त, 1941

ऐतिहासिक आलोचना

1. **इडेल**, लिअन. : लिटॅरॅरि बाइऑग्रॅफि, टोरांटो : यूनिवर्सिटि अॅव टोरांटो प्रेस, 1957

2. .... : 'लिटॅरिचॅ ऐंड बाइऑग्रॅफि', रिलेशंज अॅव लिटॅरॅरि स्टड-इ, सम्पा० जेम्स थार्प, न्यूयार्क मार्डन लैंग्वेज अॅसोसिएशन, 1967

3. एलियट, टी० एस० : 'ट्रॅडिशॅन ऐंड इडिविड्युअॅल टेलेंट', सिलेक्टिड एस्सेज, न्यूयार्क : न्यू अमेरिकन लॉयब्रेरी, 1960

4. एलिस, जान एम० : द थीअॅरि अॅव लिटॅरॅरि क्रिटिसिज्म, बर्कले ऐंड लॉस एंजेल्स, 1974

5. कलिंगवूड, आर० जी० : द आइडिया अॅव हिस्ट्री, ऑक्सफोर्ड, 1946

6. गुप्त, राजकुमार. : निराला-साहित्य : एक नया आयाम साहिबाबाद : वि० भू० प्रकाशन, 1981

7. जैक, इआन. : कीट्स ऐंड द मिरॅर अॅव आर्ट, ऑक्सफोर्ड, 1967

8. जोंस, ममफोर्ड. : 'मेथड्ज इन कंटेम्पॅरॅरि बाइऑग्रॅफि, द इंग्लिश इंस्टीट्यूट ऐनुअल, फरवरी, 1932

9. टिलियार्ड और लिविस. : द पर्सनल हेरेसी, : अ कंट्रोवर्सी, न्यूयार्क : ऑक्सफोर्ड यूनिवर्सिटि प्रेस, 1939

10. डुपी, एफ० डब्ल्यू० : हेनरी जेम्स, न्यूयार्क : डॅबुलडे, 1951

11. निराला, सूर्यकान्त त्रिपाठी. : परिमल, लखनऊ : गंगा पुस्तक माला, दशमावृत्ति, 1966

12. .... : कुकुरमुत्ता, भूमिका : दूधनाथ सिंह, इलाहाबाद : लोकभारती प्रकाशन, 1969

13. फॉक्नर, विलियम. : ऐज आइ ले डाइंग, न्यूयार्क : रैंडम हाउस, 1930

14. फुएस्स, क्लाड एम० : डिबंकरी ऐंड बाइऑग्रॅफि, ऐटलांटिक मॅन्थलि, मार्च, 1923

15. फूको, मिखाइल. : 'ह्वाट इज ऐन ऑथर', टेक्स्चुअल स्ट्रेटिजिज : पर्सपेक्टिव्ज इन पोस्ट-स्ट्रक्चरॅलिस्ट क्रिटिसिज्म, न्यूयार्क : कार्नेल यूनिवर्सिटि प्रेस, 1979.

16. फ्राइ, नार्थोप. : अॅनैटॅमि अॅव क्रिटिसिज्म : फोर एस्सेज, प्रिंस्टन, न्यू जर्सी : प्रिंस्टन यूनिवर्सिटि प्रेस, 1957

17. मारिस, आंद्रे. : 'द एथिक्स ऑव बाइऑग्रॅफि', **इंग्लिश इंस्टीट्यूट ऐनुअल**, 1942

18. मुक्तिबोध, गजानन माधव. : मुक्तिबोध रचनावली-5, सम्पा० नेमिचन्द्र जैन, नयी दिल्ली : राजकमल प्रकाशन, पेपरबैक, 1985

19. मेघ, रमेश कुंतल. : 'निराला की एक कविता के बहाने अनुकृति बनाम मौलिकता पर बातचीत', कंक, सं० निर्मल शर्मा, रतलाम : त्रयी प्रकाशन, मार्च 1976

20. .... : क्योंकि समय एक शब्द है, इलाहाबाद : लोकभारती प्रकाशन, 1974

21. .... : वाग्मी हो लौ, जयपुर : पंचशील प्रकाशन, 1984

22. मेदवेदेव, पी० एन० और एम० एम० बख्तिन. : द फॉर्मल मेथॅड इन लिटॅरॅरि स्कॉलरशिप, बाल्टीमूर, 1978

23. मुरी. : स्टडीज़ इन कीट्स, लंडन, 1930

24. मैक्गॅन, जेरॉमी जे० : द ब्यूटी ऑव इन्फलेक्शंज : लिटॅरॅरि इन-वेस्टीगेशज़ इन हिस्टॉरिकल मेथॅड ऐंड थीअॅरि, ऑक्सफोर्ड : क्लेरेंडन प्रेस, 1982

25. 'रत्नाकर', जगन्नाथ दास. : 'छत्रपति शिवाजी का एक नया पत्र,' **नागरी प्रचारिणी पत्रिका**, काशी : नागरी प्रचारिणी सभा, खंड-3, अंक 1-4, 1922

26. विल्सन, एडमंड. : द वूड ऐंड द बो, न्यूयार्क : ऑक्सफोर्ड यूनिवर्सिटि प्रेस, 1965

27. वूल्फ, थॉमस. : 'द स्टोरि ऑव अ नॉवॅल', शार्ट स्टोरिज, न्यूयार्क : न्यू अमेरिकन लॉइबररि, 1977

28. शर्मा, रामविलास. : निराला की साहित्य-साधना-1, दिल्ली : राजकमल प्रकाशन, पेपरबैक, 1979

29. 'शीतांशु', पाण्डेय शशिभूषण. : निराला का अलक्षित अर्थ-गौरव, इलाहाबाद : लोकभारती प्रकाशन, 1976

30. .... : 'जीवनवृत्तीय आलोचना', **कल्पना**, हैदराबाद, मई, 1976

31. .... : 'गोदान की कथाभाषा', नई कहानी, गोदान

विशेषांक, सम्पा० सतीश जमाली, अंक 41, इलाहाबाद, जन० 92.

32. .... : 'गोदान की कथाभाषा', गोदान का महत्त्व, सम्पा० डॉ० सत्यप्रकाश मिश्र, इलाहाबाद, 1992

33. साइमॅनसन, पी० हेरॉल्ड. : स्टडिज इन क्रिटिसिज़्म, न्यूयार्क : हॉल्ट, रिनेहॉर्ट ऐंड विंस्टन, 1971

34. सिंह, दूधनाथ. : आत्महंता आस्था; निराला, इलाहाबाद : नीलाभ प्रकाशन, 1972

35. सिंह, नामवर. : दूसरी परम्परा की खोज, दिल्ली : राजकमल प्रकाशन, 1982

36. स्वड्डर, टाउन सेंड. : 'बाइऑग्रॅफि इन अमेरिका', **इंग्लिश इंस्टीट्यूट ऐनुअल**, 1939

37. स्ट्रेचे, लिटॅन. : एमिनेंट विक्टोरियंज, न्यूयार्क : पुटनम 1918

38. स्पिलर, रॉबर्ट ई० : द साइकिल अॅव अमेरिकन लिटॅरिचॅ, न्यूयार्क : मैकमिलन, 1956

39. हार्टमैन, ज्योफ्री. : 'पोयम ऐंड आइडियॉलॅजि · अ स्टड-इ अॅव कीट्स टु अॅटम, द फेट अॅव रीडिंग, शिकागो : 1975

40. हॉपर, एस० आर० : इटरप्रिटेशन : द पोयट्री अॅव मींनिग, न्यूयार्क : 1962

41. हॉसर, आर्नल्ड. : द सोशल हिस्ट्री अॅव आर्ट, न्यूयार्क, 1958

42. ह्वाइट, न्यूमैन, आइवी. : द डेवलेपमेंट : यूज ऐंड एब्यूज अॅव इंटरप्रिटेशन इन बाइऑग्रॅफि, **इंग्लिश इंस्टीट्यूट ऐनुअल**, 1942

●●●

□ संशोधन

पृष्ठ	पंक्ति	अशुद्ध मुद्रण	शुद्ध रूप
11	28	निरूपित वाले	निरूपित करने वाले
13	11	समसामायिक	समसामयिक
15	24-25	ऐसेंम व्याकरण	ऐसे भव्यीकरण
15	25	है तथा जो	है, जो
16	5	यौनेतरीकरण	अवयौनीकरण
23	23	रूप, में	रूप में,
25	10	प्रतिबिम्बिन	प्रतिबिम्बन
25	20	प्रतिबिम्बित	प्रतिबिम्बित
33	18	अंग रूप	अंग-रूप
34	2	बड्र्सले	बड्स्ले
35	23-24	The Hidden Good	The Hidden God
39	10	फ्रैंककुर्त्त निकाय	फ्रैंकफुर्त्त निकाय
39	34	पुनरूत्पादन	पुनरुत्पादन
42	32-33	पर व्यव-में	पर व्यवहार में
43	2	बाबजूद	बावजूद
43	9	पाठ जैसे	पाठ कैसे
45	7	एक और	एक ओर
46	19	करो	कर
46	21	असमताअ	असमताओं
47	16	व्यक्ति परक	व्यक्ति-परक
48	1	सहझक्रत	सहझंकृत
49	31	नर्हीं	नहीं
50	5	जेनेटिव	जेनेटिक
50	6	दस्तोएक्की	दस्तोएव्स्की
53	8	प्रतिभाती	प्रतिभागी

53	22	कविताओं का	कविताओं की
55	13	करता है	करती है
55	17	वादी-विरोधी	वादी विरोधी
56	33	दूसरी और	दूसरी ओर
59	8	अभियान	अभिमान
61	25	साहियित्क	साहित्यिक
61	26	साहितयिक	साहित्यिक
62	10	विन्दु	बिन्दु
69	20	मस्तिष्क स	मस्तिष्क से
74	34	औ	और
75	आलेख-शीर्षक	सामाजशास्त्रीय	समाजशास्त्रीय
75	18	Noves	Mores
75	31	शतंजीवा	शतंजीवी
76	3	Noves	Mores
76	27	अत्यंतिक	आत्यंतिक
79	27-28	4. क्रम-विन्यास।और	और 4. क्रम-विन्यास
81	20	साहित्पेतिहास	साहित्येतिहास
82	24	आवेष्टित	आवेष्ठित
83	5	नक़ाव	नक़ाब
83	8	है करता	करता है
84	17	प्रकार-वैंभिन्नन्य	प्रकार-वैभिन्न्य
86	34	संस्क्रि	संस्कृति
87	10	सौन्दर्यवोधीय	सौन्दर्यबोधीय
100	18	विशिष्टता	विशिष्टता।
102	24	विन्दु	बिन्दु
102	31	उद्भव-विन्दु	उद्भव-बिन्दु
104	12	पाठकीय विन्दु	पाठकीय बिन्दु
104	22	सकलित	संकलित
105	27	आरम्भिक	आरम्भिक
105	23	विषय में	विषय से
106	1	पोयम्ज़’	पोयम्ज़’ में
107	1	दूसर थ।	दूसरे थे।
112	24	विशेप विन्दु	विशेष बिन्दु
1 5	31	एम मूर	एम० मूर

117	27	आत्मलोचनपरक	आत्मालोचनपरक
118	20	असक्त	असंसक्त
118	34	गया।	दिया गया।
120	26	अभिमत में वैष्णवी व्याख्या	वैष्णवी व्याख्या
127	21	मई 192	मई 1929
133	14	मडल	मंडल
133	26	वशाची	वंशाची
134	21	हिन्दी-विभाग	विभाग
136	11	बिपरीत	विपरीत
137	14	कथा-संचयन	कथ्य-संचयन
138	34	कव्य	काव्य-
140	14	संशोधना	संशोधन
142	4	जदुनाव	जदुनाथ
154	24	षारम्षरीण	पारम्परीण
156	8	कविता का	कवि का
156	10	होता है	होता है।
160	18	अन्तर-पाठकीय	अन्तर-पाठीय
163	37	लूनाचरस्की० ए०	लूनाचरस्की, ए०
163	38	विलियम्ज़ रेमंड	विलियम्ज़, रेमंड.
163	39	सेल्डन, रमन०	सेल्डन, रमन.
165	16	रास, मैस्काम,	रास, मैस्काम.
166	6	ट्रिलिङ्०	ट्रिलिङ्,
167	14	शीताँशु	शीतांशु
168	16	फ्राइ, नार्थोप	फ्राइ, नार्थ रोप
169	23	मुरी,	मुरी.
जिस किसी	जिस किसी	मैकरे	मशरे
जिस किसी	जिस किसी	हिस्ट्री	हिस्टॅरि
123	1 और 2		

बिहार के डॉ० कामेश्वर शर्मा और दिल्ली की डॉ० निर्मला जैन— दोनों इस कविता की राष्ट्रीय व्याख्या करने लग जाते हैं। डॉ० शर्मा बिहार विश्व--	←-	इसे 121 पृष्ठ की अंतिम पंक्ति के बाद और 122 पृष्ठ की पहली पंक्ति के पहले अभियोजित कर पढ़ें।